geklebt bei
Simon Kleiber

Enterprise JavaBeans™

Professionelle Softwareentwicklung

Stefan Denninger, Ingo Peters

Enterprise JavaBeans™

ADDISON-WESLEY

An imprint of Pearson Education

München • Boston • San Francisco • Harlow, England
Don Mills, Ontario • Sydney • Mexico City
Madrid • Amsterdam

Die Deutsche Bibliothek – CIP-Einheitsaufnahme

Ein Titeldatensatz für diese Publikation ist
bei der Deutschen Bibliothek erhältlich.

Umwelthinweis:
Dieses Produkt wurde auf chlorfrei gebleichtem Papier gedruckt.
Die Einschrumpffolie – zum Schutz vor Verschmutzung – ist aus umweltverträglichem und recyclingfähigem PE-Material.

10 9 8 7 6 5 4 3 2
03 02 01 00

ISBN 3-8273-1534-5

ein Imprint der Pearson Education Deutschland GmbH
Martin-Kollar-Straße 10–12, D-81829 München/Germany

Einbandgestaltung: vierviertel Gestaltung, Köln unter Verwendung einer Architekturzeichnung von Anna und Angela Krug, Bonn
Lektorat: Susanne Spitzer, sspitzer@pearson.de
Korrektorat: Friederike Daenecke
Herstellung: TYPisch Müller, Gräfelfing
Satz: Reemers EDV-Satz, Krefeld. Gesetzt aus der Stone Serif 9 pt.
Druck: Schoder, Gersthofen
Printed in Germany

Inhaltsverzeichnis

Vorwort

Enterprise JavaBeans (Kurzform: EJB). Alleine der Name läßt bereits die Bandbreite der Themen erahnen, die durch die Spezifikation der Entperise JavaBeans berührt werden.

Enterprise deutet daraufhin, daß sich EJB im Bereich unternehmenskritischer Anwendungen positioniert. Dies impliziert die Berücksichtigung von Konzepten wie Verteilung, Transaktionen und Sicherheit. Aus unternehmerischer Sicht wird heute von Softwaresystemen gefordert, daß sie mit der Firma wachsen können. Wachsender Wettbewerbsdruck, verkürzte Produktentwicklungszyklen, wachsende Internationalisierung von Märkten, beschleunigter technochologischer Fortschritt oder zunehmende Verbreitung elektonischen Handels sind nur ein paar der Herausforderungen, denen sich Softwaresysteme heute stellen müssen. Eine wesentliche Rolle bei letztgenannten Entwicklungen spielt dabei natürlich das Internet. Softwaresysteme müssen sich öffnen in Richtung Internet, um den Unternehmen, in denen sie eingesetzt werden, eine Zukunftsperspektive bieten zu können.

Java hat als objektorientierte Programmiersprache mittlerweile Einzug in vielen Entwicklungsabteilungen gehalten. Die Zeiten, in denen Java nur für die Programmierung von Applets eingesetzt wurde, sind lange vorbei. Eigenschaften wie Plattformabhängigkeit, Robustheit und konsequente Objektorientierung haben ihr dazu verholfen in allen denkbaren Bereichen der Softwareentwicklung eingesetzt zu werden. Bei Enterprise JavaBeans ist das Einsatzgebiet der Applikationsserver. Die mittlerweile weit verbreitete Akzeptanz und Unterstützung der Programmiersprache Java ist eine gute Ausgangsbasis für den Erfolg dieser jungen Technologie.

Beans bzw. *JavaBeans* stehen für Komponenten. Den Erfolg, den JavaBeans im Bereich der Komponenten für Benutzeroberflächen haben, sollen Enterprise JavaBeans im Bereich der Server-Komponenten fortsetzen. Viele Indizien deuten darauf hin, daß die komponentenorientierte Softwareentwicklung die zukunftsweisende Richtung ist. Aufbauend auf der objektorientierten Softwareentwicklung verspricht das Komponentenparadigma eine konsequentere Kapselung von Logik und Daten und damit eine bessere Wiederverwendung.

Dieses Buch ist für all diejenigen geschrieben, die mehr über Enterprise JavaBeans erfahren wollen. Es vermittelt ein fundiertes Verständnis für die zugrundeliegenden Konzepte und die EJB-Architektur. Darauf aufbauend erklärt es technische Details und die konkrete Programmierung in vielen Beispielen. Ein besonderer

Schwerpunkt liegt auf praxisrelevanten Themen, die in einem eigenen Kapitel diskutiert werden. Kenntnisse der Programmiersprache Java und Kenntnisse über die Grundlagen verteilter Programmierung sind bei der Lektüre dieses Buches von Vorteil.

Enteprise JavaBeans ist ein interessantes Thema. Unsere Diskussionen des Themas haben immer wieder neue Architekturaspekte unternehmenskritischer Softwaresysteme hervorgebracht. Die Arbeit an diesem Buch hat uns sehr viel Spaß gemacht, auch wenn es nicht immer einfach war, da das Buch ausschließlich in unserer Freizeit entstanden ist (von der man in der Softwareentwicklung ohnehin nicht viel hat). Der Anreiz für dieses Projekt war unser persönliches Interesse für die Weiterentwicklung von Enterprise JavaBeans und die Tatsache, daß es keine deutschsprachigen Bücher zu diesem Thema gab.

Danksagung

Unser ausdrücklicher Dank gilt vor allem Rafael Diaz. Ohne sein Engagement und sein aktives Mitwirken wäre das Buch in dieser Form nicht zustandegekommen. Sein Wissen und seine Erfahrung im Umgang mit Enterprise JavaBeans haben entscheidend zum Gelingen dieses Buches beigetragen.

Weiterhin gilt unser Dank allen Arbeitskollegen, die uns Feedback und Anregungen zum Inhalt des Buches gegeben haben. Namentlich erwähnt seien hier Stefan Schulze und Torsten Buchert.

Wir möchten uns auch bei unserer Lektorin vom Addison-Wesley Verlag Frau Susanne Spitzer für die kompetente Betreuung und die gute Zusammenarbeit bedanken.

Stefan Denninger, Ingo Peters
München, Dezember 1999

1 Einleitung

Ein Beispielszenario

Stellen Sie sich vor, Sie sind ein Anwendungsprogrammierer, der seine Dienste in einer mittelständischen Firma verrichtet, deren vier Standorte sich über mehrere Länder in Europa verteilen. Diese Firma verfolgt die Strategie, Business-Anwendungen selbst zu entwickeln. Das mag auf den ersten Blick etwas ungewöhnlich klingen. Denken Sie jedoch beispielsweise an ein Unternehmen der Automobilzulieferindustrie, in der ein heftiger Konkurrenzkampf und wachsender Preisdruck auch den Softwaresystemen höchste Flexibilität und Stabilität abverlangen. Mit den Entwicklern im Haus können diese Eigenschaften des Softwaresystems gewährleistet werden, was die Entscheidung des Managements für eine Eigenentwicklung rechtfertigt.

Bislang ist an jedem der vier Standorte ein eigenes Softwaresystem im Einsatz, da die Entwicklungsteams in den Niederlassungen voneinander unabhängig arbeiten.

Die Hiobsbotschaft

Eines Morgens werden Sie zu Ihrem Abteilungsleiter gerufen, der Ihnen mitteilt, daß sich in der EDV-Welt Ihres Unternehmens bahnbrechende Veränderungen ankündigen. Im Zuge der wachsenden Internationalisierung sowie aus Rationalisierungsgründen soll die im Unternehmen eingesetzte Software für alle Standorte vereinheitlicht werden. Die Entwicklerteams bleiben an den Standorten, sollen aber ab sofort unter einem neu eingesetzten Bereichsleiter zusammenarbeiten. Die bisher eingesetzte, standortabhängige Software soll durch eine Neuentwicklung schrittweise abgelöst werden. Die im Unternehmen eingesetzten Insellösungen (Personalverwaltungs- und Finanzbuchhaltungssystem) sollen in das neue Gesamtsystem integriert werden. Damit sind auch Sie als Spezialist für Buchhaltungs- und Warenwirtschaftssysteme von den anstehenden Änderungen betroffen.

Die Aufgabe

Ihre Aufgabe ist es nun, für dieses neue System einen Prototyp zu entwickeln, der nach der Evaluierungsphase zu einem stabilen Systembaustein weiterentwickelt werden soll. Es handelt sich dabei um ein rudimentäres Buchungssystem. Dazu passende Inventur- sowie Jahresabschlußmodule werden in den anderen Standorten als Prototypen entwickelt und sollen zusammen mit dem Buchungsmodul der Geschäftsleitung vorgestellt werden. Es sollen mehrere Benutzer aus verschiedenen Abteilungen gleichzeitig damit arbeiten können. Da die Firma Telearbeit einführen will, soll das System auch von außen (z.B. über das Internet) ansprechbar sein. Um in kritischen Phasen (z.B. zum Quartals- oder Jahresabschluß) keine Engpässe zu erzeugen, muß das System in hohem Maße verfügbar sein. Ferner soll der wachsende Personalstamm berücksichtigt werden.

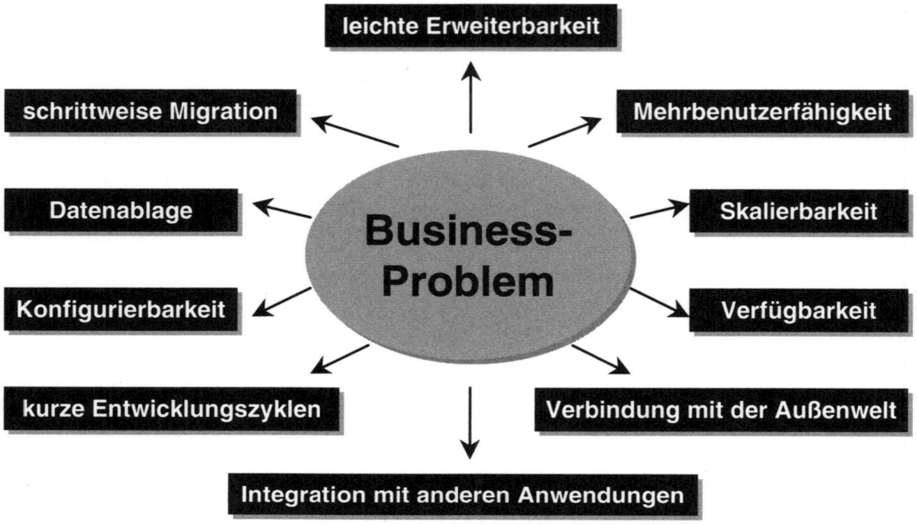

Abbildung 1-1 Konsequenzen eines Business-Problems

Die Konsequenzen

Wenn man den vorangegangenen Text oberflächlich liest, so könnte man zu dem Schluß kommen, daß die gestellte Anforderung dem Anwendungsentwickler, der ja ein Experte für betriebswirtschaftliche Applikationen ist, keine schlaflosen Nächte bereiten dürfte. Liest man den Text etwas genauer, stellt sich eine andere Situation dar (wie Abbildung 1-1 zeigt). Die Krux liegt für unseren Anwendungsspezialisten in den geänderten Rahmenbediungen. Diese bringen Probleme mit sich, die ihm beim Entwurf eines Prototyps für ein rudimentäres Buchungssystem im Wege stehen. Lassen Sie uns diese Probleme in den nun folgenden Ausführungen etwas näher erläutern.

Mehrbenutzerfähigkeit

Das Buchungssystem, das bislang als Einzelanwendung in Form einer Insellösung konzipiert war, soll nun in das Gesamtsystem integriert werden und mehrere Benutzer in die Lage versetzen, gleichzeitig damit arbeiten zu können. Dazu muß das System

- Mehrprozeßfähigkeit (Multithreading),
- Transaktionen,
- Benutzerverwaltung,
- Sicherheitsmechanismen und
- Netzwerkfähigkeit

unterstützen.

Skalierbarkeit

Um den wachsenden Personalstamm in angemessener Weise berücksichtigen zu können, muß dafür gesorgt werden, daß das System skalierbar ist. Wenn die bisherigen Ressourcen mit der Anzahl der Benutzer überfordert sind, muß es möglich sein, die Software auf zusätzlich geschaffene Ressourcen auszudehnen. Die Konsequenz daraus ist die Verteilung der Anwendungen auf mehrere Computeranlagen. Das System sollte dann (gegebenenfalls nach einer Neukonfiguration) die neuen Ressourcen nutzen und so eine verbesserte Leistungsfähigkeit ohne Engpässe bieten.

Verfügbarkeit

Generell, vor allem aber in kritischen Phasen wie dem Quartals- oder Jahresabschluß, muß das System eine hohe Verfügbarkeit gewährleisten. Sollte ein Rechner im Verbund ausfallen, muß ein anderer Rechner ohne größere Umstellungsarbeiten seine Funktion übernehmen können, um das System am Leben zu erhalten. Diese Anforderung verlangt dem System die Fähigkeit ab, funktionale Einheiten auf andere Computer verlagern zu können.

Verbindung mit der Außenwelt

Da die Firma mit einem einheitlichen System stärker im Verbund arbeiten wird und zudem Telearbeit einführen will, muß das System eine Schnittstelle zur Außenwelt bieten (z.B. in Form einer Internetanbindung). Das erhöht nicht nur die Anforderungen an die Sicherheit, sondern auch an die Systemarchitektur im allgemeinen, da sich die Techniken für Internetanwendungen von denen herkömmlicher Anwendungen wesentlich unterscheiden.

Integration mit anderen Anwendungen bzw. leichte Erweiterbarkeit

Im Idealfall stellt sich Integrationsfähigkeit so dar, daß man verschiedene Anwendungen, die nach einer Art Baukastenprinzip entwickelt worden sind, zu einem System zusammenstecken kann. Jede Anwendung sollte für sich wiederum aus Bausteinen zusammengestellt sein und kann anderen Anwendungen Teilfunktionalität über fest definierte Schnittstellen zur Verfügung stellen. Durch Hinzufügen weiterer Bausteine kann das System erweitert werden. Das setzt voraus, daß die dem System zugrundeliegende Technik eine derartige Feinkörnigkeit (Granularität) von Anwendungen unterstützt.

Kurze Entwicklungszyklen

Bei der Softwareentwicklung steht im Zuge von Rationalisierungsmaßnahmen grundsätzlich eine Maßnahme im Vordergrund: die Verkürzung der Entwicklungszyklen und damit die Senkung der Entwicklungskosten. Erreicht wird dies in der Regel durch die Erhöhung der Feinkörnigkeit. Aus einem großen, unüberschaubaren Projekt macht man viele kleine, leicht beherrschbare Projekte, deren Ergebnis ein Baustein ist. Die Summe aller Bausteine ergibt am Ende das System. Somit trägt eine Art Baukastensystem nicht nur zur Verbesserung der Integrität bzw. Erweiterbarkeit, sondern auch tendentiell zur Verkürzung des Entwicklungszyklus bei.

Konfigurierbarkeit

Damit die Anwendungen, die an einem Standort entwickelt worden sind, auch an anderen Standorten eingesetzt werden können (denken Sie an die unterschiedliche nationale Gesetzgebung, die unterschiedlichen Sprachen, nationale Sonderzeichen etc.), müssen diese in hohem Maße konfigurierbar und damit anpaßbar sein, ohne eine Neukompilierung erforderlich zu machen. Als weitere Alternative könnte man sich vorstellen (um noch einmal auf den bereits mehrfach angesprochenen Baukasten zurückzukommen) bestimmte Systembausteine, die in dieser Form an einem anderen Standort nicht einsetzbar sind, durch standortoptimierte Bausteine zu ersetzen.

Schrittweise Migration und Datenablage

Da eine Systemumstellung ab einer gewissen Firmengröße nicht von heute auf morgen erfolgen kann, ist die schrittweise Umstellung auf ein neues System ein wichtiges Thema. Schnittstellen zu Altsystemen sollen auf einfache Art und Weise realisiert werden können. Aus dieser Anforderung folgt indirekt eine wesentlich weitergehendere. Im Idealfall spielt es für die einzelne Anwendung keine Rolle, wo die Daten letzten Endes abgelegt werden. Sie können in der zum neuen

System gehörigen Datenbank, in Datenbeständen von Altsystemen oder gar in Datenbeständen von Fremdsystemen gespeichert werden.

Fazit

Die Lösung der oben genannten Probleme kann die Fähigkeiten eines normalen Anwendungsentwicklers unter Umständen übersteigen. Heutzutage gibt es jedoch keinen Grund mehr, vor derartigen Anforderungen zu kapitulieren. Diverse Softwarehäuser stellen Entwicklern mehrere Möglichkeiten zur Verfügung, um die Probleme bewältigen zu können. Dieses Buch wird eine dieser Möglichkeiten im Detail behandeln: Enterprise JavaBeans (Kurzform EJB).

Wie geht es weiter?

In Kapitel 2 werden wir die Grundlagen von Enterprise JavaBeans behandeln und versuchen, EJB im Kontext der Softwareentwicklungstechnologien einzuordnen. In Kapitel 3 widmen wir uns der grundlegenden Architektur von EJB. Kapitel 4 behandelt die unterschiedlichen Rollen, die ein Entwickler annehmen kann. Die unterschiedlichen Arten von Beans, nämlich Entity- und Session-Beans, erklären die Kapitel 5 und 6. Darauf aufbauend werden wir das Thema Transaktionen in Kapitel 7 behandeln. Alle diese Kapitel werden den behandelten Stoff mit ausführlichen Beispielen veranschaulichen. Kapitel 8 wird abschliessend einige Aspekte der praktischen Anwendung (ebenfalls mit ausführlichen Beispielen) behandeln.

Sie sollten, nachdem Sie dieses Buch gelesen haben, beurteilen können, ob Enterprise JavaBeans der richtige Ansatz für die Lösung ihrer Probleme ist. Ferner sollten Sie in der Lage sein, das im Buch vermittelte Wissen in die Praxis umzusetzen.

2 Grundlagen

Enterprise JavaBeans ist eine Architektur (Framework) für komponentenorientierte, verteilte Anwendungen. *Enterprise-Beans* sind Komponenten verteilter, transaktionsorientierter Geschäftsanwendungen.

[Sun Microsystems, 1999]

2.1 Enterprise

Die Programmiersprache Java wurde im wesentlichen durch zwei Dinge bekannt: durch ihre Plattformunabhängigkeit und durch ihre Fähigkeit, Webseiten in Form von Applets zu verschönern. Nun hat die Programmiersprache Java aber weitaus mehr Fähigkeiten zu bieten, als einfach nur Webseiten zu verzieren. Java ist eine vollständig objektorientierte Programmiersprache, die zunehmend auch für die Entwicklung unternehmenskritischer Anwendungen eingesetzt wird. Wie Abbildung 2-1 zeigt, ist Enterprise JavaBeans ein Baustein im Produkt- und Schnittstellenkatalog von Sun Microsystems zur Entwicklung von Enterprise-Anwendungen.

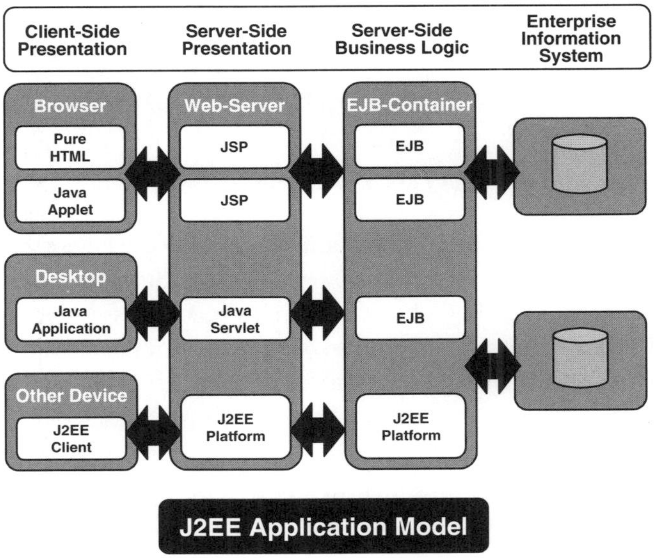

Legende:
J2EE Java-2-Plattform, Enterprise Edition
JSP Java Server Pages
EJB Enterprise JavaBeans

Abbildung 2-1 Einordnung von EJB in Suns Enterprise Konzept [J2EE-APM, 1999]

Enterprise JavaBeans ist kein Produkt, sondern lediglich eine Spezifikation. Jeder, der sich dazu berufen fühlt, kann eine Implementierung der Enterprise-JavaBeans-Spezifikation auf den Markt bringen.

Daß es sich bei Enterprise JavaBeans um eine Client-Server-Architektur handelt, dürfte nicht weiter für Verwunderung sorgen (SUN positioniert Enterprise JavaBeans im Bereich serverseitiger Anwendungslogik). Die sogenannte Three-Tier-Architecture (Dreischichten-Architektur) ist derzeit wohl diejenige, für die sich die meisten Systemarchitekten entscheiden (der Trend geht in Richtung sogenannter Multi-Tier oder Mehrschicht-Architekturen).

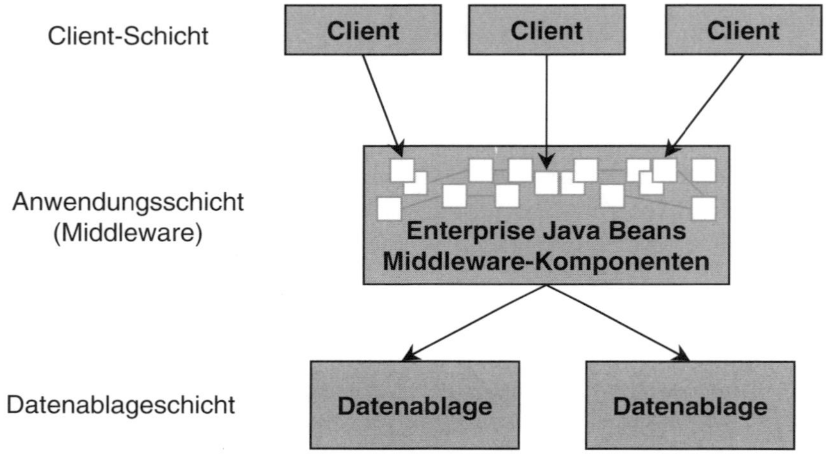

Abbildung 2-2 Dreischichten-Architektur

Dreischichtige Systeme zeichnen sich dadurch aus, daß die eigentliche Programmlogik (im Zusammenhang mit Unternehmensanwendungen auch oft Business-Logik genannt) in der Mittelschicht (auf einem Applikationsserver) liegt (vgl. Abbildung 2-2). Die Bündelung der Anwendungslogik auf einem eigenen Server in einer Schicht zwischen den Clients und der Datenablage bietet gegenüber der herkömmlichen Two-Tier-Architecture (Zweischichten-Architektur) folgende Vorteile:

- Die Client-Programme werden vom Umfang her wesentlich kleiner (daher oft Thin-Clients genannt) und beanspruchen so auf dem Client-Rechner weniger Ressourcen.
- Die Datenablage wird für den Client-Entwickler transparent. Die Mittelschicht (Anwendungsschicht) abstrahiert vollständig vom Zugriff auf die Daten und kümmert sich um die Datenkonsistenz (was die Entwicklung von Client-Programmen wesentlich vereinfacht).

- Die Anwendungen werden besser skalierbar, da bereits auf Applikationsserverebene eine Lastverteilung stattfinden kann (z. B. kann im Fall einer Überlastung des Servers die Anfrage des Clients an einen anderen Server weitergegeben werden).
- Eine bestimmte Anwendungslogik wird nur einmal programmiert und zentral in der Mittelschicht allen Clients zur Verfügung gestellt, wodurch das System als ganzes leichter zu warten und zu erweitern ist. Bei einer Änderung in der Applikationslogik ist nur eine zentrale Komponente in der Mittelschicht betroffen und nicht eine Vielzahl von Client-Anwendungen.

Versucht man bestehende Systemarchitekturen zu klassifizieren, um dabei einen Platz für Enterprise JavaBeans zu finden, könnte sich ein Bild ergeben, wie es Abbildung 2-3 darstellt.

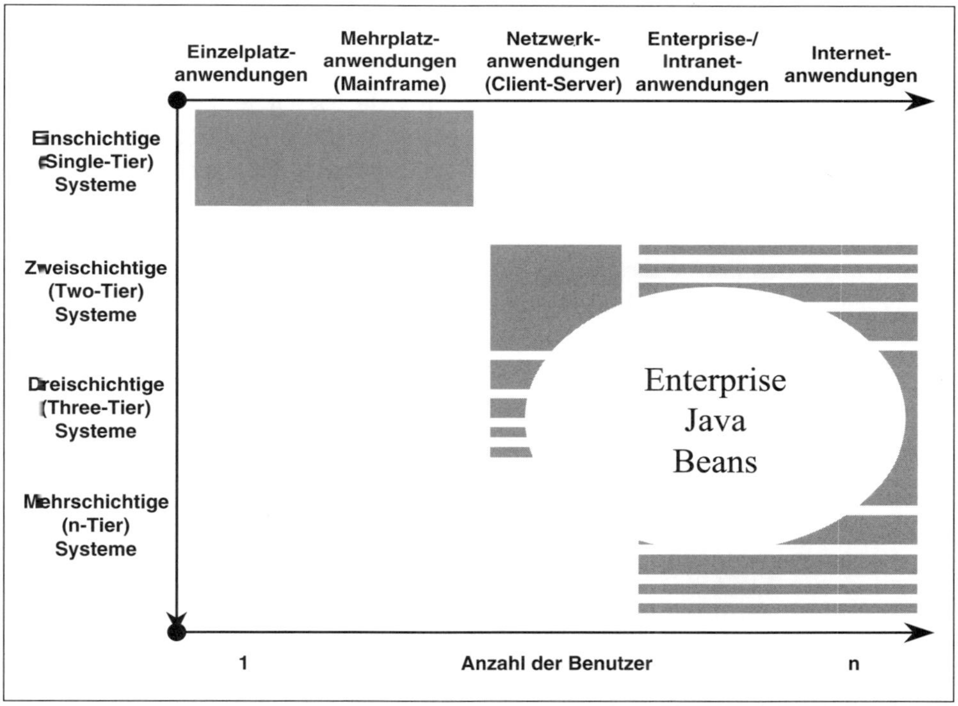

Abbildung 2-3 Einordnung von EJB in einem Systemportfolio

EJB findet seinen Platz vor allem im Bereich von Unternehmens-, Intranet- und Internet-anwendungen, die hauptsächlich auf einer dreischichtigen und bisweilen auch n-schichtigen Architektur aufbauen und in einer objektorierenten Sprache (in diesem Fall Java) entwickelt sind. Von einer mehrschichtigen Architektur (n-Tier oder oft Multi-Tier genannt) spricht man dann, wenn neben der Client-, Applikations- und Datenablageschicht noch zusätzliche Schichten zur Erhöhung des Abstraktionsgrades oder zur Verbesserung der Skalierbarkeit eingezogen oder wenn mehrere dreischichtige Systeme kaskadiert werden.

Da das Wort Enterprise (Unternehmen) ausdrücklich in der Bezeichnung auftaucht, drängt sich die Frage auf, was die Enterprise-JavaBeans-Spezifikation leistet, um Entwicklern zu helfen, den heutigen Anforderungen eines Unternehmens gerecht zu werden. Um diese Frage beantworten zu können, sollte man sich zunächst überlegen, welche Kriterien bei der Entscheidung für oder gegen eine Technologie zugrunde gelegt werden.

Wirtschaftlichkeit

Die Wirtschaftlichkeit bezieht sich hier auf die Bereiche Entwicklung bzw. Anschaffung, Wartung, Weiterentwicklung und Anpassung. Wirtschaftlichkeit in der Entwicklung entsteht dann, wenn die Technologie die Verkürzung des Entwicklungszyklus aktiv unterstützt. Somit können durch eine Steigerung der Produktivität eingesparte Kosten im Preis weitergegeben werden (was für den Nicht-Entwickler Wirtschaftlichkeit in der Anschaffung bedeutet). Wirtschaftlichkeit in der Wartung entsteht durch Stabilität, die weniger Wartung erforderlich macht. Wirtschaftlichkeit bezüglich Weiterentwicklung und Anpassung bietet eine Technologie, die es ermöglicht, ein System ohne größeren Aufwand und Risiken erweitern bzw. anpassen zu können (ein großer Aufwand und eintretende Risiken sind immer mit Kosten verbunden).

Sicherheit

Der Aspekt der Sicherheit muß ebenfalls sehr differenziert betrachtet werden. Sicherheit in bezug auf Investitionssicherheit ist für ein Unternehmen dann gegeben, wenn die Technologie für das Unternehmen eine gewisse Langlebigkeit verspricht und eine langfristige Unterstützung sichergestellt ist. Sicherheit meint auch die Ausfallsicherheit, sprich die Verfügbarkeit. Es gilt Kosten zu vermeiden, die durch Systemfehlfunktionen oder Systemausfälle verursacht werden. Sicherheit bedeutet auch die Fähigkeit einer Technologie, sensible Daten vor neugierigen Augen bzw. das System vor unliebsamen Eindringlingen schützen zu können.

Bedarfsorientierung

Der Einsatz einer bestimmten Technologie rechtfertigt sich zu guter Letzt erst dann, wenn auch tatsächlich der Bedarf nach deren Eigenschaften gegeben ist. Ein Unternehmen wird eine Technologie oder ein Produkt nicht allein wegen seiner momentanen Popularität einsetzen, ohne einen wirklichen Bedarf an den eigentlichen Fähigkeiten zu haben.

Dieses Buch wird in den folgenden Kapiteln im Detail noch darlegen, wie die Enterprise-JavaBeans-Spezifikation versucht, den Anforderungen moderner Unternehmen an ein stabiles System gerecht zu werden.

2.2 Java

Durch Enterprise JavaBeans soll die Programmiersprache Java den Sprung von der Client- auf die Serverplattform schaffen. Natürlich war es auch ohne Enterprise JavaBeans möglich, einen Server in Java zu entwickeln. Java bietet hierfür in seinen Standardbibliotheken eine umfangreiche Unterstützung für Netzwerkkommunikation sowie eine Unterstützung für Threads. Durch EJB wird es auch für »normale« Programmierer, die keine Serverspezialisten sind, möglich, einen Anwendungsserver um Funktionalität zu erweitern bzw. selbst einen zu entwickeln.

Welchen Beitrag kann Java leisten, um EJB zu einem erfolgreichen Konzept für die Entwicklung unternehmenskritischer Anwendungen zu machen?

Objektorientierung

Java ist eine voll objektorientierte Programmiersprache und bietet dem Entwickler somit die Vorzüge objektorientierter Techniken. Damit ist Java auch gut für den nächsten Schritt gerüstet, nämlich für den Schritt in Richtung komponentenorientierte Softwareentwicklung, für die objektorientierte Technologien die wohl beste Ausgansbasis sind (dazu mehr im Abschnitt 2.3 dieses Kapitels).

Plattformunabhängigkeit

Viele Unternehmen sehen sich heute mit dem Problem einer heterogenen Hard- und Softwarelandschaft konfrontiert, was zu teilweise unüberwindlichen Schwierigkeiten führen kann. Viele Softwaresysteme sind eben nur für bestimmte Plattformen verfügbar. Der Java-Quellcode wird vom Java-Compiler nicht in Maschinencode, sondern in maschinenneutralen Byte-Code übersetzt, der dann von einer Java-Laufzeitumgebung interpretiert wird. Daher sind Applikationen, die in »reinem« Java entwickelt wurden, auf allen Plattformen lauffähig, für die eine Java-Laufzeitumgebung verfügbar ist. Die Laufzeitumgebung ist plattformabhängig und stellt dem Java-Programm eine Implementierung abstrakter Schnittstellen für systemabhängige Operationen zur Verfügung (z.B. für den Zugriff auf Dateisysteme, Zugriff auf Netzwerkschnittstellen, graphische Oberflächen etc.). Java-Anwendungen bieten durch ihre Plattformunabhängigkeit für ein Unternehmen mehr Sicherheit und Kontinuität.

Dynamik

Java bringt als Interpretersprache die Fähigkeit mit, Byte-Code entweder vom lokalen Dateisystem oder über das Netz in den Adreßraum eines Prozesses zu laden und aus diesem zur Laufzeit Objekte zu erzeugen (d.h. Programmteile können zur Laufzeit – auch über das Netzwerk – nachgeladen werden). Damit ebnet sich der Weg von starren, unflexiblen Systemen hin zu laufzeitdynamischen Systemen mit hoher Anpassungsfähigkeit. Auch damit wird ein Beitrag zu mehr Flexibilität und Kontinuität geleistet. Java-Klassen können zur Laufzeit untersucht werden (Reflection). So können Methoden dynamisch aufgerufen, Attribute erkannt und modifiziert werden etc. Durch die zunehmende Unterstützung von Java in Datenbanksystemen (z.B. Oracle), Groupwaresystemen (z.B. Lotus Notes), Webservern (durch die Servlet-API und Java-ServerPages) und Browsern bieten sich umfangreiche Kombinationsmöglichkeiten beim Systementwurf. Auch die Verbindung mit anderen plattformunabhängigen Technologien wie z.B. XML verspricht interessante Perspektiven. So löst XML in der Version 1.1 der EJB-Spezifikation serialisierte Klassen als Deployment-Deskriptor ab (mehr dazu in Kapitel 3).

Stabilität

Die Programmiersprache Java ist relativ leicht zu erlernen (verglichen beispielsweise mit C++) und insofern weniger fehlerträchtig, da bestimmte sprachliche Mittel zugunsten einer konsequenten Objektorientierung nicht existieren (z.B. Zeiger auf Variablen und Funktionen). Durch die Plattformunabhängigkeit sind, sofern das System in reinem Java entwickelt wurde, keine Portierungen notwendig. Dadurch können auch keine Portierungsfehler entstehen. Da Java eine Interpretersprache ist, führen schwere Laufzeitfehler (z.B. Zugriff auf ungültige Objektreferenzen, Null-Pointer) nicht zu unkontrollierten Systemabstürzen. Das Programm wird von der Laufzeitumgebung kontrolliert beendet. Kritische Fehler können somit schneller gefunden und beseitigt werden.

Sicherheit

Java unterstützt den Aspekt Sicherheit durch mehrere Eigenschaften. So ist der direkte Zugriff auf Speicherbereiche über Zeiger nicht möglich, Stack-Überläufe werden ebenso wie das Überschreiten von Array-Grenzen abgefangen und in Form einer Exception als Fehler angezeigt etc. Java unterstützt auch das sogenannte Sandbox-Konzept, das vor allem bei Applets Anwendung findet. Durch eine an die individuellen Bedürfnisse angepaßte Implementierung eines Java-SecurityManagers können kritische Operationen von Objekten (z.B. das Lesen und Schreiben von Dateien, das Öffnen von Netzwerkverbindungen etc.) überwacht und gegebenenfalls verboten werden. Ferner bietet Java eine Programmierschnittstelle für die Verschlüsselung sowie die Möglichkeit, Java-Archivdateien (jar-Dateien) zu signieren.

Performanz

Die Vorzüge, die Java aus den Eigenschaften einer Interpretersprache gewinnt, muß es auf der anderen Seite mit Problemen bei der Performanz bezahlen. Obwohl bereits viel unternommen wird, um die Java-Performanz zu verbessern (z.B. durch Just-in-time-Compiler), ist die Ausführungsgeschwindigkeit immer noch ein Kritikpunkt (bei komplexen Client-Anwendungen sowie bei Server-Anwendungen). Durch die stetige Verbesserung der Hardware und der Java-Laufzeitumgebungen wird dieses Problem vermutlich zunehmend relativiert. Bis Java jedoch die Ausführungsgeschwindigkeit einer Compilersprache erreicht, wird noch einige Entwicklungsarbeit im Bereich der virtuellen Maschine notwendig sein.

2.3 Beans

Von Beans ist immer dann die Rede, wenn es bei der Firma Sun um Komponenten geht. Die wohl bislang populärsten Komponenten von Java sind die JavaBeans. Bevor wir uns mit dem Unterschied zwischen JavaBeans und Enterprise JavaBeans auseinandersetzen, wollen wir kurz in die Welt der Componentware eintauchen, ohne dabei den Anspruch erheben zu wollen, eine vollständige Diskussion des Komponentenparadigmas anzubieten. Die Diskussion über Komponenten füllt zahlreiche Bücher, die zeigen, wie differenziert dieses Thema diskutiert werden kann. An dieser Stelle soll lediglich ein grober Einblick vermittelt werden, um das Verständnis für die Komponententhematik (die bei Enterprise JavaBeans eine wichtige Rolle spielt) zu verbessern.

Um Mißverständnisse zu vermeiden, soll bereits an dieser Stelle ausdrücklich erwähnt werden, daß die Intention dieses Buches nicht darin besteht, dem Leser eine Anleitung zu geben, wie gute Komponenten zu entwickeln sind. Dieses Buch beschreibt die Komponentenarchitektur Enterprise JavaBeans, deren praktische Anwendung und die Voraussetzungen, die Komponenten erfüllen müssen, um in einem EJB-Server eingesetzt werden zu können.

Softwarekomponenten

Wir wollen uns an eine Definition halten, die in [Griffel, 1998] sowie in [Orfali et al., 1996] zitiert wird und einen relativ neutralen Mittelweg zwischen ausschweifenden und sehr knappen Definitionen darstellt:

»Eine Komponente ist ein Stück Software, das klein genug ist, um es in einem Stück erzeugen und pflegen zu können, groß genug ist, um eine sinnvoll einsetzbare Funktionalität zu bieten und eine individuelle Unterstützung zu rechtfertigen, sowie mit standardisierten Schnittstellen ausgestattet ist, um mit anderen Komponenten zusammenzuarbeiten.«

Zunächst wird die Sicht auf eine Komponente erleichtert, indem man sie sich als eine Art Lego-Baustein vorstellt. Das Innere des Bausteins bleibt verborgen. Man sieht jedoch, daß er durch seine Verbinder mit anderen Bausteinen zusammengesteckt werden kann. Die Kombination passender Bausteine ergibt ein Gebilde mit einem bestimmten Zweck (Häuser, Garagen, Straßen etc.). Softwarekomponenten sind ebenfalls Bausteine, in die man nicht hineinsehen kann (Abbildung 2-4 veranschaulicht dies beispielhaft). Sie bieten eine in sich geschlossene Teilfunktionalität (in Analogie zum Lego-Baustein etwa den Rahmen für ein Fenster, einen Stein als Teil einer Wand oder eine Platte für den Grundstock eines Hauses), verbergen dabei aber ihre Implementierung. Ihre Funktionalität ist nur anhand der öffentlichen Schnittstelle ablesbar, die neben der reinen Anwendbarkeit auch die Kopplung mit anderen Komponenten ermöglicht. Wie bei Lego-Bausteinen liegt auch bei Softwarekomponenten der Fokus auf der Wiederverwendbarkeit. Eine Komponente, die in nur einem Anwendungsszenario einsetzbar ist, ist keine echte Komponente.

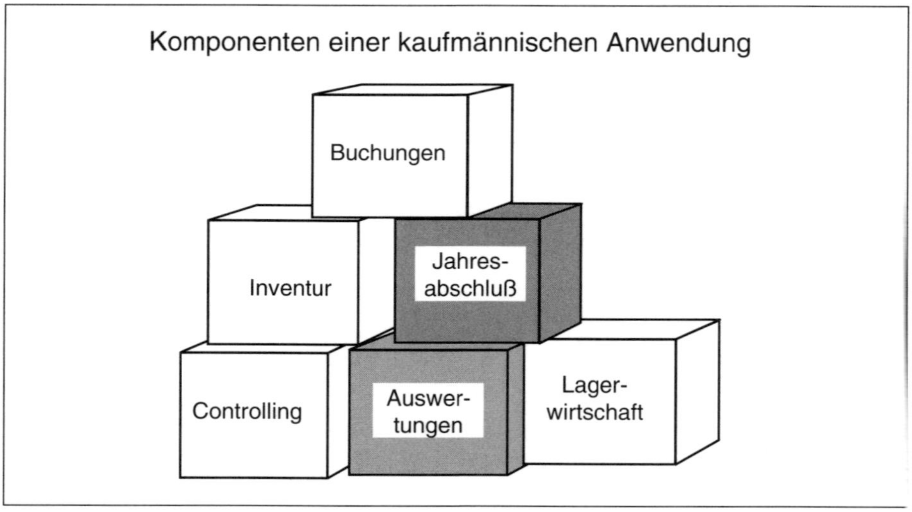

Abbildung 2-4 Beispiel für Komponenten einer kaufmännischen Anwendung

Eine Komponente unterscheidet sich von herkömmlichen Objekten bzw. Klassen in vielerlei Hinsicht (vgl. auch [Griffel, 1998]) :

- Komponenten sollen in verschiedenen Anwendungszenarien einsetzbar und damit mehrfach wiederverwendbar sein. Herkömmliche Objekte dagegen werden in der Regel für ein bestimmtes Szenario entwickelt. Zudem bedienen sie sich zur Erfüllung ihrer Aufgaben häufig anderer Objekte und erschweren durch diese Verstrickung die Wiederverwendbarkeit.
- Objekte sind in der Regel nicht groß genug, um eine in sich geschlossene Aufgabenstellung abzudecken. Sie dienen zur Strukturierung und zur Abbildung auf Modelle.
- Der Entwicklungsaufwand einer Komponente ist wesentlich höher als der eines herkömmlichen Objekts, da bei der Komponente verstärkt auf die Wiederverwendbarkeit in unterschiedlichen Anwendungen und auf die Integrationsfähigkeit geachtet werden muß.
- Eine Komponente kann lediglich in einem bestimmten Rahmen, der über die öffentlichen Schnittstellen vorgegeben wird, angepaßt werden. Objekte können durch Ableitung (fast) beliebig verändert werden.
- Objekte bieten zwar ein Schnittstellenkonzept, das aber in der Regel eng an die darunterliegende Systemtechnik gekoppelt ist und daher die Interoperabilität einschränkt.

Zweifelsohne ist die enge Verwandtschaft zwischen Objekten und Komponenten deutlich zu erkennen. Objektorientierte Denkweisen und Techniken bieten daher die wohl beste Basis für die Entwicklung von Komponenten bzw. komponentenorientierter Software.

Ein wesentliches Konzept des Komponentenparadigmas ist die *Schnittstelle*. Die Schnittstelle einer Komponente ist eine Art Vertrag, den sich die Komponente zu erfüllen verpflichtet. Sie ist der Interaktionspunkt mit der Komponente, sie dokumentiert deren Fähigkeiten und steht stellvertretend für deren Abstraktionscharakter. Eine Komponente kann mehrere Schnittstellen haben. Jede Schnittstelle repräsentiert einen durch die Komponente zur Verfügung gestellten Dienst (für eine detaillierte Diskussion des Schnittstellenaspektes vergleiche [Szyperski, 1998]). Kapitel 3, Die Architektur der Enterprise JavaBeans, wird im Detail zeigen, wie dieser Aspekt bei Enterprise JavaBeans zur Umsetzung kommt.

Ein Vorteil der komponentenorientierten Softwareentwicklung liegt (wie bereits erwähnt) in der Wiederverwendbarkeit von Code. Ein weiterer Vorteil ist die Möglichkeit, mit Hilfe von fertigen Komponenten in kurzer Zeit Anwendungsprototypen erstellen zu können (für eine ausführliche Abhandlung dazu siehe [IBM, 1997]). Durch die frühe Verfügbarkeit von Prototypen können bereits im

Anfangsstadium der Entwicklung Erkenntnisse über Designentscheidungen getroffen werden; (Pilot-)Kunden oder (Pilot-)Anwender können früher in den Entwicklungsprozeß einbezogen werden etc. Durch die Wiederverwendung von Code in Form von (ausgereiften) Softwarekomponenten können die Entwicklungszyklen verkürzt und Entwicklungskosten gespart werden.

Die Komponentenarchitektur

Wie oben erwähnt ist Enterprise JavaBeans eine Komponentenarchitektur. Die Einsatzgebiete und Ausprägungen einer Komponentenarchitektur können sehr vielseitig sein. EJB repräsentiert dabei eine ganz bestimmte Variante: eine Komponentenarchitektur für verteilte, serverseitige und transaktionsorientierte Komponenten. Enterprise-Beans sind also Komponenten, die vielen Clients auf einem Server ihre Dienste zur Verfügung stellen. Ohne eine Rahmenarchitektur, die die Komponenten in eine Art von Laufzeitumgebung einbettet und ihnen die notwendigen Dienste zur Verfügung stellt, müßte jede Komponente, die über ein Netzwerk verfügbar sein soll, ein eigener Server sein. Das würde die Entwicklung einer derartigen Komponente wesentlich erschweren und beim Einsatz mehrerer Komponenten auf einem Rechner für eine unnötige Belastung der Ressourcen sorgen. Auch die Wiederverwendbarkeit einer Komponente könnte so ins Wanken geraten, da Server häufig auf die darunterliegende Plattform abgestimmt werden müssen. Eine Komponentenarchitektur wie die Enterprise JavaBeans ermöglicht den Einsatz von Komponenten für verteilte Anwendungen, ohne daß die Komponente selbst wesentlich davon betroffen ist (vgl. Abbildung 2-5).

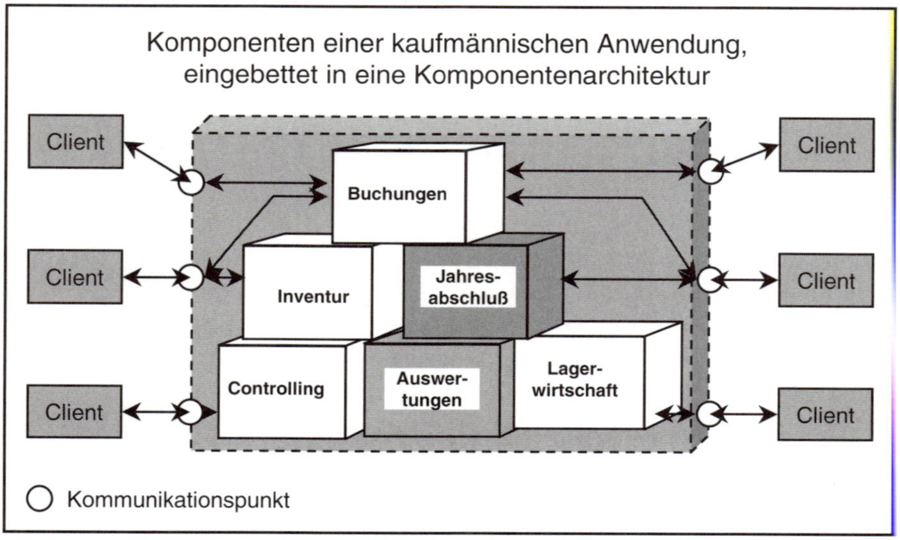

Abbildung 2-5 Beispiel Komponentenarchitektur

[Griffel, 1998] zeigt eine Auflistung von Anforderungen, die eine Komponentenarchitektur erfüllen sollte (zitiert aus [I-Kinetics, 1997]).

- *Unabhängigkeit von der Umgebung:* Komponenten sollten ohne Rücksicht auf Programmiersprachen, Betriebssysteme, Netztechnologien etc. eingesetzt werden können bzw. zusammenarbeiten.
- *Ortstransparenz:* Für den Benutzer von Komponenten sollte es keine Rolle spielen, ob die Komponente in seinem lokalen Adreßraum oder im Adreßraum eines anderen, entfernten Computers seine Dienste anbietet. Entsprechende Mechanismen für die transparente Nutzung von lokalen oder entfernten Komponenten sollten durch die Komponentenarchitektur zur Verfügung gestellt werden.
- *Trennung von Schnittstelle und Implementierung:* Die Spezifikation einer Komponente sollte vollständig unabhängig von ihrer Implementierung erfolgen können.
- *Selbstbeschreibende Schnittstellen:* Um eine lose Kopplung von Komponenten zur Laufzeit erreichen zu können, sollte eine Komponente in der Lage sein, über ihre Fähigkeiten und Einstiegspunkte Auskunft zu geben.
- *Problemlose sofortige Nutzbarkeit (Plug&Play):* Eine Komponente sollte ohne Umschweife auf jeder Plattform nutzbar sein (was eine binäre Unabhängigkeit des Komponentencodes impliziert).
- *Integrations- und Kompositionsfähigkeit:* Eine Komponente sollte in der Kombination mit anderen Komponenten zur Schaffung einer neuen, gültigen Komponente beitragen können.

Enterprise JavaBeans ist aber nicht nur eine Komponentenarchitektur. Die Spezifikation definiert ein systemtechnisch orientiertes *Komponentenmodell* (für den Begriff des Komponentenmodells vergleiche ebenfalls [Griffel, 1998]). Es erlaubt den Einsatz verschiedener Typen von Enterprise-Beans. Es definiert Protokolle für die Verwaltung der Komponenten, für die Kooperation und Kommunikation der Komponenten untereinander und für die Benutzung durch den Client.

JavaBeans vs. Enterprise JavaBeans

»Eine *JavaBean* ist eine wiederverwendbare Software-Komponente, die mit einem Builder-Tool visuell manipuliert werden kann«.

[Sun Microsystems, 1997]

JavaBeans ist ein Komponentenmodell der Firma Sun für Java. Eine JavaBean ist im wesentlichen eine Java-Klasse, die den in der JavaBeans-Spezifikation beschriebenen Regeln folgt. Die wichtigsten Merkmale einer Bean sind ihre öffentliche Schnittstelle, die Möglichkeit auf ihre Beschaffenheit hin analysiert zu werden, die Anpaßbarkeit an individuelle Bedürfnisse und die Fähigkeit zur Persistenz (via Objektserialisierung). Die öffentliche Schnittstelle besteht aus den Eigenschaften (Properties) einer Bean, den Methoden, die sie anderen erlaubt zu benutzen, und den Events die sie auslöst oder empfängt. Eine Bean kann eine sichtbare (z.B. ein Button) oder eine unsichtbare Komponente (z.B. ein Netzwerkdienst) sein. Das folgendes Beispiel zeigt eine gültige JavaBean:

```
public class AValidBean implements AEventListener {

    private int aProperty;
    private Vector beanListeners;

    public AValidBean()
    {
        aProperty     = -1;
        beanListeners = new Vector();
    }

    public void setAProperty(int value)
    {
        aProperty = value;
    }

    public int getAProperty()
    {
        return aProperty;
    }

    public void addBEventListener(BEventListener listener)
    {
       beanListeners.addElement(listener);
    }

    public void removeBEventListener(BEventListener listener)
    {
        beanListener.remove(listener);
    }

    private void fireBEvent() {
        BEventListener l;
```

```
        for(int i = 0; I < beanListener.size(); i++) {
            l = (BEventListener)beanListener.elementAt(i);
            l.notify(new BEvent(this));
        }
    }

    //Implementation of AEventListener-Interface

    public void notify(AEvent event)
    {
        //processing the event
    }
}
```

Listing 2-1 Beispiel einer JavaBean

Diese Bean-Klasse ist von keiner Klasse abgeleitet, sie implementiert keine Standardinterfaces und ist trotzdem eine gültige JavaBean (nur sichtbare JavaBeans haben die Auflage, daß sie von `java.awt.Component` abgeleitet sein müssen). Sie folgt lediglich den in der Spezifikation festgelegten Namenskoventionen. Sie hat die Eigenschaft *aProperty*, die über die Methoden *setAProperty* und *getAProperty* manipuliert bzw. ausgelesen werden kann. Sie kann dadurch, daß sie das Interface *AEventListener* implementiert, auf den Event *Aevent* reagieren. Sie löst den Event *BEvent* aus, für den sich andere Beans als Interessenten über die Methoden *addBEventListener* registrieren und über *removeBEventListener* deregistrieren können. Über den Austausch von Events lassen sich Beans dynamisch miteinander koppeln, da sie sich zur Laufzeit für bestimmte Events registrieren und deregistrieren können. Die Kopplung über Events ist auch eine lose Kopplung, da durch die entsprechenden Listener-Interfaces vom eigentlichen Typ der Bean abstrahiert wird.

Durch die Namenskonvention *<Typ> get<Eigenschaft>(), void set<Eigenschaft> (<Typ>), implements <Eventtyp>Listener, void add<EventTyp>Listener() und void remove<EventTypeListener>()* etc. kann beispielsweise ein Builder-Tool die Bean mit Hilfe der Java-Reflection-API in bezug auf ihre Eigenschaften und die Möglichkeit, sie an Events zu binden, analysieren (Introspection). Das Tool kann den Anwender so in die Lage versetzen die Bean visuell zu manipulieren. Die JavaBeans-Spezifikation konzentriert sich also im wesentlichen auf die Beschreibung der Programmierschnittstellen für

- das Erkennen und Benutzen von Eigenschaften der JavaBeans,
- die Anpassung von JavaBeans an individuelle Gegebenheiten,
- das Registrieren für und Senden von Events zwischen einzelnen JavaBeans und
- die Persistenz von JavaBeans-Komponenten.

Die Spezifikation der Enterprise JavaBeans legt dagegen den Fokus auf den Aspekt der Verteilung und auf transaktionsorientierte Geschäftsvorfälle. JavaBeans-Objekte haben keinen verteilten Charakter. Die EJB-Spezifikation beschreibt ein Service-Framework für serverseitige Komponenten. EnterpriseBeans sind niemals sichtbare Serverkomponenten. Nach der Diskussion von Eigenschaften und Events einer Enterprise-Bean sucht man in der EJB-Spezifikation vergebens, da sie hauptsächlich die Programmierschnittstellen und die Eigenschaften des Frameworks beschreibt. Natürlich können Server auf Basis herkömmlicher JavaBeans entwickelt werden. Dann müßte allerdings das Framework, das den Komponenten entsprechende Serverdienste anbietet und für die Verteilung sorgt, selbst entwickelt werden. Denkbar wäre jedoch eine Kombination aus unsichtbaren JavaBeans und EnterpriseBeans, bei der eine Enterprise-Bean eine bestimmte Schnittstelle im EJBServer anbietet und die Aufrufe an JavaBeans delegiert (z.B über das Auslösen von JavaBean-Events).

Man sollte nicht versuchen, allzu viele Gemeinsamkeiten zwischen beiden Modellen zu finden, da trotz der augenscheinlichen Ähnlichkeit in der Namensgebung die Schwerpunkte beider Modelle stark unterschiedlich gesetzt sind. JavaBeans und Enterprise JavaBeans sind allerdings nicht als konträre, sondern eher als komplementäre Konzepte zu betrachten.

Die in diesem Kapitel unter den Schlagworten *Enterprise*, *Java* und *Beans* diskutierten Gesichtspunkte werden nun im weiteren Verlauf dieses Buches konkretisiert. Wir werden in Kapitel 3, Architektur der Enteprise JavaBeans, untersuchen, inwieweit die EJB-Spezifikation den in diesem Kapitel diskutierten Gesichtspunkten Rechnung trägt.

3 Die Architektur der Enterprise JavaBeans

3.1 Überblick

In Kapitel 2 wurde es bereits angedeutet: Enterprise JavaBeans (EJB) ist ein Bestandteil der Java-2-Plattform, Enterprise Edition (zu Details siehe [J2EE, 1999]). In diesem Modell übernimmt EJB den Teil der serverseitigen Anwendungslogik, die in Form von Komponenten, den Enterprise-Beans, zur Verfügung steht. Dieses Kapitel stellt die Architektur der Enterprise JavaBeans vor.

Abbildung 3-1 zeigt einen schematischen Überblick über die gesamte EJB-Architektur:

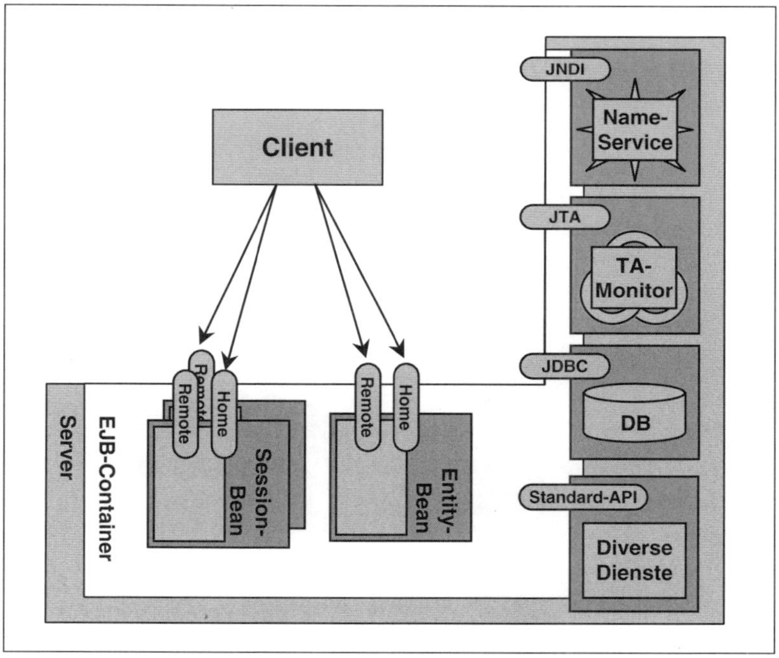

Abbildung 3-1 Gesamtüberblick über die EJB-Architektur

Die Abbildung zeigt *Enterprise-Beans* (in ihren Ausprägungen als Entity- und Session-Bean) als zentrale Elemente. Sie enthalten die Anwendungslogik, die von den *Client*-Programmen genutzt wird. Sie existieren in einem *EJB-Container*, der ihnen eine Laufzeitumgebung zur Verfügung stellt (z.B. die Ansprechbarkeit durch Client-Programme über das *Home*- und *Remote*-Interface, Lebenszyklusmanagement etc.). In den EJB-Container sind über Standardprogrammierschnittstellen *Dienste* eingebunden, die der Bean zur Verfügung stehen (z.B. der Zugriff auf Datenbanken über JDBC oder der Zugriff auf einen Transaktionsservice über JTA). Der EJB-Container ist (unter Umständen neben anderen Containern) in einem *Server* installiert.

Im folgenden erläutern wir die Details der einzelnen Architekturbestandteile und weitere Zusammenhänge.

3.2 Der Server

Der Server ist die Basiskomponente der EJB-Architektur. An dieser Stelle wird absichtlich nicht von einem *EJB-Server* gesprochen. Eigentlich müßte man von einem *J2EE-Server* sprechen. Die Strategie von SUN in Hinblick auf Enterprise-Anwendungen im Rahmen der J2EE-Plattform bezieht Enterprise JavaBeans wesentlich stärker in das gesamte Portfolio von Java-basierten Programmierschnittstellen und Produkten ein, als es bislang der Fall war.

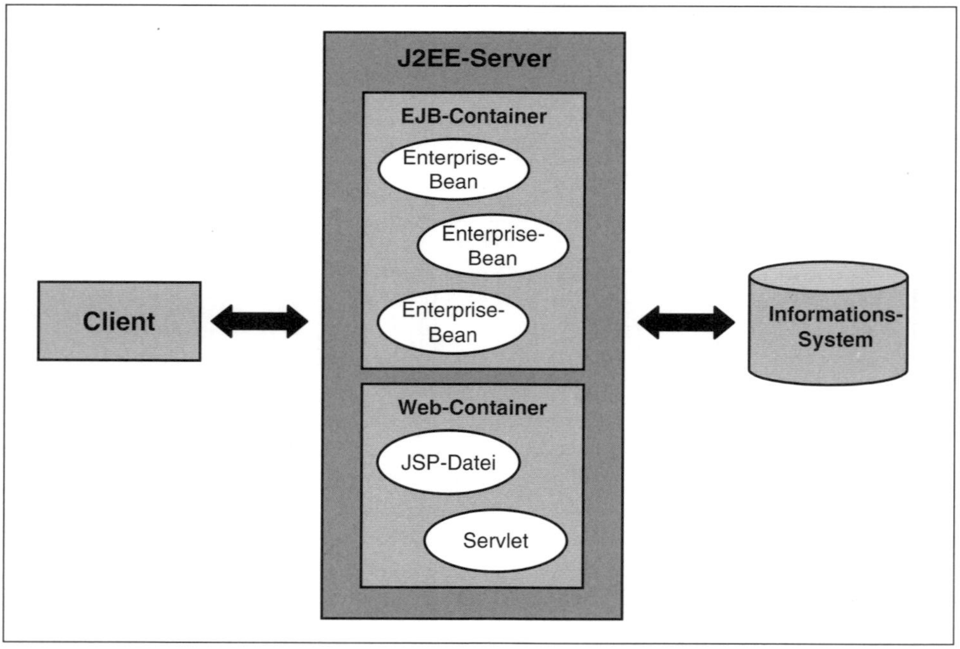

Abbildung 3-2 J2EE-Server-Architektur (vgl. [J2EE-APM, 1999])

Die Spezifikation der Enterprise JavaBeans in der Version 1.1 definiert keinerlei Anforderungen an den Server. Auch beim Rollenkonzept (siehe Kapitel 4, EJB-Rollenverteilung) wird ausdrücklich nicht mehr zwischen Server- und Container-Provider unterschieden. Der Grund dafür ist vermutlich die stärkere Einbindung in die Java-2-Plattform, Enterprise Edition.

Ein J2EE-konformer Server ist eine Laufzeitumgebung für verschiedene Container (wovon einer oder mehrere EJB-Container sein können). Jeder Container stellt dabei wiederum eine Laufzeitumgebung für eine bestimmte Art von Komponenten zur Verfügung. Die Hersteller von Java-Applikationsservern tendieren immer mehr dazu, die J2EE-Plattform zu unterstützen. Kaum ein Hersteller bietet einen reinen EJB-Server an. Viele Anbieter von Datenbanken, Transaktionsmonitoren oder CORBA-ORBs unterstützen inzwischen die Enterprise JavaBeans.

Der Serverkomponente fällt im Umfeld der J2EE-Plattform (und damit indirekt in der EJB-Architektur) die Aufgabe zu, die grundlegende Funktionalität zur Verfügung zu stellen. Dazu gehören beispielsweise:

- das Thread- und Prozeßmanagement (damit mehrere Container parallel auf dem Server ihre Dienste anbieten können)
- die Unterstützung von Clustering und Lastverteilung (d.h. die Fähigkeit, mehrere Server im Verbund zu betreiben und die Anfragen der Clients je nach Auslastung zu verteilen, um bestmögliche Antwortzeiten zu gewährleisten)
- die Ausfallsicherheit
- ein Namens- und Verzeichnisdienst (um Komponenten auffinden zu können)
- eine Zugriffsmöglichkeit auf und das Pooling von Betriebssystemressourcen (z.B. Netzwerk-Sockets für den Betrieb eines Webcontainers)

Die Schnittstelle zwischen dem Server und den Containern ist dabei sehr stark vom Hersteller abhängig. Weder die Spezifikation der Enterprise JavaBeans noch die Spezifikation der Java-2-Plattform, Enterprise Edition, definieren hierfür ein Protokoll. Da ein Standard für dieses Protokoll fehlt, ist nicht sichergestellt, daß der EJB-Container des Herstellers A im Server des Herstellers B betrieben werden kann.

3.3 Der EJB-Container

Der EJB-Container ist eine Laufzeitumgebung für Enterprise-Bean-Komponenten. So wie der EJB-Container auf den Server als Laufzeitumgebung und Diensteanbieter angewiesen ist, ist eine Bean von ihrem EJB-Container abhängig. Er stellt ihr eine Laufzeitumgebung und Dienste zur Verfügung. Derartige Dienste werden der Bean über Standardprogrammierschnittstellen zur Verfügung gestellt. Die Spezifikation verpflichtet den EJB-Container dazu, einer Bean *mindestens* folgende Programmierschnittstellen zugänglich zu machen:

- Das API (Application Programming Interface) des JDK 1.1.x oder das der Java-2-Plattform (je nachdem für welche Plattform der EJB-Container entwickelt wurde)
- Das API der Spezifikation der Enterprise JavaBeans 1.1
- Das API des JNDI 1.2 (**J**ava **N**aming and **D**irectory **I**nterface)
- Das UserTransaction-API aus JTA 1.0.1 (**J**ava **T**ransaction **API**)
- Das API der JDBC-2.0-Erweiterung (**J**ava **D**ata**B**ase **C**onnectivity)
- Das API von Java Mail 1.1 (für das Verschicken von E-Mails).

Einem Anbieter eines Java-Applikationsservers steht es frei, zusätzliche Dienste über Standardschnittstellen anzubieten. Viele Server bieten beispielsweise einen Messaging-Dienst an, der über die JMS-Schnittstelle (Java Messaging Service) verfügbar gemacht wird (für die Version 2.0 der Spezifikation der Enterprise JavaBeans ist im übrigen eine Integration von JMS und EJB vorgesehen). Bei anderen Herstellern gibt es beispielsweise eine generische, herstellereigene Service-Schnittstelle, über die selbstentwickelte Dienste (z.B. ein Event-Service) angeboten werden können.

Der EJB-Container stellt den Enterprise-Beans zum einen eine Laufzeitumgebung zur Verfügung, zum anderen bietet er über die obengenannten (statischen) Programmierschnittstellen den Beans zur Laufzeit bestimmte Dienste an. Aus beiden Bereichen (dem Bereich der Laufzeitumgebung sowie dem Bereich der angebotenen Dienste) wollen wir die wichtigsten Aspekte im Detail betrachten.

Kontrolle des Lebenszyklus einer Bean (Laufzeitumgebung)

Der EJB-Container ist für die Kontrolle des Lebenszyklus einer Bean zuständig. Der EJB-Container erzeugt Bean-Instanzen (z.B. dann, wenn ein Client ihn dazu auffordert), versetzt sie über Callback-Methoden in verschiedene Zustände und verwaltet sie in Pools für den Fall, daß sie gerade nicht benötigt werden. Die Bean-

Instanzen werden vom EJB-Container auch wieder gelöscht. Die Zustände und die jeweiligen Methoden, die zum Zustandsübergang führen, hängen vom Typ der Bean ab. Sie werden in den entsprechenden Kapiteln (Kapitel 5, Session-Beans, Kapitel 6, Entity-Beans) im Detail behandelt.

Instanzen-Pooling und Aktivierung bzw. Passivierung (Laufzeitumgebung)

Ein System, das im Umfeld unternehmenskritischer Anwendungen positioniert ist, muß mit großen Belastungen zurechtkommen. Es muß in der Lage sein, viele Clients bedienen zu können, ohne daß diese lange Antwortzeiten in Kauf nehmen müssen. Je größer die Anzahl der angebundenen Clients ist, desto höher ist in der Regel die Anzahl der im Server erzeugten Objekte.

Damit einerseits die Anzahl der Bean-Instanzen nicht ins Unermeßliche wächst und andererseits nicht ständig Beans-Instanzen erzeugt und wieder zerstört werden müssen, hält ein EJB-Container eine gewisse Anzahl von Bean-Instanzen in einem Pool vorrätig. Solange sich eine Bean im Pool befindet, ist sie im Zustand *Pooled* und gewissermaßen deaktiviert. Bei Bedarf (in der Regel im Fall einer Clientanfrage) wird die nächstbeste Bean-Instanz des passenden Typs aus dem Pool entnommen. Sie wird reaktiviert und in den Zustand *Ready* versetzt.

Ein derartiges Instanzen-Pooling ist bei Datenbankverbindungen gängige Praxis. Ebenso bewährt hat sich dieses Vorgehen beim Management von Thread-Objekten (etwa bei der Serverentwicklung). Durch das Pooling werden in der Regel weniger Bean-Instanzen benötigt, als Clientverbindungen existieren. Durch die Vermeidung permanenter Objekterzeugung und -zerstörung erhöht sich die Performanz des Systems. Das Instanzen-Pooling steht in engem Zusammenhang mit dem Lebenszyklusmanagement einer Bean. Die Spezifikation verpflichtet den EJB-Container im übrigen nicht dazu, das Instanzen-Pooling zu unterstützen.

Eine weitere Möglichkeit des EJB-Containers, Systemressourcen zu schonen, besteht darin Bean-Instanzen, die derzeit nicht benötigt werden, z. B. über Objektserialisierung persistent zu machen und sie aus dem Speicher zu entfernen (*Passivierung*). Bei Bedarf können diese Instanzen wieder deserialisiert und im Speicher zur Verfügung gestellt werden (*Aktivierung*). Durch die temporäre Auslagerung von Bean-Instanzen (bei denen beispielsweise ein Zeitzähler abgelaufen ist) auf sekundäre Medien kann die Ressourcenbelastung des Servers reduziert werden.

Ob Bean-Instanzen gepoolt oder aktiviert bzw. passiviert werden können, hängt von ihrem Typ ab. Bei der Beschreibung der Bean-Typen im weiteren Verlauf dieses Buches wird die notwendige Unterscheidung getroffen werden.

Verteilung (Laufzeitumgebung)

Der EJB-Container sorgt dafür, daß die Beans von Clientprogrammen aus benutzt werden können, die in der Regel nicht im selben Prozeß laufen. Der Client weiß nicht, auf welchem Server sich die Bean, die er gerade benutzt, befindet (auch eine Bean ist, wenn sie eine andere Bean benutzt, ein Client). Der Ort, an dem die Bean exisitert, ist für den Client transparent. Die Benutzung einer auf einem anderen Rechner existierenden Bean unterscheidet sich für den Client nicht wesentlich von der Benutzung von Objekten, die sich im gleichen Adreßraum befinden.

Für die verteilte Kommunikation zwischen den beteiligten Parteien wird Java RMI (Remote Method Invocation) benutzt. Für die Kompatibilität mit CORBA kann auch RMI-IIOP (Remote Method Invocation via Internet Inter-ORB Protocol) eingesetzt werden. In jedem Fall muß sich eine Enterprise-Bean nicht darum kümmern, daß sie von außen angesprochen werden kann. Diese Aufgabe fällt einzig und allein dem EJB-Container zu.

Dieses Buch setzt voraus, daß der Leser bereits mit der Technik der Remote-Method-Invocation vertraut ist (gegebenenfalls sind in [Kredel et al., 1999] und [Eckel, 1998] entsprechende Informationen zum Thema RMI zu finden). Dem Leser sollten insbesondere die Konzepte des *Stub* und des *Skeleton* geläufig sein.

Namens- und Verzeichnisdienst (Dienst)

Damit ein Client eine Bean finden kann, ist er auf einen Namensdienst angewiesen. Ein Namensdienst bietet die Möglichkeit, Referenzen auf entfernte Objekte unter einem bestimmten Namen, der frei vergeben werden kann, an einem definierten Platz zu hinterlegen (*Binding*). Zum anderen bietet er die Möglichkeit, an den Namensdienst gebundene Objekte über deren Namen wiederzufinden (*Lookup*).

Ein Verzeichnisdienst ist leistungsfähiger als ein Namensdienst. Er unterstützt nicht nur das Binden von Referenzen an einen Namen, er kann verteilte Objekte und andere Ressourcen (wie z.B. Drucker, Dateien, Anwendungsserver etc.) in hierarchischen Strukturen verwalten und bietet weitergehende Möglichkeiten zur Administration. Durch einen Verzeichnisdienst können einem Client zu einer Referenz auf ein Remote-Objekt zusätzliche, beschreibende Informationen zur Verfügung gestellt werden.

Die Schnittstelle, über die der Namens- und Verzeichnisdienst angesprochen wird, ist JNDI (Java Naming and Directory Interface). Auch die Bean kann über den Namens- und Verzeichnisdienst Informationen bekommen. Der EJB-Container stellt der Bean-Instanz beispielsweise Informationen zur Verfügung, die bei der Installation der Komponente festgelegt wurden (sogenannte Environment-Einträge). Dadurch besteht die Möglichkeit, das Verhalten von Enterprise-Beans durch Parametrisierung von außen zu beeinflussen. Die Bean hat auch die Möglichkeit, über den Namens- und Verzeichnisdienst auf bestimmte Ressourcen, wie z.B. Datenbankverbindungen, zuzugreifen.

Persistenz (Dienst)

Der EJB-Container stellt den Beans über den Namens- und Verzeichnisdienst die Möglichkeit zur Verfügung, auf Datenbankverbindungen zuzugreifen. Die Beans können damit selbst dafür Sorge tragen, daß ihr Zustand persistent gemacht wird. Die Spezifikation der Enterprise JavaBeans sieht jedoch einen Mechanismus vor, mit dessen Hilfe der Zustand bestimmter Enterprise-Bean-Typen automatisch persistent gemacht werden kann (wir werden Kapitel 6, Entity-Beans, auf den Mechanismus an sich zurückkommen).

Bei der automatischen, durch den EJB-Container gesteuerten Speicherung des Zustands von Enterprise-Beans werden die Daten in der Regel in einer Datenbank persistent gemacht. Es sind andere EJB-Container denkbar, die Persistenzmechanismen anbieten, die die Daten in anderen Speichersystemen ablegen (z.B. im Dateisystem oder in elektronischen Archiven). Es besteht auch die Möglichkeit, EJB-Container zu entwickeln, die die Schnittstellen anderer Anwendungssysteme benutzen, um dort Daten abzulegen oder auszulesen. So können beispielsweise die Daten alter Mainframesysteme über spezielle EJB-Container in komponentenorientierte Systeme eingebunden werden (der Container fungiert dann gewissermaßen als Wrapper zu den Altsystemen).

Entscheidend jedoch ist die Tatsache, daß es im Fall der automatischen Persistenz einer Enterprise-Bean für die Bean unerheblich ist, wo die Daten abgelegt werden. Der EJB-Container trägt dafür Sorge, daß die Daten gespeichert werden und sich zu jedem Zeitpunkt in einem konsistenten Zustand befinden. So kann eine bestimmte Bean in verschiedenen EJB-Containern installiert werden, die jeweils unterschiedliche Speichersysteme als Persistenzmedium unterstützen. Für die Enterprise-Bean bleibt die Persistenz transparent. Sie weiß nicht, wo ihre Daten gespeichert werden oder woher die Daten kommen, mit denen sie vom EJB-Container initialisiert wird.

Transaktionen (Dienst und Laufzeitumgebung)

Transaktionen sind eine bewährte Technik, um die Entwicklung verteilter Anwendungen zu erleichtern. Transaktionen unterstützen den Applikationsentwickler unter anderem bei der Behandlung von Fehlersituationen, die durch den gleichzeitigen Zugriff mehrerer Benutzer auf bestimmte Daten auftreten können.

Wenn der Entwickler Transaktionen benutzt, so unterteilt er die auszuführenden Aktionen in Einheiten (Transaktionen). Der Transaktionsmonitor (der EJB-Container) sorgt dafür, daß die einzelnen Aktionen einer Transaktion alle erfolgreich durchgeführt werden. Falls eine Aktion fehlschlägt, werden die bislang erfolgreich durchgeführten Einzelaktionen wieder rückgängig gemacht.

Die Unterstützung von Transaktionen ist ein wesentlicher Bestandteil der Spezifikation der Enterprise JavaBeans. In verteilten Systemen, wo mehrere Benutzer gleichzeitig in vielen Einzelaktionen mit den gleichen Daten arbeiten (die unter Umständen auf mehrere Backend-Systeme verteilt sind), ist ein Transaktionsdienst auf der Ebene des Applikationsservers unverzichtbar. Es ist die Aufgabe des EJB-Containers, dafür zu sorgen, daß die notwendigen Protokolle (z.B. das Two-Phase-Commit-Protokoll zwischen einem Transaktionsmonitor und einem Datenbanksystem, die Context-Propagation und ein verteiltes Two-Phase-Commit) für die Behandlung von Transaktionen zur Verfügung stehen. Die Spezifikation der Enterprise JavaBeans unterstützt flache Transaktionen, d.h. Transaktionen können nicht geschachtelt werden.

Der Entwickler einer Bean kann wählen, wie er Transaktionen benutzen möchte. Er kann zum einen Transaktionen explizit benutzen, indem er direkt über JTA mit dem Transaktionsservice des EJB-Containers kommuniziert. Zum anderen kann er sich für deklarative Transaktionen entscheiden. In diesem Fall wird bei der Installation einer Bean im EJB-Container angegeben, welche Methoden innerhalb welcher Transaktion ablaufen sollen. Der EJB-Container interveniert beim Aufruf dieser Methoden und sorgt dafür, daß sie innerhalb des entsprechenden Transaktionskontextes aufgerufen werden.

Im Fall der deklarativen Transaktionen muß sich der Bean-Entwickler nicht um die Handhabung der Transaktionen kümmern. Die Bean kann bei der Installation in EJB-Container A beispielsweise mit einem völlig anderen transaktionalen Verhalten installiert werden als bei der Installation in EJB-Container B. Die Bean selbst bleibt in jedem Fall davon unberührt, da der Container für die Sicherstellung des gewünschten transaktionalen Verhaltens verantwortlich zeichnet. Ausführliche Details zu Transaktionen im EJB-Umfeld bietet Kapitel 7, Transaktionen.

Sicherheit (Laufzeitumgebung)

Die Spezifikation verpflichtet den EJB-Container, den Enterprise-Beans eine Infrastruktur für das Sicherheitsmanagement als Bestandteil der Laufzeitumgebung zur Verfügung zu stellen. Es ist die Aufgabe des Systemadministrators und desjenigen, der die Enterprise-Beans installiert, die Sicherheitspolitik festzulegen. Für die Umsetzung dieser Sicherheitspolitik ist einmal mehr der EJB-Container zuständig.

Das Ziel dabei ist (ähnlich wie bei der containergesteuerten, automatischen Persistenz und den deklarativen Transaktionen), die Sicherheitsmechanismen für die Enterprise-Beans transparent zu machen, damit sie in möglichst vielen Systemen einsetzbar sind.

Würde die Sicherheitsstrategie in der Bean implementiert, wäre es problematisch, die gleiche Bean bei strengen und weniger strengen Anforderungen an die Sicherheit einzusetzen. Sehr viel sinnvoller dagegen ist die Verlagerung der Sicherheitsmechanismen in die Laufzeitumgebung der Komponenten. Somit sind sie gut wiederverwendbar, und die Sicherheitspolitik kann von außen an die entsprechenden Umstände angepaßt werden. Die Spezifikation der Enterprise JavaBeans spricht sich ausdrücklich dafür aus, daß sich im Code einer Bean möglichst keine sicherheitsrelevante Logik befinden soll.

Es besteht die Möglichkeit, Benutzerrollen zu definieren. In jeder Enterprise-Bean können einer bestimmten Rolle verschiedene Rechte erteilt werden. Diese Zuteilung findet, ebenso wie die Festlegung der Benutzerrollen,

- zum Zeitpunkt der Bean-Installation oder
- zu dem Zeitpunkt, zu dem mehrere Beans zu Aggregaten kombiniert werden,

statt. Die Rechte beziehen sich im wesentlichen darauf, ob der Benutzer bestimmte Methoden einer Enterprise-Bean aufrufen darf oder nicht. Zur Laufzeit stellt der EJB-Container sicher, daß ein Clientaufruf einer Bean-Methode durchgeführt werden darf. Dazu vergleicht er die Rolle des Clients mit den Rechten der jeweiligen Enterprise-Bean-Methode.

Zusätzlich neben den soeben beschriebenen Sicherheitsmechanismen wird ein EJB-Container in der Regel folgende Sicherheitsleistungen anbieten:

- Authentifizierung des Benutzers durch eine Benutzerkennung und ein Paßwort
- Sichere Kommunikation (z.B durch den Einsatz von Secure-Socket-Layern)

Abschließend läßt sich festhalten, daß der EJB-Container die zentrale Instanz im Komponentenmodell der Enterprise JavaBeans ist. Er stellt den Enterprise-Beans (den Komponenten) eine komfortable Laufzeitumgebung auf einem sehr hohen Abstraktionsniveau zur Verfügung und macht ihnen diverse Dienste über Standardschnittstellen zugänglich.

3.4 Enterprise-Beans

Enterprise-Beans sind die serverseitigen Komponenten, die in der Komponentenarchitektur der Enterprise JavaBeans zum Einsatz kommen. Sie implementieren die Anwendungslogik, auf die Clientprogramme zurückgreifen. Die Funktionalität des Servers und des EJB-Containers sorgt lediglich dafür, daß Beans benutzt werden können. Enterprise-Beans werden in einem EJB-Container installiert, der ihnen zur Laufzeit eine Umgebung bietet, in der sie existieren können. Beans greifen *implizit*

- bei containergesteuerter Persistenz,
- bei deklarativen Transaktionen oder
- bei der Sicherheit

oder *explizit*

- bei der Verwendung expliziter Transaktionen,
- bei Bean-gesteuerter Persistenz oder
- bei der Verwendung von Messaging etc.

auf die Dienste zurück, die ihnen der EJB-Container anbietet.

3.4.1 Typen von Enterprise-Beans

Enterprise-Beans gibt es in zwei unterschiedlichen Ausprägungen, die sich in ihrem Wesen stark unterscheiden: Entity- und Session-Beans. Tabelle 3.1 erläutert den Unterschied zwischen Session- und Entity-Beans anhand ihrer wesentlichen Unterscheidungsmerkmale.

Session-Beans modellieren für gewöhnlich Abläufe oder Vorgänge. Beispielsweise handelt es sich dabei um das Anlegen eines neuen Kunden in einem Warenwirtschaftssystem, die Durchführung einer Buchung in einem Buchungssystem oder das Erstellen eines Produktionsplans, der auf den offenen Bestellungen basiert. Session-Beans kann man typischerweise als den verlängerten Arm des Clients auf dem Server betrachten. Diese Betrachtungsweise wird durch die Tatsache unterstützt, daß eine Session-Bean eine private Ressource eines bestimmten Clients ist.

Merkmal	Session-Bean	Entity-Bean
Aufgabe der Bean	Repräsentiert einen serverseitigen Dienst, der Aufgaben für einen Client ausführt.	Repräsentiert ein Geschäftsobjekt, dessen Daten sich in einem dauerhaften Speicher befinden.
Zugriff auf die Bean	Eine Session-Bean ist für den Client eine private Ressource. Sie steht ihm exklusiv zur Verfügung.	Die Entity-Bean ist eine zentrale Ressource; die Bean-Instanz wird von mehreren Clients gleichzeitig benutzt, und ihre Daten stehen allen Clients zur Verfügung.
Persistenz der Bean	Nicht persistent; wenn der verbundene Client oder der Server terminiert werden, ist die Bean nicht mehr verfügbar.	Persistent; wenn die verbundenen Clients oder der Server terminiert werden, befindet sich der Zustand der Entity-Bean auf einem persistenten Speichermedium; die Bean kann so zu einem späteren Zeitpunkt wiederhergestellt werden.

Tabelle 3-1 Maßgebliche Unterscheidungskriterien zwischen Session- und Entity-Beans (vgl. [EJB Developer Guide, 1999])

Entity-Beans hingegen repräsentieren Dinge des realen Lebens, die mit bestimmten Daten assoziiert werden, wie z. B. ein Kunde, ein Buchungskonto oder ein Produkt. Eine Instanz eines bestimmten Entity-Bean-Typs kann von mehreren Clients gleichzeitig benutzt werden. Session-Beans operieren üblicherweise auf den Daten, die durch Entity-Beans repräsentiert werden.

Bei Session-Beans läßt sich noch eine weitere Unterscheidung treffen, nämlich ob die Session-Bean zustandslos (*stateless*) oder zustandsbehaftet (*stateful*) ist. Zustandslose Session-Beans speichern von einem Methodenaufruf zum nächsten keine Daten. Die Methoden einer zustandslosen Session-Bean arbeiten nur mit den Daten, die ihr als Parameter übergeben werden. Zustandslose Session-Beans des gleichen Typs besitzen alle die gleiche Identität. Da sie keinen Zustand haben, besteht weder die Notwendigkeit noch die Möglichkeit, sie zu unterscheiden.

Zustandsbehaftete Session-Beans dagegen speichern Daten über mehrere Methodenaufrufe hinweg. Aufrufe von Methoden an zustandsbehafteten Session-Beans können den Zustand der Bean verändern. Der Zustand geht verloren, wenn der Client die Bean nicht mehr benutzt oder der Server heruntergefahren wird. Zustandsbehaftete Session-Beans des gleichen Typs haben zur Laufzeit unterschiedliche Identitäten. Der EJB-Container muß sie unterscheiden können, da sie für ihre Clients jeweils unterschiedliche Zustände verwalten.

Eine Session-Bean bekommt ihre Identität vom EJB-Container zugewiesen. Im Gegensatz zu Entity-Beans ist die Identität einer Session-Bean nach außen hin nicht sichtbar. Da Clients immer mit einer für sie exklusiven Instanz einer Session-Bean arbeiten, ist dafür auch keine Notwendigkeit gegeben.

Entity-Beans lassen sich dadurch unterscheiden, ob sie selbst dafür verantwortlich sind, daß ihre Daten persistent gemacht werden, oder ob der EJB-Container diese Aufgabe übernimmt. In ersterem Fall spricht man von *bean-managed Persistence*, im zweiten Fall von *container-managed Persistence*.

Entity-Beans des gleichen Typs haben zur Laufzeit unterschiedliche Identitäten. Eine Entity-Bean eines bestimmten Typs wird zur Laufzeit durch ihren Primärschlüssel identifiziert, den sie vom EJB-Container zugeteilt bekommt. Dadurch wird sie an bestimmte Daten gebunden, die sie in ihrer Aktivitätsphase repräsentiert. Die Identität einer Entity-Bean ist nach außen hin sichtbar.

Die Bean-Typen spielen beim Ressourcenmanagement des EJB-Containers eine Rolle. Bei Entity-Beans und zustandslosen Session-Beans kann der Container das Pooling, bei zustandsbehafteten Session-Beans kann er die Passivierung bzw. Aktivierung (Serialisierung bzw. Deserialisierung auf ein sekundäres Speichermedium) einsetzen.

Die Schnittstelle zwischen einer Entity-Bean und dem EJB-Container ist der sogenannte *Kontext* (*javax.ejb.EJBContext*). Dieses Interface wird für die beiden Bean-Typen nochmals spezialisiert (zu *javax.ejb.EntityContext* und *javax.ejb.SessionContext*). Über den Kontext, der der Bean vom EJB-Container übergeben wird, kann die Bean mit dem Container kommunizieren. Der Kontext bleibt mit einer Bean während ihrer gesamten Lebensdauer assoziiert. Der EJB-Container verwaltet über den Kontext die Identität einer Enterprise-Bean. Über eine Änderung des Kontextes kann der EJB-Container die Identität einer Bean verändern.

Die Kapitel 5 und 6 setzen sich ausführlich mit den technischen Details von Session- und Entity-Beans auseinander. Abschnitt 8.2 beschäftigt sich eingehend mit der unterschiedlichen Semantik beider Bean-Typen.

3.4.2 Bestandteile einer Enterprise-Bean

Zu einer Enterprise-Bean-Komponente gehören folgende Bestandteile:

- das Remote-Interface
- das Home-Interface
- die Bean-Klasse

- der Primärschlüssel bzw. die Primärschlüsselklasse
- der Deployment-Deskriptor

Die einzelnen Bestandteile einer Bean sollen anhand eines Beispiels vorgestellt werden. Es soll eine Entity-Bean entwickelt werden, die ein Bankkonto repräsentiert. Die Komponente soll es ermöglichen, die Kontonummer des Bankkontos, die Beschreibung des Kontos und den aktuellen Kontostand zu erfragen. Außerdem soll der Kontostand um einen bestimmten Betrag erhöht bzw. vermindert werden können. Wir werden bei diesem Beispiel nicht auf die Besonderheiten eines bestimmten Bean-Typs eingehen (das wird ausführlich in den Kapiteln 5 und 6 getan). Dieses Kapitel konzentriert sich auf die Darstellung der Besonderheiten, die durch die Architektur bedingt sind. Die bei der Vorstellung der einzelnen Bestandteile einer Bean auftauchenden Fragen werden im nächsten Abschnitt in ausreichender Weise beantwortet werden.

Remote-Interface

Das Remote-Interface definiert diejenigen Methoden, die von einer Bean nach außen hin angeboten werden. Die Methoden des Remote-Interface spiegeln demnach die Funktionalität wider, die von der Komponente erwartet bzw. gefordert wird.

```
package ejb.samples.accounts;
import java.rmi.RemoteException;
import javax.ejb.*;

public interface BankAccount extends EJBObject {
    //Erfragen der Kontonummer
    public String getAccountNumber()
        throws RemoteException;
    //Erfragen der Kontobezeichnung
    public String getAccountDescription()
        throws RemoteException;
    //Erfragen des Kontostandes
    public float getBalance()
        throws RemoteException;
    //Erhöhen des Kontostandes
    public void increaseBalance(float amount)
        throws RemoteException;
    //Vermindern des Kontostandes
    public void decreaseBalance(float amount)
        throws RemoteException;
}
```

Listing 3-1 Home-Interface von BankAccount

Das Remote-Interface muß von *javax.ejb.EJBObject* abgeleitet werden. *EJBObject* ist seinerseits wiederum von *java.rmi.Remote* abgeleitet. Alle Methoden deklarieren das Auslösen einer Ausnahme (Exception) vom Typ *java.rmi.RemoteException*. Diese Sachverhalte deuten bereits auf den verteilten Charakter und die Einbindung der Komponente in das Framework der Enterprise JavaBeans hin.

Home-Interface

Im Home-Interface werden alle Methoden definiert, die den Lebenszyklus einer Bean betreffen. Auch dieses Interface wird nach außen hin veröffentlicht. Der Client benutzt diese Schnittstelle, um Bean-Instanzen zu erzeugen, um sie zu finden und um sie zu löschen.

```
package ejb.samples.accounts;
import java.rmi.RemoteException;
import javax.ejb.*;

public interface BankAccountHome extends EJBHome {

    //Erzeugen eines Kontos
    public BankAccount create(String accNo,
                              String accDescription,
                              float  initialBalance)
        throws CreateException, RemoteException;

    //Finden eines bestimmten Kontos
    public BankAccount findByPrimaryKey(BankAccountPK accPK)
        throws FinderException, RemoteException;

}
```

Listing 3-2 Home-Interface von BankAccount

Das Home-Interface muß von *javax.ejb.EJBHome* abgeleitet sein (in diesem Interface befindet sich die Methode zum Löschen einer Bean; sie muß nicht gesondert deklariert werden). *EJBHome* seinerseits ist wiederum von *javax.rmi.Remote* abgeleitet. Auch beim Home-Interface deklarieren alle Methoden das Auslösen einer Ausnahme vom Typ *javax.rmi.RemoteExeption*. Ebenso wie beim Remote-Interface deuten alle Sachverhalte auf den verteilten Charakter und die Einbettung in das EJB-Framework hin.

Bean-Klasse

Die Bean-Klasse implementiert die Methoden, die im Home- und im Remote-Interface deklariert wurden (mit Ausnahme der *findByPrimaryKey*-Methode), ohne diese beiden Interfaces im Sinne des Schlüsselwortes *implements* tatsächlich einzubinden. Die Signaturen der Methoden des Remote- bzw. Home-Interfaces müssen mit den entsprechenden Methoden in der Bean-Klasse übereinstimmen. Die Bean-Klasse muß in Abhängigkeit von ihrem Typ ein Interface implementieren, und zwar *javax.ejb.EntityBean* oder *javax.ejb.SessionBean*. Die Bean implementiert weder ihr Home- noch ihr Remote-Interface.

```
package ejb.samples.accounts;
import java.rmi.RemoteException;
import javax.ejb.*;

public class BankAccountBean implements EntityBean {

    public String accountNumber;
    public String accountDescription;
    public float  accountBalance;

    private EntityContext theContext;

    //Die create-Methode des Home-Interface

    public BankAccountPK ejbCreate(String accNo,
                                   String accDescription,
                                   float  initialBalance)
        throws CreateException, RemoteException
    {
        accountNumber      = accNo;
        accountDescription = accDescription;
        accountBalance     = initialBalance;
        return null;
    }

    //Die Methoden des Remote-Interface

    public String getAccountNumber()
        throws RemoteException
    {
        return accountNumber;
    }

    public String getAccountDescription()
```

```
        throws RemoteException
    {
        return accountDescription;
    }

    public float getBalance()
        throws RemoteException
    {
        return accountBalance;
    }

    public void increaseBalance(float amount)
        throws RemoteException
    {
        accountBalance += amount;
    }

    public void decreaseBalance(float amount)
        throws RemoteException
    {
        accountBalance -= amount;
    }

    //Die Methoden des javax.ejb.EntityBean-Interface

    public void setEntityContext(EntityContext ctx)
        throws RemoteException
    {
        theContext = ctx;
    }

    public void unsetEntityContext()
        throws RemoteException
    {
        theContext = null;
    }

    public void ejbRemove()
        throws RemoteException, RemoveException
    {}

    public void ejbActivate()
        throws RemoteException
    {}
```

```
    public void ejbPassivate()
        throws RemoteException
    {}

    public void ejbLoad()
        throws RemoteException
    {}

    public void ejbStore()
        throws RemoteException
    {}
}
```

Listing 3-3 Bean-Klasse von BankAccount

Der Primärschlüssel (Primärschlüsselklasse)

Der Primärschlüssel ist nur bei Entity-Beans relevant. Er dient dazu, eine Entität eines bestimmten Typs eindeutig zu identifizieren. Ähnlich dem Primärschlüssel einer Datenbanktabelle enthält er diejenigen Attribute, die für die eindeutige Identifikation notwendig sind. Über den Primärschlüssel kann eine bestimmte Entität gefunden werden, die dann vom EJB-Container mit einer Entity-Bean-Instanz des passenden Typs assoziiert wird. Über den Primärschlüssel wird die Identität einer Entity-Bean nach außen sichtbar. Die Primärschlüsselklasse ist für Session-Beans nicht von Bedeutung, da deren Identität niemals nach außen hin sichtbar wird. Die einzige Anforderung, die die Spezifikation der Enterprise Java-Beans an diese Klasse stellt, ist die Serialisierbarkeit. In unserem Beispiel genügt die Kontonummer für die eindeutige Identifikation.

```
package ejb.samples.accounts;

public class BankAccountPK implements java.io.Serializable {

    public String accountNumber;

    public BankAccountPK(String accNo) {
        accountNumber = accNo;
    }

    public BankAccountPK() {
        accountNumber = new String();
    }

    public int hashCode() {
        return accountNumber.hashCode();
    }
```

```
    public boolean equals(Object obj) {
        return accountNumber.equals(obj);
    }

    public String toString() {
        return accountNumber;
    }
}
```

Listing 3-4 Primärschlüsselklasse von BankAccount

Der Deployment-Deskriptor

Der Deployment-Deskriptor ist eine Datei im XML-Format (Details zu XML sind in [Behme et al., 1998] zu finden) und beschreibt eine oder mehrere Beans bzw., wie mehrere Beans zu Aggregaten zusammenzufassen sind. Im Deployment-Deskriptor werden all diejenigen Informationen abgelegt, die nicht im Code einer Bean zu finden sind. Dabei handelt es sich im wesentlichen um deklarative Informationen. Diese Informationen sind insbesondere für diejenigen Personen wichtig, die die Bean(s) zu Anwendungen zusammenfassen bzw. Beans in einem EJB-Container installieren. Dem EJB-Container wird über den Deployment-Deskriptor mitgeteilt, wie er die Komponente(n) zur Laufzeit zu behandeln hat.

Der Deployment-Deskriptor enthält zum einen Informationen über die Struktur einer Enterprise-Bean und ihre externen Abhängigkeiten (z.B. zu anderen Beans oder zu bestimmten Ressourcen wie Verbindungen zu einer Datenbank). Zum anderen enthält er Informationen darüber, wie sich die Komponente zur Laufzeit verhalten soll bzw. wie sie mit anderen Komponenten zu komplexeren Bausteinen kombiniert werden kann. Zur Veranschaulichung soll ein für unsere Beispiel-Bean passender, vollständiger Deployment-Deskriptor gezeigt werden (für eine vollständige Beschreibung des Deployment-Deskriptors vergleiche [Sun Microsystems, 1999]) :

```
<?xml version="1.0" ?>
<!DOCTYPE ejb-jar PUBLIC -//Sun Microsystems, Inc.
  //DTD Enterprise JavaBeans 1.2
  //EN http://java.sun.com/j2ee/dtds/ejb-jar_1_2.dtd>

<ejb-jar>

  <description>
    Dieser Deployment-Deskriptor enthält Informationen
    über die Entity-Bean BankAccount.
```

```
</description>

<enterprise-beans>
  <entity>
    <description>
      BankAccount repräsentiert ein Bankkonto.
      Über die Bean kann der Kontostand abgefragt
      werden.
    </description>
    <!-- Name der Bean im JNDI -->
    <ejb-name>BankAccount</ejb-name>
    <!-- Klasse des Home-Interface -->
    <home>ejb.samples.accounts.BankAccountHome</home>
    <!-- Klasse des Remote-Interface -->
    <remote>ejb.samples.accounts.BankAccount</remote>
    <!-- Klasse der Enterprise-Bean -->
    <ejb-class>ejb.samples.accounts.BankAccountBean
    </ejb-class>
    <!-- Typ der Enterprise-Bean; in diesem Fall
         handelt es sich um container-managed
         Persistence. -->
    <persistence-type>Container</persistence-type>
    <!-- Klasse des Primärschlüssels -->
    <prim-key-class>ejb.samples.accounts.AccountPK
    </prim-key-class>
    <!-- Entsprechendes Primärschlüsselfeld der
         Enterprise-Bean -->
    <primkey-field>accountNumber</prim-key-field>
    <!-- Legt fest, ob die Instanz der Enterprise-
         Bean reentrant ist. -->
    <reentrant>False</reentrant>
    <!-- Legt die Attribute der Enterprise-Bean fest,
         die durch den Container automatisch persistent
         gemacht werden. -->
    <cmp-field>
      <description>Die Kontonummer</description>
      <field-name>accountNumber</field-name>
    </cmp-field>
    <cmp-field>
      <description>Die Kontobeschreibung</description>
      <field-name>accountDescription</field-name>
    </cmp-field>
    <cmp-field>
      <description>Der Kontostand</description>
      <field-name>accountBalance</field-name>
    </cmp-field>
```

```
    </entity>
  </enterprise-beans>

  <assembly-descriptor>
    <security-role>
      <description> Die Rolle Bankangestellter
      </description>
      <role-name>Banker</role-name>
    </security-role>
    <!-- Dieser Abschnitt teilt der Rolle Bankangestellter
         das Ausführungsrecht für alle Methoden der Enter-
         prise-Bean zu. -->
    <method-permission>
      <role-name>banker</role-name>
      <method>
        <ejb-name>BankAccount</ejb-name>
        <method-name>*</method-name>
      </method>
    </method-permission>
    <!-- Dieser Abschnitt legt das transaktionale Ver-
         halten der Methode increaseBalance fest. -->
    <container-transaction>
      <!-- Der Container stellt sicher, daß diese Methode

           immer in einer Transaktion ausgeführt wird;

           Details zu Transaktionen siehe Kapitel 7. -->
      <method>
        <ejb-name>BankAccount</ejb-name>
        <method-name>increaseBalance</method-name>
      </method>
      <trans-attribute>Required</trans-attribute>
    </container-transaction>
    <!-- Dieser Abschnitt legt das transaktionale Ver-
         halten der Methode decreaseBalance fest. -->
    <container-transaction>
      <method>
        <ejb-name>BankAccount</ejb-name>
        <method-name>decreaseBalance</method-name>
      </method>
      <trans-attribute>Required</trans-attribute>
    </container-transaction>
  </assembly-descriptor>

</ejb-jar>
```

Listing 3-5 Deployment-Deskriptor von BankAccount

Sind alle Bestandteile vorhanden, so werden Home- und Remote-Interface(s), die Bean-Klasse(n), gegebenenfalls die Primärschlüsselklasse(n) und der Deployment-Deskriptor (der die Beschreibung mehrerer Enterprise-Bean-Komponenten enthalten kann) in eine Datei im jar-Format verpackt. Die Abkürzung jar steht dabei für Java-Archiv und entspricht dem gängigen ZIP-Format. Damit sind die Bestandteile einer Enterprise-Bean komplett und als Komponente in einer jar-Datei verpackt.

3.5 Wie alles zusammenspielt

Wir wollen davon ausgehen, daß die Komponente *Bankkonto* nicht in ein Aggregat eingeht, sondern direkt in einem EJB-Container installiert wird, um von Clientprogrammen benutzt zu werden. Die Installation erfolgt mit Hilfe von entsprechenden Tools. Die Spezifikation verpflichtet den Hersteller eines EJB-Containers, diese Tools zu liefern. Wie diese Tools aussehen und wie sie zu bedienen sind, ist dem Container-Hersteller überlassen. In der Regel werden diese Tools auf jeden Fall über eine grafische Benutzeroberfläche die Erstellung des Deployment-Deskriptors unterstützen. Entscheidend ist jedoch das Ergebnis des tool-unterstützten Installationsvorgangs. Er liefert die fehlenden Bindeglieder in der EJB-Architektur: die Implementierung des Home- und des Remote-Interface der Enterprise-Bean. Die Implementierungsklasse des Home-Interface wird üblicherweise als Home-Objekt oder als *EJBHome*, die des Remote-Interfaces überlicherweise als Remote-Objekt oder *EJBObject* bezeichnet (die unterschiedlichen Begriffe werden im weiteren Verlauf des Kapitels jeweils synonym verwendet). *EJBHome* und *EJBObject* werden durch die Tools des Container-Herstellers aus den Bestandteilen einer Bean generiert.

Sowohl das Home- als auch das Remote-Objekt fungieren zur Laufzeit als eine Art funktionale Schale (*Wrapper*) um die Bean-Instanz. Sie sind der verlängerte Arm der Laufzeitumgebung des EJB-Containers für bestimmte Bean-Typen. Sie sind Remote-Objekte im Sinne der Java-RMI. Sie sind es, an denen der Client die Methoden aufruft. *EJBHome* und *EJBObject* delegieren die entsprechenden Methodenaufrufe (nach bzw. vor bestimmten container-bezogenen Routinen) an die Bean-Instanz. Durch diese Indirektion hat der EJB-Container die Möglichkeit, seine Implementierung für die deklarativen Angaben im Deployment-Deskriptor einzubringen. Der Inhalt des Deployment-Deskriptors beeinflußt den generierten Code beider Klassen maßgeblich.

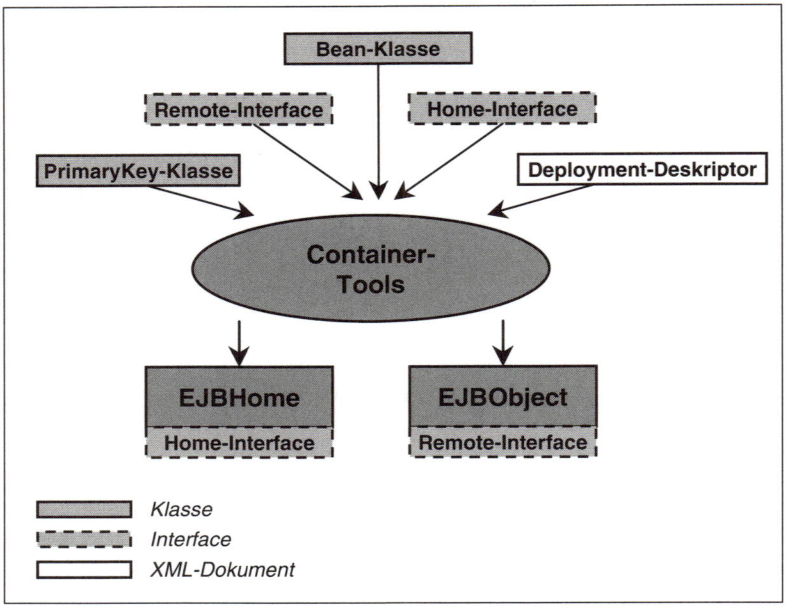

Abbildung 3-3 Generierung von EJBHome und EJBObject

Die *EJBHome*-Klasse enthält den Code für das Erzeugen, Finden und das Löschen von Bean-Instanzen. Oftmals wird auch Code für das Ressourcenmanagement in die *EJBHome*-Klasse generiert. *EJBObject* implementiert das transaktionale Verhalten, die Sicherheitsüberprüfungen und gegebenenfalls die container-gesteuerte Persistenz. Die Implementierung dieser Klassen ist in hohem Maße herstellerabhängig. Die Spezifikation macht dem Hersteller bezüglich der Implementierung von *EJBHome* und *EJBObject* keine zwingenden Vorschriften.

Keine Instanz außer dem Home- und Remote-Objekt kann mit der Bean-Instanz kooperieren. Sie ist durch die Containerklassen vollständig abgeschirmt. Auch die Kommunikation zwischen Beans findet immer über die Containerklassen *EJBHome* und *EJBObject* statt.

Aus diesen Tatsachen heraus klären sich die Fragen, die eventuell im vorangegangenen Abschnitt unbeantwortet geblieben sind. Das Home- und das Remote-Interface brauchen nicht implementiert zu werden, da die Implementierungsklassen von den Containertools generiert werden. Die Bean ist kein Remote-Objekt, da sie gar nicht von außen angesprochen werden soll. Sie soll nur über *EJBHome* und *EJBObject* angesprochen werden können. Der EJB-Container hätte sonst keine Interventionsmöglichkeit, um seinen Aufgaben nachkommen zu können. Deswegen sind die Interfaces *javax.ejb.EJBHome* und *javax.ejb.EJBObject* auch von *java.rmi.Remote* abgeleitet.

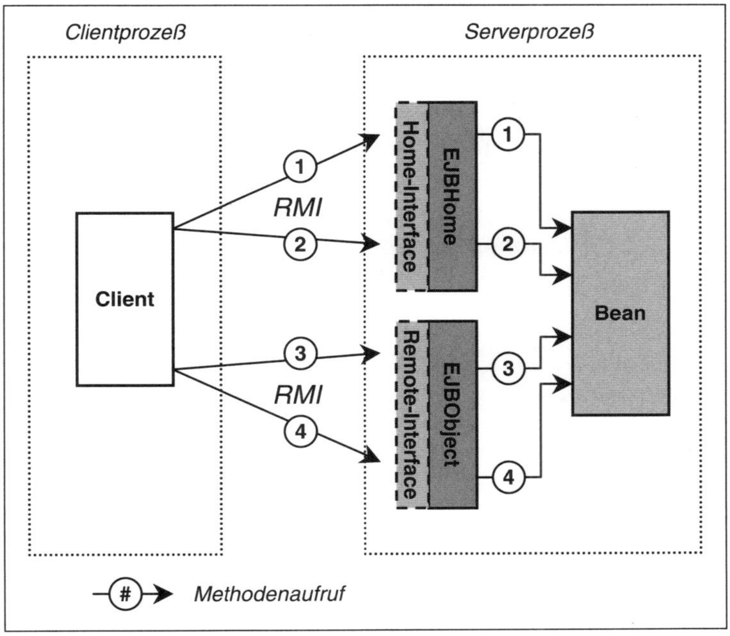

Abbildung 3-4 EJBHome und EJBObject zur Laufzeit

Auch die Tatsache, warum die Signaturen der Bean-Methoden und der Methoden im Home- und Remote-Interface übereinstimmen müssen, wird klar. Implementiert werden die Interfaces durch *EJBHome* und *EJBObject*. Sie delegieren die Aufrufe an den Interface-Methoden auf die entsprechenden Methoden der Bean-Klasse. Der dafür notwendige Code wird generiert. Passen die Signaturen der in den Interfaces deklarierten Methoden nicht zu den entsprechenden Bean-Methoden oder fehlen diese Methoden gar in der Bean-Klasse, so wird dies bei der Generierung von *EJBHome* und *EJBObject* durch die Container-Tools beanstandet oder führt zu Laufzeitfehlern.

EJBHome und *EJBObject* sind es letztlich auch, die sicherstellen, daß im Falle von Session-Beans jeder Client mit einer für ihn exklusiven Instanz arbeiten kann, während sich im Fall von Entity-Beans mehrere Clients die gleiche Instanz teilen können.

3.6 Die Sicht des Clients

Wenn ein Client nun die im EJB-Container installierte Bankkonto-Bean benutzen möchte, so muß er die Bean zunächst finden. Dazu benutzt er einen Namens- und Verzeichnisdienst. Dieser wird über die JNDI-Schnittstelle angesprochen. Ebenso wie die Bean benutzt der Client den Namens- und Verzeichnisdienst des EJB-Containers bzw. des Servers, in dem die Bean installiert ist. Der EJB-Container ist dafür verantwortlich, die Bean unter einem bestimmten Namen über den JNDI zugänglich zu machen. In vielen Fällen wird dafür der im Deployment-Deskriptor angegebene Name der Bean verwendet. Das Feld des Deployment-Deskriptors, in dem der Name der Enterprise-Bean eingetragen wird, heißt *ejb-name* (und war in unserem Beispiel *BankAccount*). Wir wollen davon ausgehen, daß der EJB-Container diesen Namen für die Veröffentlichung benutzt. Folgendes Codefragment zeigt, wie ein Client die Bankkonto-Bean findet:

```
...
    //Je nach Hersteller des Containers bzw. Servers
    //müssen im Environment entsprechende Einstellungen
    //vorgenommen werden, um den richtigen Context
    //zu erzeugen.
    final String BANK_ACCOUNT =
                         "java:comp/env/ejb/BankAccount";
    //Erzeugen des Kontextes für den Zugang zum Namensdienst
    InitialContext ctx = new InitialContext();
    //Auffinden der Bean BankAccount
    Object o = ctx.lookup(BANK_ACCOUNT);
    //Typumwandlung; Details hierzu in Kapitel 5.3
    BankAccountHome bh = (BankAccountHome)
       PortableRemoteObject.narrow(o,BankAccountHome.class);
...
```

Listing 3-6 Finden des Home-Interfaces mittels JNDI

Der EJB-Container stellt der Enterprise-Bean über den Namens- und Verzeichnisdienst eine Instanz des Client-Stubs der Implementierungsklasse des Home-Interface (*EJBHome*) zur Verfügung.

Über die Methoden des Home-Interface (und die des Interface *javax.ejb.EJBHome*) kann der Client den Lebenszyklus der Bean steuern. Beispielsweise kann er ein neues Konto erzeugen:

```
...
    BankAccount ba = bh.create("0815", "Beispielkonto", 0.0);
...
```

Das Home-Objekt erzeugt eine neue Bean-Instanz (oder nimmt eine aus dem Pool), erzeugt einen neuen Datensatz in der Datenbank und erzeugt eine *EJB-Object*-Instanz. Aus den Parametern der *create*-Methode wird ein Primärschlüsselobjekt erzeugt und mit der Bean-Instanz (über den Kontext der Bean) assoziiert.

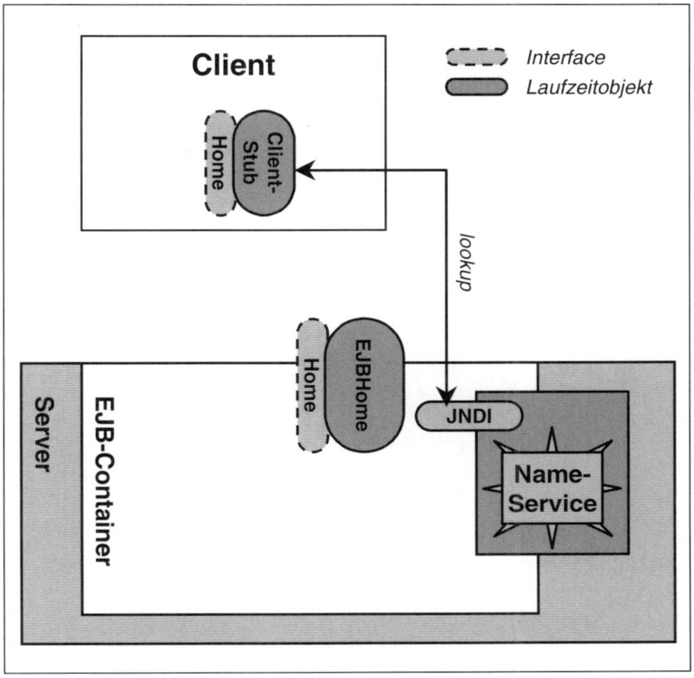

Abbildung 3-5 Finden einer Enterprise-Bean über JNDI

Damit bekommt die Bean-Instanz ihre Identität. Als Ergebnis der Operation wird dem Client der Stub der *EJBObject*-Instanz zur Verfügung gestellt. Der Stub repräsentiert dem Client gegenüber das Remote-Interface der Bean.

Von diesem Zeitpunkt an kann der Client die Business-Funktionalität der Bean nutzen, indem er die Methoden des Remote-Interface aufruft. Er kann beispielsweise den Kontostand um einen Betrag von hundert Einheiten erhöhen:

```
...
    ba.increaseBalance(100.0);
...
```

Der Aufruf der Methode *increaseBalance(float)* am Client-Stub geht an die *EJBObject*-Instanz auf dem Server über. Von dort aus wird sie wiederum an die Bean-Instanz delegiert, was letztlich die Änderung der Daten unter Einbeziehung des Transaktionsmonitors zur Folge hat (für diese Methode wurde im Deployment-Deskriptor festgelegt, daß sie in einer Transaktion stattfinden muß).

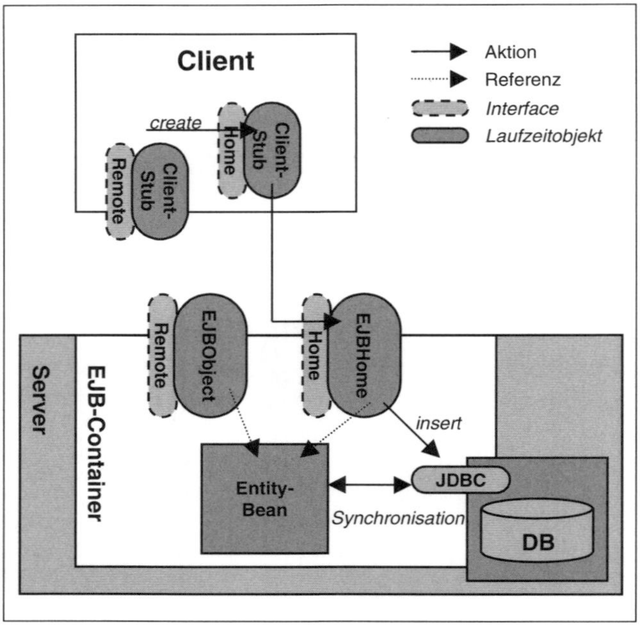

Abbildung 3-6 Erzeugen einer neuen Bean über das Home-Interface

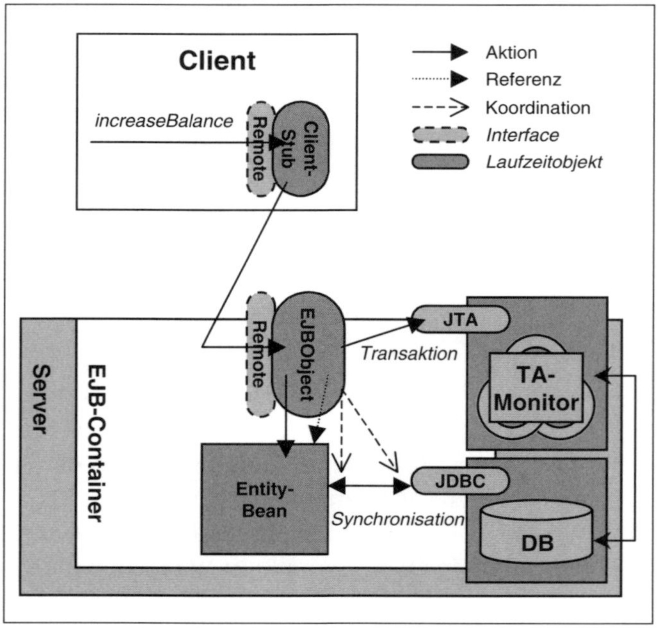

Abbildung 3-7 Aufruf einer Business-Methode über das Remote-Interface

Für den Client unterscheidet sich die Benutzung einer Bean von einem herkömmlichen, im selben Prozeß befindlichen Java-Objekt nicht wesentlich, obwohl er mit einer transaktionsgesicherten Komponente auf einem entfernten Rechner kommuniziert. Was im Code des Clients mit einer einzeiligen Anweisung beginnt, kann auf dem Server sehr komplexe Aktionen auslösen.

3.7 Was eine Enterprise-Bean nicht darf

Die Spezifikation der Enterprise JavaBeans ist gegenüber dem Entwickler einer Bean in bezug auf die Nutzung bestimmter Schnittstellen sehr restriktiv. Die wichtigsten Einschränkungen sollen in diesem Abschnitt vorgestellt werden. Interessant ist vor allem die Frage nach dem Sinn derartiger Verbote. Wir werden diese Frage ergründen, nachdem die wichtigsten Restriktionen zunächst kurz vorgestellt wurden (die komplette Liste von Einschränkungen finden Sie in [Sun Microsystems, 1999]).

- Eine Enterprise-Bean darf keine statischen Variablen benutzen. Statische Konstanten sind dagegen erlaubt.
- Eine Enterprise-Bean darf keine Thread-Synchronisationsmechanismen benutzen.
- Eine Enterprise-Bean darf keine Funktionalität des AWT (Abstract Windowing Toolkit) benutzen, um Ausgaben über grafische Benutzeroberflächen zu machen oder Eingaben von der Tastatur zu lesen.
- Eine Enterprise-Bean darf keine Klassen aus *java.io* benutzen, um auf Dateien oder Verzeichnisse im Dateisystem zuzugreifen.
- Eine Enterprise-Bean darf nicht an einem Netzwerk-Socket horchen, sie darf keine Verbindungen an einem Netzwerk-Socket akzeptieren, und sie darf keinen Socket für Multicast benutzen.
- Eine Enterprise-Bean darf nicht durch Introspection oder Reflection versuchen, an Informationen von Klassen und Instanzen zu gelangen, die ihr durch die Java-Sicherheitspolitik verborgen werden sollen.
- Eine Enterprise-Bean darf keinen Class-Loader erzeugen; sie darf keinen Class-Loader benutzen; sie darf den Kontext des Class-Loaders nicht verändern; sie darf keinen Security-Manager setzen; sie darf keinen neuen Security-Manager erzeugen; sie darf die Java Virtuelle Maschine nicht anhalten und sie darf den Standardeingabe, -ausgabe und -fehlerstream nicht verändern.

- Eine Enterprise-Bean darf keine Objekte der Klassen *Policy*, *Security*, *Provider*, *Signer* oder *Identity* aus dem *java.security*-Package benutzen oder versuchen, deren Werte zu verändern.
- Eine Enterprise-Bean darf keine Socket-Factory setzen, die durch die Klassen *ServerSocket* und *Socket* benutzt wird. Gleiches gilt für die Stream-Handler-Factory der *URL*-Klasse.
- Eine Enterprise-Bean darf keine Threads benutzen. Sie darf sie weder starten noch stoppen.
- Eine Enterprise-Bean darf nicht direkt Dateideskriptoren lesen oder schreiben.
- Eine Enterprise-Bean darf keine nativen Bibliotheken laden.
- Eine Enterprise-Bean darf niemals *this* als Argument bei einem Methodenaufruf übergeben oder *this* als Rückgabewert für einen Methodenaufruf liefern.

Eine Enterprise-Bean zu programmieren heißt serverseitige Logik auf einem relativ hohen Abstraktionsniveau zu entwickeln. Die Spezifikation der Enterprise JavaBeans beschreibt eine Komponentenarchitekur für verteilte Anwendungen. Durch das Komponentenmodell will die Spezifikation klare Trennlinien zwischen bestimmten Verantwortlichkeiten ziehen. Der Server und der EJB-Container sind für die systemnahe Funktionalität zuständig. Die Bean nutzt diese Infrastruktur als Laufzeitumgebung, muß sich also nicht um eine systemnahe Funktionalität kümmern. Die Aufgabe der Bean ist es, sich auf die Logik für unternehmensbezogene Abläufe zu konzentrieren. Um diese Aufgabe erfüllen zu können, soll sie die Dienste nutzen, die ihr durch den EJB-Container zur Verfügung gestellt werden, keine anderen sonst. Durch die Restriktionen, die die Spezifikation den Enterprise-Beans auferlegt, sollen Konflikte zwischen dem EJB-Container und den Enterprise-Beans vermieden werden. Falls in bestimmten Fällen eine Funktionalität notwendig ist, die gegen eine der Restriktionen verstößt, sollten die Enterprise JavaBeans als Lösung für die jeweilige Problematik in Frage gestellt werden.

3.8 Sichtweisen

Nachdem die Architektur und die wesentlichen Merkmale und Konzepte der Spezifikation der Enterprise JavaBeans bekannt sind, wollen wir abschließend die unterschiedlichen Blickwinkel auf die Architektur verdeutlichen.

3.8.1 EJB aus der Sicht der Applikationsentwicklung

Es ist interessant, die Enterprise JavaBeans in Hinblick auf die Applikationsentwicklung zu betrachten. Hierzu soll auf das Szenario in Kapitel 1 zurückgegriffen werden. Der dort beschriebene Anwendungsentwickler könnte als Basis für den Prototyp, den er entwickeln muß, Enterprise JavaBeans benutzen. Dazu würde er einen J2EE-kompatiblen Server inklusive EJB-Container eines beliebigen Herstellers benutzen und den Prototyp in Form von Enterprise-Beans entwickeln. Wir wollen diskutieren, ob sich die Randprobleme, die sich durch das Business-Problem ergeben, durch den Einsatz von Enterprise JavaBeans als Basistechnologie neutralisieren lassen. Wir wollen untersuchen, ob sich der Applikationsentwickler voll und ganz auf die Probleme seines Anwendungsbereichs konzentrieren kann. Dazu soll nochmals eine Abbildung aus Kapitel 1 ins Gedächtnis gerufen werden (siehe Abbildung 3-8).

Abbildung 3-8 Randprobleme einer Business-Problematik

Die Anforderung der *Mehrbenutzerfähigkeit* ist durch die client-server-orientierte Architektur ohne Frage gegeben. Auch die Sicherheitseigenschaften und der Transaktionsdienst von Enterprise JavaBeans tragen ihren Teil dazu bei, einen reibungslosen Ablauf im Mehrbenutzerbetrieb sicherzustellen.

Die Fähigkeit zur *Skalierbarkeit* ist dadurch gegeben, daß Anwendungen, die als Enterprise-Beans oder als Aggregate von Beans realisiert sind, auf mehrere Server verteilt werden können. Die Server können beispielsweise die gleiche Datenbank als Backend-System benutzen. So ist die Last der Clientanfragen in Abhängigkeit von der benutzten Anwendung auf mehrere Server verteilt, während sich die Datenbasis an zentraler Stelle befindet. Durch die Ortstransparenz von Enterprise-Beans (die über einen zentralen Namens- und Verzeichnisdienst gewährleistet wird) ist es möglich,

- einzelne Anwendungen eines Applikationssystems auf mehrere Server zu verteilen,
- einzelne Beans von einem Server auf einen anderen zu verlagern,
- zusätzliche Server einzurichten und Beans bzw. Aggregate von Beans dorthin zu verlagern.

Darüber hinaus bieten viele Applikationsserver Lastverteilungsmechanismen an. Hierbei kümmert sich ein Cluster aus Applikationsservern (unabhängig von der Anwendung, die der Client bedient) um die optimale Bedienung der Clientanfragen. Dieses Feature ist jedoch herstellerabhängig und nicht durch die Architektur der Enterprise JavaBeans bedingt.

Auch beim Thema *Verfügbarkeit* kommt die Ortstransparenz der Enterprise-Bean-Komponenten, die durch den zentralen Namens- und Verzeichnisdienst gewährleistet wird, zum Tragen. Fällt ein Applikationsserver aus, so können die dort installierten Beans in einem anderen Server installiert werden. Die für die Installation notwendigen Informationen sind bereits in den Deployment-Deskriptoren der Enterprise-Beans enthalten und können in der Regel unverändert übernommen werden. Durch eine Änderung der Konfiguration im Namens- und Verzeichnisdienst können sie den Clients auf einem anderen Server zur Verfügung gestellt werden, ohne daß die Konfiguration des Clients geändert werden muß.

Da Enterprise JavaBeans immer enger in den Kontext der Java-2-Plattform, Enterprise Edition, eingebunden werden, ist die *Verbindung mit der Außenwelt* ein unkritisches Thema. Mit der Unterstützung durch einen Web-Container (vgl. Abbildung 3-2) sind zumindest die technologischen und architektonischen Grundvoraussetzungen gelegt, um eine Verbindung zur Außenwelt zu schaffen. In Abschnitt 8.6 werden wir uns dieser Thematik etwas detaillierter widmen.

Sind alle Anwendungen eines Applikationssystems auf der Basis von Enterprise JavaBeans realisiert, so ist die *Integrierbarkeit der Anwendungen* untereinander sehr hoch. Der Austausch von Daten innerhalb der Anwendung ist in diesem Fall sehr einfach (noch dazu wenn eine zentrale Datenbank benutzt wird). Enterprise JavaBeans kann auch dazu benutzt werden, um Anwendungen verschiedener Systeme zu integrieren. Durch den Einsatz spezialisierter EJB-Container, die statt eines Datenbanksystems ein anderes Applikationssystem als Persistenzsystem benutzen, können diese Systeme in EJB-basierte Systeme integriert werden. Unter Umständen kann man sich auch vorstellen, Enterprise-Beans als Wrapper und Schnittstelle zu einfachen Systemen einzusetzen (sofern das im Rahmen der Programmierrestriktionen möglich ist).

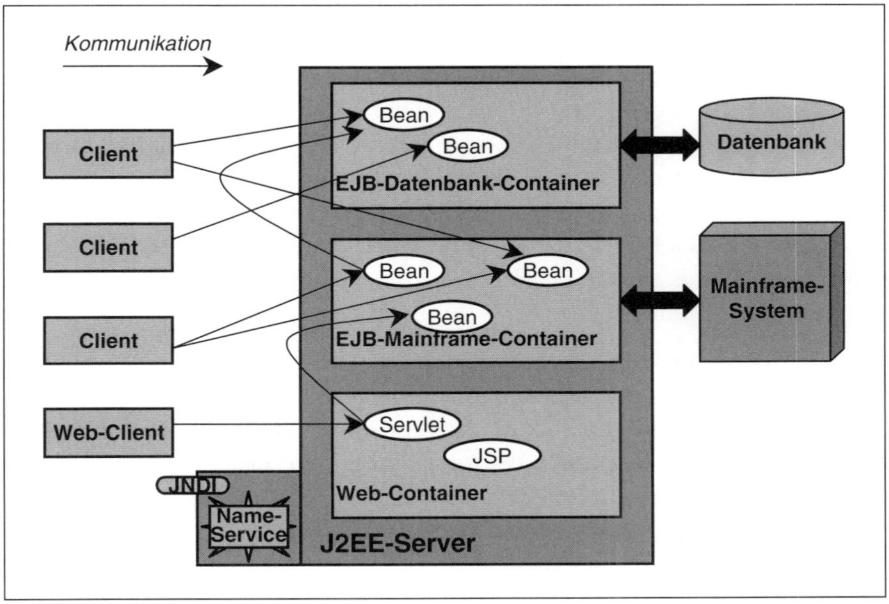

Abbildung 3-9 Enterprise-Java-Bean-Szenario

Anwendungen setzen sich aus mehreren Enterprise-Beans zusammen, die jede für sich eine gewisse Funktionalität kapseln. Diese durch das Komponentenparadigma vorgegebene Granularität ermöglicht es, die Entwicklung eines Applikationssystems nach vielen Gesichtspunkten zu strukturieren. Jede Komponente kann ein Teilprojekt sein. Der Umfang solcher Teilprojekte ist im Vergleich zum Gesamtprojekt wesentlich überschaubarer.

Die Schnittstellen nach außen hin sind pro Komponente (und damit pro Teilprojekt) fest definiert. Dadurch wird tendentiell ein Beitrag zur *Verkürzung der Entwicklungszyklen* geleistet. Nicht zuletzt trägt die Architektur der Enterprise JavaBeans aktiv dazu bei, da dem Anwendungsentwickler (Bean-Entwickler) die Entwicklung der systemtechnischen Funktionalität durch den Applikationsserver abgenommen wird. Durch das Vorhandensein einer einheitlichen Plattform kann diese systemtechnische Funktionalität wiederverwendet werden und der Bean-Entwickler kann sich ganz auf die Lösung seiner anwendungsbezogenen Problemstellungen konzentrieren.

Die *Konfigurierbarkeit* eines EJB-basierten Systems ist im wesentlichen durch den Deployment-Deskriptor gegeben. Durch ihn lassen sich Beans zum Zeitpunkt der Installation in einem Server in vielfältiger Weise anpassen. Auch das Verhalten einer Bean zur Laufzeit kann über die Einstellungen im Deployment-Deskriptor beeinflußt werden. Über das Bean-Environment können Parameter gesetzt werden, die die Bean zur Laufzeit auswerten kann.

Ein EJB-basiertes System kann auch durch den Austausch von Bean-Klassen konfiguriert werden. Die neuen Bean-Klassen bieten zwar die gleiche Schnittstelle an, d.h. sie benutzen die gleichen Home- und Remote-Interfaces wie die alten Bean-Klassen, weisen aber eine andere Implementierung auf. Dem Client gegenüber treten die Beans mit der geänderten Implementierung unter dem gleichen Namen im JNDI auf wie die alten. Für den Client spielt der Austausch der Implementierungen keine Rolle, sofern der Vertrag (die versprochene Funktionalität der Schnittstelle) eingehalten wird.

Im Falle der container-managed Persistence bietet Enterprise JavaBeans ein Konzept zur transparenten, automatischen *Datenablage*. Die Enterprise-Bean überläßt die Datenspeicherung dem EJB-Container und muß sich nicht mit den Techniken zur Datenspeicherung auseinandersetzen. Eine solche Bean kann problemlos in anderen EJB-Containern eingesetzt werden.

Durch den Einsatz spezialisierter EJB-Container (wie in Abbildung 3-9 dargestellt) ist auch eine *schrittweise Migration* von Altsystemen möglich. Die Datenbestände sowie die Systeme selbst können weiterbenutzt werden. Für die Bean ist der EJB-Container damit nicht nur Laufzeitumgebung und Dienstanbieter, sondern zugleich die Schnittstelle zu einem Altsystem (die damit für die Bean weitestgehend transparent ist). Nach der kompletten Übernahme der Datenbestände (z.B. in ein relationales Datenbanksystem) können die bereits entwickelten Beans durch die Installation in einem anderen EJB-Container weiterverwendet werden.

EJB-basierte Systeme in ihrer *Funktionalität zu erweitern* ist problemlos durch die Installation neuer Beans möglich. Neue Beans können unter Umständen auf die Funktionalität bereits vorhandener Beans zurückgreifen.

Aus der Sicht des Applikationsentwicklers in dem in Kapitel 1 beschriebenen Szenario dürften sich alle auftretenden Randprobleme durch den Einsatz von Enterprise JavaBeans neutralisieren lassen. Für die Lösung seines Problems wäre EJB der richtige Ansatz.

3.8.2 EJB aus der Sicht des Komponentenparadigmas

Ein weiterer Gesichtspunkt, unter dem Enterprise JavaBeans betrachtet werden kann, ist die Sicht des Komponentenparadigmas. In den vorangegangenen Kapiteln wurden einige grundlegende Eckpunkte aus diesem Bereich vorgestellt. Vor diesem Hintergrund stellen sich zwei Fragen:

- Sind Enterprise-Beans echte Komponenten?
- Erfüllt Enterprise JavaBeans die Anforderungen an eine Komponentenarchitektur?

Um diese Fragen zu erörtern, sollen die Eigenschaften von Enterprise-Beans und der EJB-Architektur an den in Kapitel 2 vorgestellten Voraussetzungen gemessen werden.

Enterprise-Beans sind, gemessen an der in Kapitel 2.3 vorgestellten Definition, echte Komponenten. Das wesentliche Merkmal der standardisierten Schnittstelle ist in Form des Home- und des Remote-Interface gegeben. Standardisiert ist die Schnittstelle durch die Vorgaben des Komponentenmodells der Enterprise-JavaBeans-Spezifikation. Die Schnittstelle stellt eine Art Vertrag dar, den sich die Bean einzuhalten verpflichtet. Diese Schnittstelle ist von der Implementierung unabhängig. Eine Bean kann in einem Stück erstellt und gepflegt werden. Ob sie eine in sich geschlossene Aufgabe repräsentiert, hängt von ihrem Entwickler ab. Dieses Wesensmerkmal einer Komponente kann durch eine Spezifikation nicht erzwungen werden, sollte aber dem Entwickler einer Enterprise-Bean als Maßgabe dienen.

Um festzustellen, ob die Architektur der Enterprise JavaBeans den Anforderungen des Komponentenparadigmas gerecht wird, wollen wir EJB an den wesentlichen Merkmalen, die ebenfalls in Abschnitt 2.3 bereits vorgestellt wurden, messen:

- *Unabhängigkeit von der Umgebung:* Enterprise JavaBeans basiert vollständig auf der Programmiersprache Java. Enterprise-Beans können nur in einer Java-Umgebung eingesetzt werden. Sie können jedoch über CORBA aus anderen Umgebungen heraus benutzt werden. Die Spezifikation in der Version 1.1 verpflichtet keinen Hersteller, ein EJB-to-CORBA-Mapping zu unterstützen. Sie verweist aber auf folgende Versionen der J2EE-Spezifikation, die die Hersteller dazu verpflichten werden, ein entsprechendes Mapping zu implementieren.
- *Ortstransparenz:* Der Aufenthaltsort einer Komponente ist bei Enterprise JavaBeans vollständig transparent, da die Enterprise-Beans über den Namens- und Verzeichnisdienst gefunden und über RMI auch auf entfernten Rechnern angesprochen werden können. Die Spezifikation verpflichtet einen Hersteller auch dazu, einen Namens- und Verzeichnisdienst in die Systemumgebung mit einzubeziehen und betont den verteilten Charakter von Enterprise-Beans.

- *Trennung von Schnittstelle und Implementierung:* Diese Eigenschaft ist bei Enterprise JavaBeans durch die Konzepte des Home- und des Remote-Interface gegeben.
- *Selbstbeschreibende Schnittstellen:* Bei Enterprise JavaBeans ist es möglich, zur Laufzeit Informationen über die Schnittstelle(n) einer Komponente zu erfragen. Das Home-Objekt liefert über die Methode *getEJBMetaData()* ein Objekt des Typs *javax.ejb.EJBMetaData* (für entsprechende Details vgl. [Sun Microsystems, 1999]). Dieses Objekt gibt unter anderem Auskunft über das Home- und Remote-Interface einer Enterprise-Bean. Mit Hilfe der Java-Reflection-API (vergleiche [Eckel, 1998]) ist es möglich die Interfaces zur Laufzeit zu untersuchen und dynamische Methodenaufrufe an Enterprise-Beans zu programmieren. Die Kombination aus dem Namens- und Verzeichnisdienst (JNDI), der Metadaten-Schnittstelle (*javax.ejb.EJBMetaData*) und der Java-Reflection-API bietet vergleichbare Möglichkeiten wie das Interface-Repository bei CORBA (vergleiche dazu [Orfali et al., 1998]). Es ist die Aufgabe des EJB-Containers aus den Angaben des Deployment-Deskriptors für eine Enterprise-Bean eine entsprechende Implementierungsklasse für die Metadaten-Schnittstelle zu generieren.
- *Problemlose sofortige Nutzbarkeit (Plug&Play):* Zum Installationszeitpunkt einer Enterprise-Bean müssen Implementierungsklassen für das Home- und Remote-Interface generiert und kompiliert werden. Durch diese Klassen wird eine Enterprise-Bean-Komponente (ohne daß sie selbst dabei verändert werden muß) für den EJB-Container eines bestimmten Herstellers benutzbar. Alle für den Installationsvorgang notwendigen Informationen sind in der Bean-Klasse selbst und im Deployment-Deskriptor vorhanden (der ein Bestandteil der Komponente ist). Die binäre Unabhängigkeit des Komponentencodes einer Enterprise-Bean ist insofern gegeben, als daß die Komponenten dem Binärstandard entsprechen, der durch die Programmiersprache Java definiert wird. Diese Umstände machen eine Enteprise-Bean-Komponente ohne Probleme in jedem EJB-Container benutzbar.
- *Integrations- und Kompositionsfähigkeit:* Diesem Punkt wird durch eine bestimmte Rolle im Vorgehensmodell, dem *Application-Assembler* (siehe Kapitel 4, EJB-Rollenverteilung), und einen besonderen Abschnitt im Deployment-Deskriptor Rechnung getragen. Die Komposition von Enterprise-Beans zu Aggregaten ist ausdrücklich vorgesehen.

Enterprise JavaBeans kann mit gutem Gewissen als Komponentenarchitektur bezeichnet werden. Da die Spezifikation noch sehr jung ist darf man gespannt darauf sein, welche Erweiterungen und Verbesserungen zukünftige Versionen bieten werden.

3.8.3 EJB aus Sicht der Unternehmung

Ein letzter Gesichtspunkt wäre die Betrachtung von Enterprise JavaBeans aus Sicht der Unternehmung. In Kapitel 2 wurden Kriterien definiert, die eine Basistechnologie aus Sicht einer Unternehmung erfüllen sollte: Wirtschaftlichkeit, Sicherheit und Bedarfsorientierung. Nun ist die objektive Bewertung einer Technologie anhand solch globaler Meßgrößen schwer. Grundsätzlich läßt sich jedoch festhalten, daß Enterprise JavaBeans aus Gründen der Wirtschaftlichkeit, so wie Kapitel 2 sie definiert, durchaus für Unternehmen interessant sind – insbesondere für diejenigen Unternehmen, die Anwendungsentwicklung betreiben (sei es für unternehmensinterne oder -externe Kunden).

Aus den obigen Abschnitten gehen die Vorteile einer solchen Technologie bereits hervor. Bei der Entwicklung von unternehmensbezogener Logik in Enterprise-Beans ist der Entwickler vollständig von systemtechnischen Problemenstellungen entlastet. Die technologische Basis wird von Spezialisten in diesem Gebiet entwickelt und entspricht einem (Quasi-)Standard. Die eigene Entwicklung kann zielorientierter auf die Probleme der jeweiligen Unternehmung ausgerichtet werden. Die komponentenorientierte Sichtweise ermöglicht eine höhere Granularität und macht dadurch die Entwicklung überschaubarer und besser beherrschbar. Die EJB-Technologie bietet alle Voraussetzungen, damit die Anwendungssysteme mit dem Unternehmen wachsen können (sowohl in bezug auf erweiterte Funktionalität als auch in Hinblick auf eine wachsende Anzahl von Mitarbeitern).

In puncto Sicherheit wird die Unternehmung nicht nur durch die Sicherheitsmechanismen der Spezifikation und der Programmiersprache Java unterstützt. Da Enterprise JavaBeans in gewisser Weise einen Standard definiert, der bereits von vielen Herstellern unterstützt wird, begibt man sich in relativ geringe Abhängigkeiten. Wünschenswert wäre jedoch die offizielle Standardisierung der Spezifikation der Enterprise JavaBeans durch ein Normungsgremium. Die Investition in diese Technologie dürfte dennoch auf lange Zeit hin gesichert sein.

Die Spezifikation definiert viele Sachverhalte, die der Ausfallsicherheit von EJB-basierten Systemen zugute kommen. Ein Beispiel hierfür sind die strengen Restriktionen bei der Bean-Entwicklung. Sie sollen unter anderem helfen, instabile Zustände des Systems zu vermeiden. Ein anderes Beispiel ist die Trennung von Systemfunktionalität und unternehmensbezogener Funktionalität. Förderlich für die Zuverlässigkeit und Sicherheit ist, daß die Systemfunktionalität von einem spezialisierten Hersteller entwickelt wird. Ein breiter Einsatz des Systems bei vielen Kunden mit einem verantwortlichen Hersteller sollte schneller zu hoher Qualität führen als eine Eigenentwicklung.

Was die Bedarfsorientierung angeht, so zielt die Spezifikation genau in den Bereich von Unternehmen, die für sich selbst oder für andere Unternehmen Anwendungen entwickeln. In der Regel sind die Entwickler solcher Unternehmen Spezialisten in bestimmten Anwendungsbereichen, nicht aber Spezialisten im Bereich der Systementwicklung. Oft endet dies in Anwendungen, die zwar die fachlichen Probleme abdecken, aber oft durch Mängel im Bereich der technologischen Basis für Unzufriedenheit sorgen. Mit dem Modell der Enterprise JavaBeans wird genau dieser Problematik begegnet. Der Bedarf nach einer stabilen Basisarchitektur, die ein komfortables Komponentenmodell bietet, in das die Anwendungslogik eingebettet werden kann, dürfte in vielen Bereichen und in vielen Unternehmen gegeben sein. Gerade weil die in Unternehmen eingesetzten Applikationen immer komplexer werden, besteht zunehmender Bedarf an stabilen, sicheren und flexiblen Basisarchitekturen.

4 EJB-Rollenverteilung

Einer der wesentlichen Gesichtspunkte von Enterprise JavaBeans ist die Aufteilung der Entwicklungsverantwortlichkeiten in diverse Rollen. Der Hintergedanke ist dabei, eine gewisse Abstraktion im EJB-Modell zu erreichen, um durch die Zuteilung von konkreten Aufgaben an bestimmte Expertengruppen Diversifizierung zu fördern und Synergieeffekte zu erzielen. Oder anders ausgedrückt: Jeder soll das entwickeln, was er am besten kann. Abbildung 4-1 zeigt einen Überblick über die verschiedenen Rollen und deren Zusammenspiel.

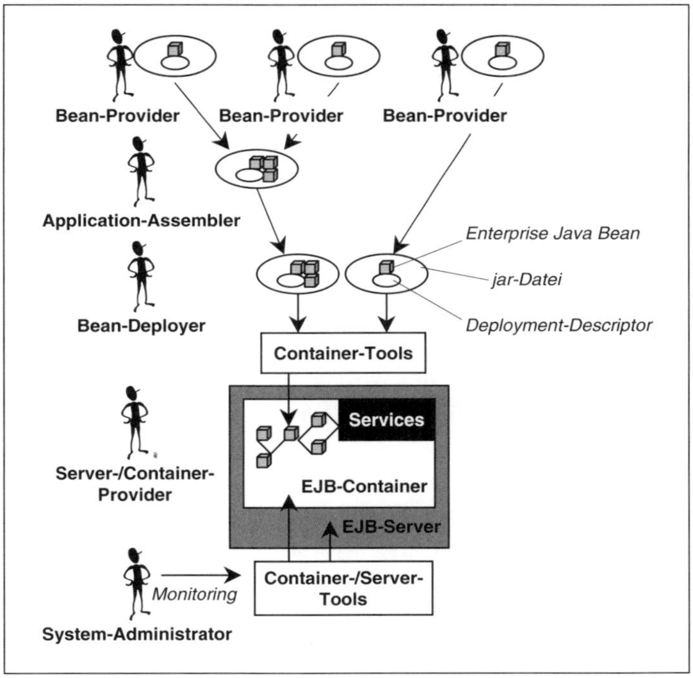

Abbildung 4-1 Rollenverteilung im EJB-Modell

Server-Provider

Der Server-Provider ist für die Bereitstellung der grundlegenden Serverfunktionen verantwortlich. Er hat dafür zu sorgen, daß unterschiedlichen Containern (v.a. EJB-Containern) eine stabile Laufzeitumgebung zur Verfügung steht. Dazu gehören – wie in dem vorangegangenen Kapitel bereits erwähnt – unter anderem die Netzwerkanbindung, das Thread- und Prozeßmanagement, die Skalierung (Clusterung) sowie das Ressourcenmanagement.

Container-Provider

Der Container-Provider setzt auf den Schnittstellen des Server-Providers auf und bietet den Komponenten (Enterprise-Beans) eine komfortable Laufzeitumgebung. Die Implementierung des Container-Providers muß den in Kapitel 3, Architektur der Enterprise JavaBeans, vorgestellten Sachverhalten entsprechen. Er hat dafür zu sorgen, daß die Zugriffe auf eine Bean ausschließlich über den Container erfolgen, ebenso wie die Kommunikation der Bean mit ihrer Umwelt. Der Container-Provider stellt primär Möglichkeiten für die Persistenz der Komponenten, Mechanismen für die Abwicklung transaktionsorientierter Vorgänge, Security-Features, Ressource-Pooling und Unterstützung für die Versionierung von Komponenten zur Verfügung (wobei letzteres Feature durch die Spezifikation nicht näher definiert wird). Um Beans im Container installieren zu können, muß der Container-Provider Tools zur Verfügung stellen, die es dem Bean-Deployer (siehe unten) ermöglichen, den notwendigen Schnittstellencode zu erzeugen (EJBHome und EJBObject). Für den Systemadministrator muß der Container-Provider Tools für das Monitoring des Containers und der Beans zur Verfügung stellen.

Bean-Provider

Diese Rolle ist denjenigen Entwicklern zugedacht, die die eigentliche Business-Logik implementieren. Sie verpacken ihr Anwendungswissen in Komponenten, durch die dieses Wissen wiederverwendbar wird. Aufbauend auf den Produkten des Server- und Container-Providers wird der Bean-Entwickler vollständig von der Entwicklung grundlegender Servertechniken (Multithreading, Netzwerkanbindung, Transaktionen etc.) entlastet. Dadurch kann er sich voll und ganz seiner eigentlichen Aufgabe widmen. Zusammen mit seiner Komponente liefert der Bean-Provider den Deployment-Deskriptor, der Informationen über die Komponente selbst sowie über ihre externen Abhängigkeiten enthält (z.B. auf welche Serverdienste die Komponente angewiesen ist). Der Deployment-Deskriptor (ein ausführliches Beispiel wurde in Abschnitt 3.4.2 vorgestellt) liefert alle Informationen, die der Bean-Deployer (siehe unten) braucht, um die Komponente in einem Server zu installieren. Auch der Application-Assembler (siehe unten) benötigt diese Informationen, um Anwendungen oder Teilmodule einer Anwendung aus verschiedenen Komponenten zusammenstellen zu können. Das Ergebnis der Arbeit eines Bean-Providers ist eine Datei im jar-Format (jar steht für Java-Archiv), die die Bean-Klasse(n) und die Interfaces der Bean(s) sowie den Deployment-Deskriptor enthält.

Application-Assembler

Letzten Endes ist der Application-Assembler dafür verantwortlich, die zur Verfügung stehenden Funktionalitäten der im Container installierten Beans zu Anwendungen zu verknüpfen. Hierzu kann die Entwicklung der Client-Applikationen und die damit verbundene Steuerung des Nachrichtenaustausches mit den Beans gehören. Der Application-Assembler kann aber ebenso mehrere (kleinere) Komponenten, die von Bean-Providern geliefert wurden, zu einer neuen (größeren) Komponente zusammenfassen. Der Application-Assembler kann dieses Konglomerat durch eigene Beans ergänzen, deren Aufgabe beispielsweise in der Kopplung der anderen Enterprise-Beans besteht. Die dadurch entstehenden »Superkomponenten« repräsentieren bereits Teilaspekte einer konkreten Anwendung. Abbildung 4-3 veranschaulicht diesen Sachverhalt an einem Beispiel.

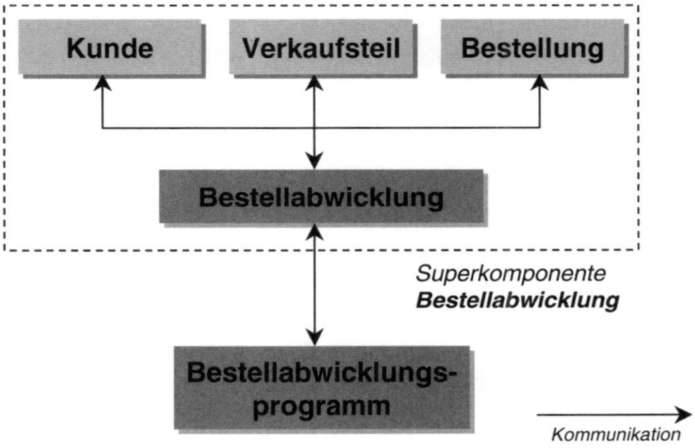

Abbildung 4-2 Beispiel für eine Superkomponente

Der Application-Assembler entwickelt die Komponente *Bestellabwicklung*, die auf die Bedürfnisse eines bestimmten Unternehmens abgestimmt ist. In seine Komponente bezieht er die allgemein verwendbaren Komponenten *Kunde*, *Verkaufsteil* und *Bestellung* eines oder mehrerer Bean-Provider ein.

Seine Arbeit dokumentiert der Application-Assembler ebenso wie der Bean-Provider im Deployment-Deskriptor. Damit sieht der Bean-Deployer (vgl. nächsten Abschnitt) wie er die Komponenten zu installieren hat, damit aus dem Zusammenspiel einzelner Bausteine eine komplette Anwendung entsteht. Daneben kann der Application-Assembler für den Bean-Deployer auch Anweisungen und Informationen bezüglich der Benutzerschnittstelle oder der Abhängigkeiten zu Nicht-EJB-Komponenten im Deployment-Deskriptor vorsehen.

Bean-Deployer

Die für die Lösung einer bestimmten Business-Problematik ausgewählten Komponenten in einem Container zu installieren ist die Aufgabe des Bean-Deployers. Dazu gehört vor allem die Bedienung der Tools des Container-Providers sowie die richtige Parametrisierung der zu installierenden Komponenten. Diese Tätigkeit setzt sehr umfangreiches Wissen über den Anwendungs- und Systemkontext sowie über die internen Verknüpfungen des Systems voraus. Insbesondere muß der Deployer die im Deployment-Deskriptor definierten externen Abhängigkeiten auflösen (indem er z.B. die Existenz geforderter Dienste oder verwendeter Enterprise-Beans sicherstellt) und die im Deployment-Deskriptor enthaltenen Anweisungen des Application-Assemblers berücksichtigen.

Systemadministrator

Der Systemadministrator überwacht den EJB-Server mit Hilfe der vom Hersteller gelieferten Tools zur Laufzeit und sorgt für die zum Betrieb eines EJB-Servers notwendige Infrastruktur (z.B. für ein funktionstüchtiges Netzwerk).

Die EJB-Rollenverteilung stellt ein idealtypisches Szenario dar, und die Umsetzung der EJB-Spezifikation in der Praxis wird zeigen, ob es in dieser Form eingehalten werden kann. So werden heute Server und Container oft in einem Produkt angeboten. Die Java 2 Plattform, Enterprise Edition (J2EE), sieht für einen Applikationsserver vor, daß er verschiedene Container anbieten soll (mindestens einen EJB-Container und einen Web-Container). Dementsprechend werden von der Spezifikation der Enterprise JavaBeans die Protokolle zwischen Server und Container sehr freizügig bis gar nicht behandelt. Daher ist es sehr schwierig, einen Container zu entwickeln, der zu vielen Servern paßt und umgekehrt. Diesbezüglich werden weitere Spezifikationenen und Programmiermodelle der Java 2 Plattform, Enterprise Edition, richtungsweisend sein.

Dieses Rollenspiel paßt (in der Theorie) jedoch hervorragend zum Ansatz komponentenorientierter Software. Zumindest dann, wenn man davon ausgeht, daß es sich jeweils um verschiedene Personen handelt. So weiß ein Container-Provider (der Container ist schließlich auch eine Art Komponente) bei der Entwicklung nicht, welche Beans später in diesem Container eingesetzt werden. Ebensowenig weiß ein Bean-Provider zum Zeitpunkt der Entwicklung, für welche Anwendungszwecke seine Komponente später einmal benutzt wird. Er verpackt lediglich eine in sich geschlossene Funktionalität in eine Komponente mit dem Ziel der optimalen Wiederverwendbarkeit. Sofern durch den Bean-Deployer die richtigen Komponenten installiert und parametrisiert wurden, ist es für den Application-Assembler ein leichtes, die angebotene Funktionalität zu Anwendungen zu verbinden bzw. aus den verfügbaren Komponenten Teilmodule zu bilden. Die Arbeit des

Application-Assemblers ist im übrigen zeitlich nicht an die Arbeit des Bean-Deployers gebunden. Der Application-Assembler kann durch den Deployer bereits installierte Komponenten benutzen oder kann dem Deployer von ihm zusammengestellte »Superkomponenten« zur Installation übergeben.

Die Rollen der Server- und Container-Provider sind den Systemspezialisten zugedacht, die die stabile Basis liefern. Für einen Anwendungsentwickler (wie er etwa im einleitenden Kapitel *Motivation* beschrieben wurde) ergeben sich verschiedene Ansätze. Er könnte zunächst in die Rolle des Bean-Providers schlüpfen, indem er sein Fachwissen in Beans verpackt und in einem zugekauften Applikationsserver, der einen EJB-Container anbietet, installiert. Statt dessen könnte er auch im Katalog eines Softwarehauses blättern und nach Komponenten suchen, die ihm bereits eine Lösung für sein(e) Problem(e) anbieten. Seine Aufgabe würde sich dann darauf beschränken, die gekauften Beans im Server zu installieren und richtig zu parametrisieren (was der Rolle des Bean-Deployers entspricht). Im nächsten Schritt könnte er (oder ein Entwicklerkollege) unter Zuhilfenahme der installierten Beans eine Anwendung schreiben, die die Interaktion mit dem Benutzer und die Kommunikation mit den Komponenten übernimmt (Application-Assembler, beschränkt auf die Entwicklung des Client-Szenarios).

Eines ist für den Anwendungsentwickler (vor allem in der Rolle des Bean-Providers) in jedem Fall klar: Er kann sich voll und ganz auf die Lösung seiner Probleme konzentrieren. Technische Probleme wie die Implementierung eines stabilen, leistungsfähigen und skalierbaren Servers werden ihm durch den Server- und den Container-Provider abgenommen.

Dieses Buch wird sich im weiteren Verlauf im wesentlichen auf die Rollen des Bean-Providers, des Bean-Deployers und des Application-Assemblers beschränken.

5 Session-Beans

5.1 Einleitung

Eine Session-Bean ist ein Geschäftsobjekt, da sie typischerweise die Logik eines Geschäftsprozesses realisiert. In der Praxis könnte die Funktionalität einer Session-Bean das Aufstellen einer Bilanz in einem Finanzbuchhaltungssystem, die Durchführung einer Überweisung einer Banken-Software oder die Verwaltung eines Materiallagers sein.

Logisch wird eine Session-Bean als serverseitige Erweiterung des Clientprogramms betrachtet. Ein Client hat über den EJB-Container den exklusiven Zugriff auf eine bestimmte Session-Bean-Instanz und kann deren Funktionalität nutzen. Dabei umfaßt der Begriff »Client« andere Beans auf dem Server und Clientprogramme auf einem Clientrechner. Für die Realisierung ihrer Funktionalität kann die Session-Bean andere Beans und die Services, die der EJB-Container zur Verfügung stellt, verwenden.

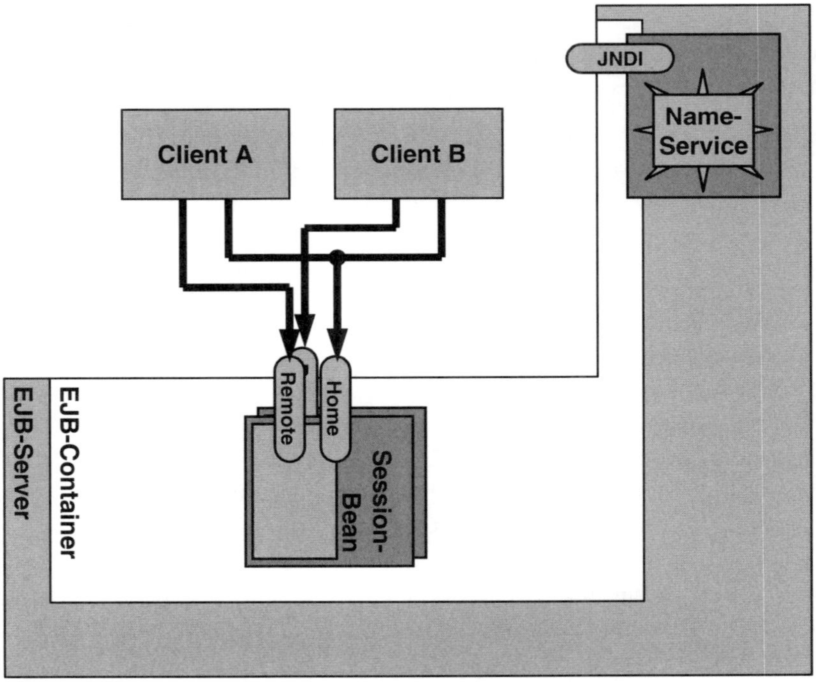

Abbildung 5-1 Überblick über Session-Beans

Während ein Client am EJB-Server angemeldet ist (Sitzung) kann er unterschiedliche Aktionen ausführen, die zu Zustandsänderungen, d.h. zu Änderungen der Daten von Enterprise-Beans führen. Man unterscheidet persistente und transiente (nicht persistente) Zustandsänderungen:

- Eine persistente Zustandsänderung bleibt über mehrere Sitzungen des Clients hinweg bestehen. Veränderte Daten werden beispielsweise in einer Datenbank gespeichert. Session-Beans selbst kennen keinen persistenten Zustand, sondern verwenden Entity-Beans für die Speicherung persistenter Daten (siehe Kapitel 6, Entity-Beans) oder greifen beispielsweise direkt auf eine Datenbank zu.
- Eine transiente Zustandsänderung besteht nur für die Dauer einer Session. Der transiente Zustand beschreibt somit den Zustand der Session bzw. der Konversation zwischen Client und Server. Deshalb spricht man hier auch von einem *Conversational-State* (Zustand der Konversation). Der transiente Zustand wird teilweise vom Client und teilweise von der Session-Bean gespeichert. Deshalb wird die Session-Bean auch als logische Erweiterung des Clients betrachtet.

Es werden zwei Arten von Session-Beans unterschieden: Es gibt zustandslose (*stateless*) und zustandsbehaftete (*stateful*) Session-Beans. Im Gegensatz zu den zustandsbehafteten Session-Beans haben die zustandslosen Session-Beans keinen eigenen Conversational-State. Das bedeutet, daß keine Anwendungsmethode einer zustandslosen Session-Bean den Zustand der Bean-Instanz verändert.

Die beiden Arten sind stets voneinander zu trennen, da der EJB-Container sie bei der Verwaltung der Bean-Instanzen unterschiedlich behandelt. Dies wirkt sich auf die Programmierung der Methoden für das Zustandsmanagement der Bean-Instanzen aus, die der EJB-Container aufruft, um die Bean-Instanz zur Laufzeit über einen Zustandswechel zu informieren. In Abschnitt 5.2.4, *Lebenszyklus einer Session-Bean-Instanz*, werden wir auf die genauen Unterschiede eingehen.

Methoden von Session-Beans können in einer Transaktion ausgeführt werden. Dies ist davon abhängig, ob die Session-Bean explizite Transaktionen verwendet oder ob der EJB-Container durch die Konfiguration angewiesen wird, ein entsprechendes transaktionales Verhalten sicherzustellen. Eine Transaktion stellt sicher, daß die jeweilige Methode entweder erfolgreich ausgeführt oder vollständig rückgängig gemacht wird. So kommt es im Fehlerfall nicht zu inkonsistenten Zuständen. Da die Transaktionsthematik sehr komplex ist, wird sie vollständig in Kapitel 7, *Transaktionen*, behandelt. Im weiteren Verlauf dieses Kapitels wird angenommen, daß Session-Beans deklarative Transaktionen benutzen, also der EJB-Container für die Steuerung zuständig ist.

5.2 Konzepte

5.2.1 Conversational-State

Eine Session-Bean bietet ihrem Client Dienstleistungen in Form von Methoden an. Der Client ruft im Regelfall mehrere Methoden auf, um sein Ziel zu erreichen. Ein Methodenaufruf kann schreibend auf einen verfügbaren Service zugreifen, beispielsweise die Daten in einer Datenbank verändern. Die veränderten Daten stehen allen Clients zur Verfügung und beeinflussen das Ergebnis der folgenden Methodenaufrufe bei unterschiedlichen Beans.

Ein Methodenaufruf kann auch den Zustand der Session-Bean-Instanz (d.h. ihre Instanzvariablen) selbst ändern. Die Session-Bean-Instanz ist dann zustandsbehaftet. Der Zustand einer Session-Bean-Instanz kann nur durch Methodenaufrufe an der jeweiligen Instanz beeinflußt werden.

Dieser Zustand einer Instanz einer zustandsbehafteten Session-Bean wird Conversational-State genannt. Die EJB-Spezifikation definiert den Conversational-State als den Zustand aller Attribute einer Session-Bean-Instanz einschließlich der transitiven Hülle über alle Objekte, die über Java-Referenzen von der Session-Bean-Instanz aus erreichbar sind. Der Conersational-State wird also durch alle Attribute und verwendeten Ressourcen der Session-Bean gebildet. In der Praxis besteht der Conversational-State beispielsweise aus Attributwerten, offenen Socket-Verbindungen, Datenbankverbindungen, Datenbank-Cursorn, Referenzen auf andere Beans und ähnliche Ressourcen.

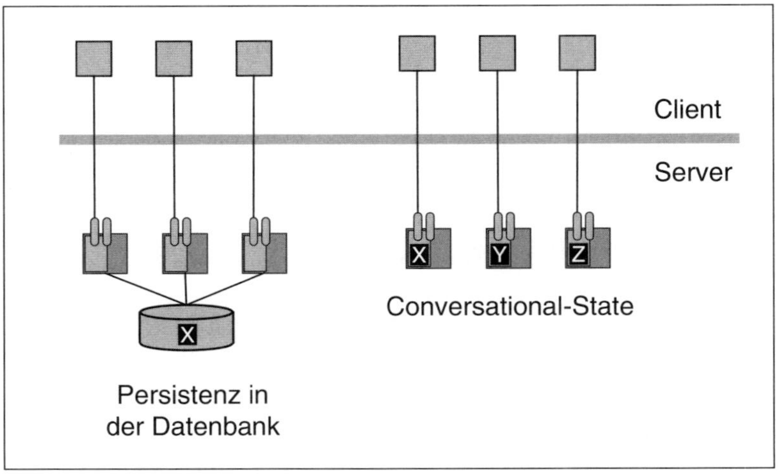

Abbildung 5-2 Conversational-State

Der Conversational-State bleibt nur für die Dauer einer Sitzung eines Clients erhalten und steht exklusiv nur diesem einen Client zur Verfügung. Aus diesem Grund wird die Session-Bean als logische, serverseitige Erweiterung des Clients verstanden.

Wenn eine Session-Bean-Instanz einen eigenen Zustand für genau einen Client speichert, dann wird auch für jeden Client eine eigene Bean-Instanz benötigt. Damit die Anzahl der Instanzen von zustandsbehafteten Session-Beans am Server nicht beliebig wächst, verwendet der EJB-Container eine Strategie zur zeitweisen Auslagerung der Instanzen aus dem Arbeitsspeicher. Die Auslagerung wird *Passivierung* genannt, das Zurückladen *Aktivierung*.

Bei der Passivierung schreibt der EJB-Container den Zustand einer zustandsbehafteten Session-Bean auf ein sekundäres Speichermedium (z.B. auf die Festplatte). Dafür wird die *Serialisierung* von Java-Objekten verwendet, die ein Bestandteil der Sprachdefinition von Java selbst ist. Dieser Mechanismus verwandelt Java-Objekte in einen Byte-Strom, der beispielsweise einfach in eine Datei geschrieben werden kann. Der umgekehrte Mechanismus heißt *Deserialisierung* und wird bei der Aktivierung eingesetzt. Dabei wird der Byte-Strom wieder in Java-Objekte im Arbeitsspeicher umgewandelt.

Mit Hilfe dieser Mechanismen (die im übrigen nur auf Session-Beans mit einem Conversational-State angewendet werden) kann der EJB-Container mit einer nach oben hin begrenzten Anzahl von Session-Bean-Instanzen arbeiten, um die verfügbaren Ressourcen zu schonen. Werden mehr Bean-Instanzen benötigt, so können momentan nicht verwendete Instanzen ausgelagert werden. Wird die ausgelagerte Instanz wieder benötigt, so muß dafür zuerst eine andere Bean-Instanz aus dem Speicher ausgelagert werden. Dann wird die benötigte Bean-Instanz wieder in den Arbeitsspeicher geholt. Der EJB-Container verwendet hier also ein klassisches Caching-Verfahren. Als Strategie bietet sich die Auslagerung der am längsten nicht gebrauchten Bean-Instanz an (LRU). Die maximale Anzahl der Bean-Instanzen, mit denen der EJB-Container arbeitet, kann in der Regel konfiguriert werden.

Dieser Mechanismus birgt jedoch ein Problem: Nicht alle Java-Objekte können einfach serialisiert werden. Beispielsweise kann eine Socket- oder Datenbankverbindung nicht einfach auf Platte geschrieben werden. Die Sprachdefinition von Java verlangt von allen Java-Klassen, deren Objekte serialisierbar sein sollen, das Interface *java.io.Serializable* zu implementieren. Folgerichtig implementieren in der Java-Klassenbibliothek auch nur die Klassen das Interface, deren Objekte serialisierbar sind. Die EJB-Spezifikation definiert genauer, welche Bedingungen die Objekte des Conversational-State einer Session-Bean erfüllen müssen:

- Serialisierbares Objekt
- Referenz auf NULL
- Referenz auf ein Remote-Interface
- Referenz auf ein Home-Interface
- Referenz auf den *SessionContext*
- Referenz auf den JNDI-Namensdienst der Bean-Umgebung
- Referenz auf das Interface *UserTransaction*

Eine Session-Bean-Instanz wird immer vor ihrer Auslagerung auf ein sekundäres Speichermedium durch den Aufruf der Methode *ejbPassivate* benachrichtigt. Die Session-Bean-Instanz muß dann die obengenannten Bedingungen herstellen. Das bedeutet beispielsweise, daß Socket- und Datenbankverbindungen geschlossen werden müssen. Wird die Session-Bean-Instanz wieder in den Arbeitsspeicher geholt, so wird sie erneut durch den Aufruf der Methode *ejbActivate* benachrichtigt. Damit kann sie beispielsweise die Socket- und Datenbankverbindungen wieder aufbauen.

5.2.2 Zustandslose und zustandsbehaftete Session-Beans

Session-Beans können einen eigenen Conversational-State haben oder zustandslos sein. Aufgrund dieser Eigenschaften werden zwei Arten von Session-Beans unterschieden:

- zustandslose Session-Beans (engl. *stateless Session Beans*)
- zustandsbehaftete Session-Beans (engl. *stateful Session Beans*)

Wenn eine zustandsbehaftete Session-Bean neu erzeugt wird, muß ihr Zustand initialisiert werden. Dazu bietet sie eine oder mehrere *create*-Methoden an, denen als Parameter die nötigen Daten vom Client übergeben werden. Eine zustandslose Session-Bean muß keinen Zustand initialisieren. Deshalb hat sie immer nur eine *create*-Methode ohne Parameter. Für jede Session-Bean-Klasse wird im Deployment-Deskriptor definiert, zu welcher Art sie gehört und welche Methoden sie anbietet.

Die Unterscheidung der beiden Arten hilft dem EJB-Container bei der Verwaltung der Bean-Instanzen. Um den Ressourcenverbrauch gering und die Performanz hoch zu halten, verwendet der EJB-Container Strategien für die Verwaltung, die das Erzeugen und Verwerfen von Java-Objekten soweit wie möglich vermeiden.

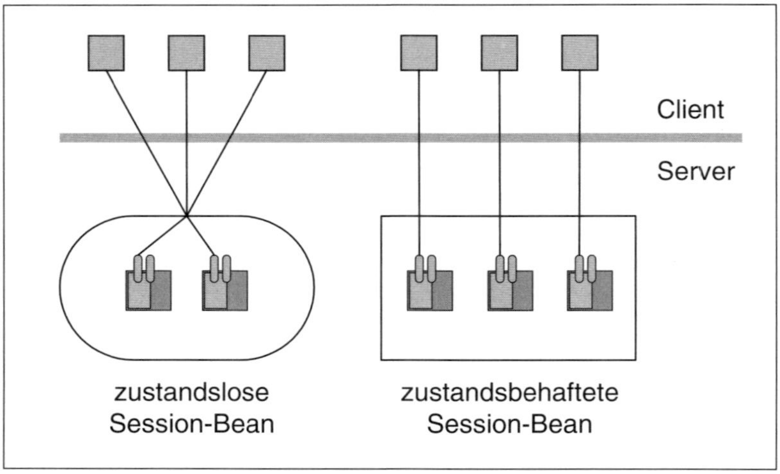

Abbildung 5-3 Zustandslose und zustandsbehaftete Session-Beans

Die Instanz einer zustandslosen Session-Bean kann vom EJB-Container nach jedem Methodenaufruf für einen anderen Client verwendet werden. Da diese keinen eigenen Conversational-State besitzt, können die aufeinanderfolgenden Methodenaufrufe eines Clients auch von unterschiedlichen Instanzen bearbeitet werden. Die Instanz einer zustandslosen Session-Bean steht somit einem Client nur für die Dauer eines Methodenaufrufs exklusiv zur Verfügung. Der EJB-Container verteilt die Methodenaufrufe auf einen Pool mit einer festen Anzahl von Bean-Instanzen. Die Anzahl der benötigten Bean-Instanzen ist dadurch viel kleiner als die Anzahl der parallelen Client-Sessions.

Bei zustandsbehafteten Session-Beans hat der EJB-Container ein anderes Problem zu lösen. Damit der Conversational-State für einen Client während einer Sitzung erhalten bleibt und nur diesem exklusiv zur Verfügung steht, benötigt jeder Client eine eigene Session-Bean-Instanz. Damit steht jede Instanz einer zustandsbehafteten Session-Bean-Instanz für die Dauer einer Session immer nur einem Client zur Verfügung.

Damit trotzdem die Anzahl der Bean-Instanzen auch bei sehr vielen parallelen Clients begrenzt bleibt, wird eine besondere Strategie benötigt. Bei der Aktivierung bzw. Passivierung kann eine Session-Bean aus dem Arbeitsspeicher ausgelagert und später wieder zurückgeladen werden (vergleiche dazu auch die Ausführungen des vorangegangenen Abschnitts).

Der entscheidende Unterschied ist somit, daß die Aktivierung und Passivierung nur für die zustandsbehafteten Session-Beans benötigt werden. Dieser Unterschied war wichtig genug, um eine Unterteilung der Session-Beans in zwei Arten beim EJB-Konzept einzuführen.

Der EJB-Container kann dadurch wesentlich effizienter mit zustandslosen als mit zustandsbehafteten Session-Beans umgehen. Die Serialisierung und Deserialisierung von Java-Objekten ist eine sehr teure Operation, d.h. sie verbraucht sehr viel Rechenzeit. Deshalb zahlt sich der Einsatz von zustandslosen Session-Beans besonders dann aus, wenn viele parallele Clients zu bedienen sind. Der Vergleich mit Webservern bietet sich an: Einer der Gründe für den Erfolg des Word Wide Web ist, daß ein Webserver mit statischen Webseiten zustandslos arbeiten kann und damit sehr viele Clients parallel bedienen kann.

Wegen ihrem höheren Ressourcenverbrauch werden zustandsbehaftete Session-Beans als *schwergewichtige Beans* bezeichnet, während zustandslose Session-Beans als *leichtgewichtig* angesehen werden.

Zustandslose Session-Beans sind jedoch nur für bestimmte Anwendungsfälle geeignet. Tabelle 5.1 faßt die Unterschiede zwischen zustandslosen und zustandsbehafteten Session-Beans zusammen.

zustandslose Session-Beans	**zustandsbehaftete Session-Beans**
hat keinen Conversational-State	hat Conversational-State
leichtgewichtig	schwergewichtig
wird nicht aktiviert und passiviert	wird aktiviert und passiviert
Instanz steht einem Client für die Dauer eines Methodenaufrufs zur Verfügung	Instanz steht einem Client für die Dauer einer Sitzung zur Verfügung

Tabelle 5-1 Vergleich zustandsloser und zustandsbehafteter Session-Beans

5.2.3 Die Sicht des Clients auf Session-Beans

Der Client hat eine sehr einfache Sicht auf Session-Beans. Der EJB-Container verbirgt die Mechanismen der Verwaltung von Bean-Instanzen vor dem Client. Für den Client stellt sich der Umgang mit Session-Beans wie folgt dar:

Mit der Methode *create* des *Home-Objekts* kann der Client neue Session-Beans einer bestimmten Klasse erzeugen. Die Session-Bean steht ihm exklusiv zur Verfügung, bis er sie durch den Aufruf der Methode *remove* am *Remote-Objekt* wieder löscht. Solange die Session-Bean existiert, kann der Client ihre Methoden über das Remote-Objekt aufrufen. Der Client unterscheidet nicht zwischen zustandslosen und zustandsbehafteten Session-Beans.

Der Client muß vier Zustände unterscheiden. Diese ergeben sich aus der Tatsache, daß er mit dem Remote-Objekt arbeitet, das die Bean-Instanz am Server referenziert.

1. *Nicht existent*: Der Client hat keine Referenz auf das Remote-Objekt. Aus seiner Perspektive existiert deshalb auch keine Bean-Instanz am Server.
2. *Existent und referenziert*: Der Client besitzt eine gültige Referenz auf das Remote-Objekt und kann damit auf die Bean-Instanz auf dem Server zugreifen.
3. *Nicht existent, aber referenziert*: Dieser Zustand ist für die Fehlerbehandlung wichtig. Nachdem der Client die Bean-Instanz mit *remove* gelöscht hat, stellt das Remote-Objekt keine gültige Referenz mehr dar. Wenn der Client trotzdem eine Methode am Remote-Objekt aufruft, wird eine Exception ausgelöst, da der EJB-Container keine Bean-Instanz für diesen Aufruf bereithält. Der EJB-Container kann auch Bean-Instanzen löschen, die längere Zeit nicht verwendet wurden (*Timeout*). Der Client kommt dann ohne eigenes Dazutun in diesen Zustand.
4. *Existent, aber nicht referenziert*: Der Client löscht seine Referenz auf das Home-Objekt, ohne zuvor die Methode *remove* aufzurufen. Nach einer definierten Zeitspanne wird der EJB-Container die Bean-Instanz auf dem Server löschen (*Timeout*).

5.2.4 Lebenszyklus einer Session-Bean-Instanz

Wie bereits erwähnt, nimmt eine Session-Bean-Instanz während ihrer Existenz unterschiedliche Zustände an. Die Übergänge von einem Zustand in einen anderen werden durch den Client (bei *create, find, remove,* Methodenaufruf) und den EJB-Container (durch die Verwaltung seiner Ressourcen) angestoßen. Gesteuert werden die Zustandsübergänge ausschließlich durch den EJB-Container (indem er – und nur er – die Callback-Methoden aufruft).

Damit der EJB-Container die Zustandswechsel einer Session-Bean steuern kann, muß die Bean-Klasse das Interface *javax.ejb.SessionBean* implementieren. Das Interface stellt eine Art Vertrag zwischen dem EJB-Container und der Session-Bean dar. Der EJB-Container ist verpflichtet, die Bean-Instanz über einen Zustandswechsel durch den Aufruf der entsprechenden Methoden im Interface zu informieren. Die Bean-Instanz muß dafür sorgen, daß ihr Zustand für den folgenden Zustand geeignet ist.

Die Lebenszyklen von zustandslosen und zustandsbehafteten Session-Beans sind unterschiedlich und werden im folgenden ausführlich dargestellt. Das detaillierte Verständnis des Lebenszyklus einer Session-Bean-Instanz ist eine unbedingte Voraussetzung für die Entwicklung.

Zustandslose Session-Beans

Eine Instanz einer zustandslosen Session-Bean kennt nur zwei unterschiedliche Zustände:

- *Nicht existent*: Die Instanz existiert nicht.
- *Pooled Ready*: Die Instanz existiert und steht für Methodenaufrufe zur Verfügung.

Abbildung 5-4 stellt den Lebenszyklus einer zustandslosen Session-Bean dar. Die Abbildung unterscheidet, ob der EJB-Container oder der Client einen Zustandsübergang veranlaßt.

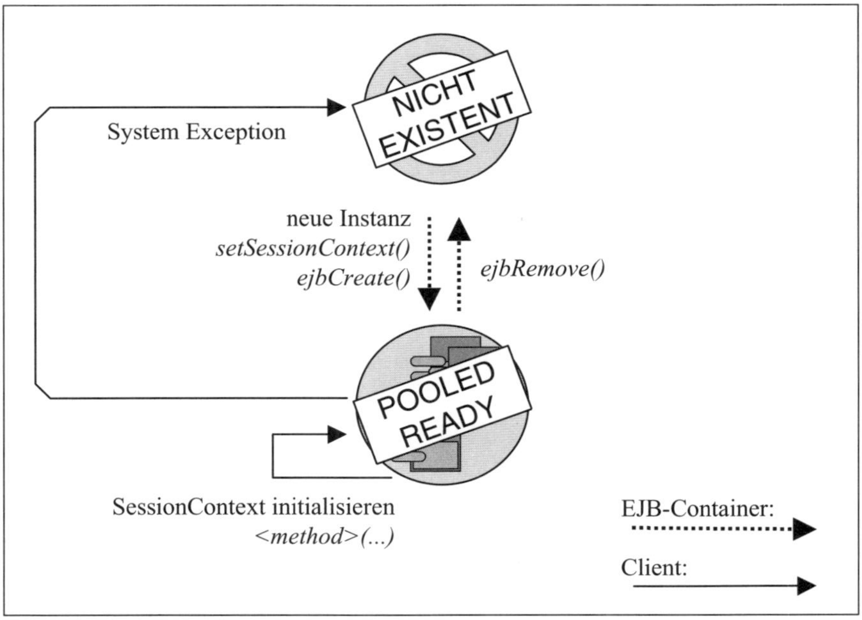

Abbildung 5-4 Lebenszyklus einer zustandslosen Session-Bean-Instanz

Der EJB-Container verwaltet die Bean-Instanzen. Benötigt er eine, so erzeugt er zunächst eine Instanz der entsprechenden Bean-Klasse. Dann ruft er die Methode *setSessionContext* auf und macht der Instanz damit ihren *Session-Kontext* bekannt.

Der Session-Kontext ermöglicht der Instanz, auf ihre Umgebung (Identität und Rolle des Clients; Transaktionskontext) und auf den EJB-Container zuzugreifen.

Dann ruft der EJB-Container die Methode *ejbCreate* auf. Danach ist die Bean-Instanz im Zustand *Pooled Ready*. Sie wird vom EJB-Container mit anderen Instanzen ihrer Bean-Klasse in einem Pool bereitgehalten.

Die Methode *ejbCreate* entspricht der Methode *create* im Home-Interface, mit welcher der Client sich eine neue Instanz beschaffen kann. Der Aufruf des Clients kann jedoch als vollständig unabhängig vom Aufruf des EJB-Containers angesehen werden. Wenn der Client *create* für eine zustandslose Session-Bean aufruft, erhält er als Ergebnis ein Remote-Objekt, das nur eine Referenz auf die Bean-Klasse und nicht auf eine konkrete Bean-Instanz ist.

Für jeden Aufruf des Clients einer Anwendungsmethode wird eine beliebige Bean-Instanz aus dem Pool benutzt. Damit die Bean-Instanz die Methode ausführen kann, muß für sie zuerst die richtige Umgebung geschaffen werden (z.B. wird ihr durch die Initialisierung des Session-Kontextes der Transaktionskontext und die Identität des Clients bekanntgegeben). Jetzt kann der EJB-Container den Aufruf des Clients an die Bean-Instanz weiterleiten. Nach der Durchführung der Methode wird die Instanz wieder im Pool abgelegt.

Durch diesen Mechanismus ist sichergestellt, daß eine Bean-Instanz immer nur einen Methodenaufruf eines Clients zu einem Zeitpunkt ausführt. Der EJB-Container serialisiert alle Aufrufe für die Bean-Instanzen. Die Implementierung einer Bean muß somit keine Zugriffe durch parallele Threads berücksichtigen.

Bei der Ausführung einer Methode kann es zu einem Fehler kommen. Deklarierte Exceptions der Methode werden einfach an den Client weitergereicht, und die Instanz wird wieder in den Pool aufgenommen. Tritt jedoch eine *RuntimeException* auf, die nicht deklariert werden muß, so geht der EJB-Container von einem Systemfehler aus. Auch diese Exception wird an den Client weitergereicht. Die Bean-Instanz wird jedoch nicht wieder in den Pool aufgenommen, sondern wird verworfen.

Der EJB-Container kann die Anzahl der Bean-Instanzen im Pool verringern. Dafür ruft er zuerst die Methode *ejbRemove* an der Bean-Instanz auf, um die Instanz über die bevorstehende Löschung zu unterrichten, und verwirft dann die Instanz. Die Garbage-Collection wird die Instanz zu einem späteren Zeitpunkt löschen.

Zustandsbehaftete Session-Beans

Der Lebenszyklus von zustandsbehafteten Session-Beans ist komplizierter als der von zustandslosen Session-Beans. Es werden vier Zustände unterschieden:

- *Nicht existent*: Die Instanz existiert nicht.
- *Ready*: Die Instanz existiert und wurde einem Client zugeteilt. Sie steht für Methodenaufrufe zur Verfügung. Die Instanz kann vom EJB-Container in diesem Zustand jederzeit passiviert werden.
- *Ready in TA*: Die Instanz befindet sich in einer Transaktion und wartet auf Methodenaufrufe des Clients (siehe Kapitel 7, *Transaktionen*). Der EJB-Container darf Instanzen in Transaktionen nicht passivieren.
- *Passiviert*: Die Instanz wurde zeitweilig aus dem Arbeitsspeicher ausgelagert, ist aber noch einem Client zugeteilt. Wenn der Client eine Methode ausführen möchte, muß der EJB-Container die Instanz zuerst wieder aktivieren.

Abbildung 5-5 stellt den Lebenszyklus einer zustandsbehafteten Session-Bean dar. Es wird wieder unterschieden, ob der EJB-Container oder der Client einen Zustandsübergang veranlaßt.

Im Gegensatz zu den zustandslosen Session-Beans sieht die EJB-Spezifikation für die zustandsbehafteten Session-Beans keinen Pool vor. Der Lebenszyklus der zustandsbehafteten Session-Beans ist enger an den Gebrauch durch den Client gebunden.

Immer wenn der Client eine Methode *create* am Home-Objekt aufruft, um eine neue Session-Bean zu erhalten, stellt der EJB-Container dem Client exklusiv eine neue Bean-Instanz zur Verfügung. Dafür erzeugt der EJB-Container zuerst eine Instanz der entsprechenden Bean-Klasse und macht ihr dann den Session-Kontext bekannt. Dann wird der Methodenaufruf des Clients an die entsprechende *ejbCreate*-Methode der Bean-Instanz weitergeleitet. Mit Hilfe der Parameter initialisiert diese Methode den Zustand der Bean-Instanz. Danach befindet sich die Bean-Instanz im Zustand *Ready*.

Wenn der Client zu einem späteren Zeitpunkt die Session-Bean nicht mehr benötigt und die Methode *remove* am Remote-Objekt aufruft, wird die Bean-Instanz vom EJB-Container verworfen. Der EJB-Container ruft die Methode *ejbRemove* der Bean-Instanz auf, um diese von der bevorstehenden Löschung zu unterrichten. Danach wird davon ausgegangen, daß die Bean-Instanz nicht mehr existent ist, obwohl der Garbage-Collector die Bean-Instanz eventuell erst zu einem späteren Zeitpunkt löscht.

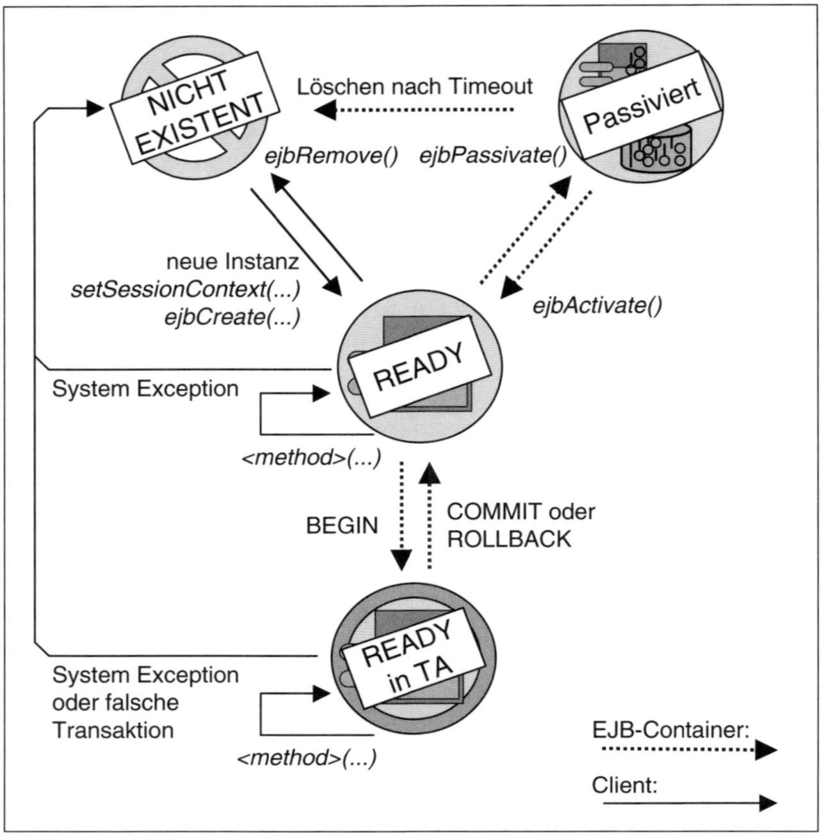

Abbildung 5-5 Lebenszyklus einer zustandsbehafteten Session-Bean-Instanz

Für jeden Client, der eine zustandsbehaftete Session-Bean verwendet, wird eine eigene Bean-Instanz benötigt. Ein EJB-Container muß jedoch die Anzahl der Bean-Instanzen im Arbeitsspeicher begrenzen. Mit der Passivierung und der Aktivierung hat er die Möglichkeit, Bean-Instanzen vorübergehend aus dem Arbeitsspeicher auszulagern. Bevor eine Bean passiviert wird, ruft der EJB-Container die Methode *ejbPassivate* auf, um die Bean über den bevorstehenden Zustandswechsel zu informieren. Bei der Aktivierung wird die Bean-Instanz zuerst wieder in den Arbeitsspeicher geladen und dann durch den Aufruf der Methode *ejbActivate* informiert.

Nachdem der Client eine Session-Bean erhalten hat, kann er über das Remote-Objekt auf die Bean-Instanz zugreifen. Die Methodenaufrufe werden vom EJB-Container an die Bean-Instanz weitergeleitet. Alle Methodenaufrufe des Clients werden vom EJB-Container serialisiert. Wenn eine *RuntimeException* in einer Methode auftritt, wird wie bei zustandslosen Session-Beans die Bean-Instanz vom EJB-Container verworfen.

Eine Methode kann in einer Transaktion ausgeführt werden. Normalerweise startet der EJB-Container eine eigene Transaktion für jeden Methodenaufruf und beendet sie nach der Ausführung der Methode (dies hängt von der Konfiguration der Bean ab). Es ist jedoch auch möglich, daß mehrere Methodenaufrufe in einer Transaktion zusammengefaßt werden. Dieser Fall wird mit dem Zustand *Ready in TA* berücksichtigt. Aus technischen Gründen darf der EJB-Container eine Bean-Instanz nicht passivieren, wenn sie sich in einer Transaktion befindet. Transaktionen werden in Kapitel 7, *Transaktionen*, ausführlich behandelt.

Der EJB-Container muß auch den Fall berücksichtigen, daß die Verbindung zum Client verlorengeht. Hier wird mit einer einfachen Heuristik gearbeitet. Wenn ein Client sich nach einer bestimmten Zeit nicht am Server gemeldet hat (*Timeout*), wird die Verbindung als unterbrochen angesehen. Der EJB-Container löscht die Bean-Instanz je nach Zustand mit *ejbRemove* und Verwerfen oder durch das Löschen der serialisierten Bean-Instanz.

5.3 Programmierung

5.3.1 Überblick

Abbildung 5-6 gibt einen vollständigen Überblick über die Klassen und Interfaces von Session-Beans. Rechts steht die Session-Bean-Klasse, die auf dem Server liegt. Auf der linken Seite befinden sich die Schnittstellen, die auch am Client verfügbar sind und durch das Home- bzw. Remote-Objekt des EJB-Containers implementiert werden. Die in der Abbildung durchgestrichenen Methoden können mit Session-Beans nicht sinnvoll eingesetzt werden. Sie sind für Entity-Beans gedacht.

Die Session-Bean-Klasse implementiert das Interface *javax.ejb.SessionBean*. Der Bean-Entwickler implementiert diese Klasse. In ihr ist die Funktionalität der Session-Bean realisiert. In der Bean-Klasse wird kein eigener Konstruktor und keine *finalize*-Methode definiert.

Das Home- und das Remote-Objekt gehören zu den Container-Klassen und werden generiert. Der Bean-Entwickler definiert das zugehörige Home- und Remote-Interface. Das Home-Interface der Bean implementiert das Interface *javax.ejb.EJBHome*. Das Remote-Interface implementiert das Interface *javax.ejb.EJBObject*.

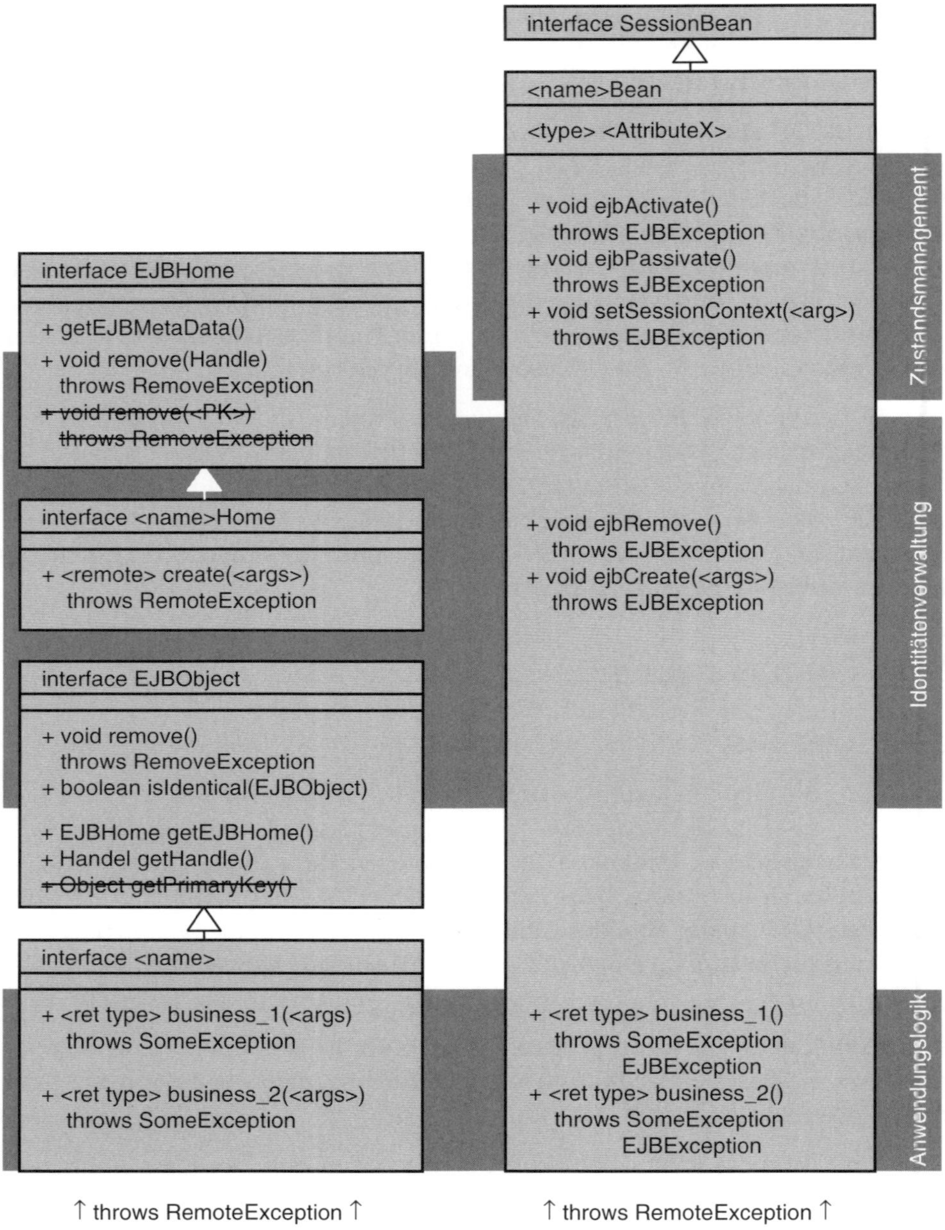

Abbildung 5-6 Interfaces der Entity-Bean

Alle Methoden aus der Bean-Klasse sowie aus den Home- und Remote-Interfaces lassen sich in drei Gruppen aufteilen:

- Zustandsmanagement
- Identitätenverwaltung
- Anwendungslogik

Die folgenden Abschnitte beschreiben die einzelnen Methoden in diesen Gruppen. Daran anschließend wird der Session-Kontext und die Schnittstellen, die das Clientprogramm verwendet, vorgestellt. Für einen schnellen Einstieg können die folgenden Beschreibungen auch vorerst übersprungen werden. Die Programmbeispiele zu Session-Beans ermöglichen Ihnen den schnellen Einstieg in die praktischen Programmierung.

5.3.2 Zustandsmanagement

In Abbildung 5-6 stehen die Methoden für das Zustandsmanagement an oberster Stelle. Diese Methoden werden vom EJB-Container aufgerufen, um die Bean-Instanz über einen Zustandswechsel zu informieren. In den Methoden wird die Logik implementiert, die die Bean-Instanz für den folgenden Zustand vorbereitet.

Sowohl die Aktionen des Clients als auch interne Prozesse des EJB-Containers können den Zustandswechsel auslösen, der zum Aufruf dieser Methoden führt. Der Client erhält jedoch keinen direkten Zugriff auf diese Methoden.

void setSessionContext(SessionContext ctx)

Die Methode *setSessionContext* wird nach dem Erzeugen der Bean-Instanz vom EJB-Container aufgerufen. Der EJB-Container übergibt der Session-Bean ihren *SessionContext*. Die Implementierung dieser Methode hat die Aufgabe, den *SessionContext* zu speichern. Weitere Initialisierungsschritte sollten hier normalerweise nicht vorgenommen werden. Das übergebene Objekt der Klasse *SessionContext* definiert die Umgebung der Bean-Instanz (siehe auch Abschnitt 5.3.5, *Session-Kontext*).

void ejbPassivate()

Diese Methode wird vom EJB-Container aufgerufen, bevor er eine zustandsbehaftete Session-Bean-Instanz passiviert. Zustandslose Session-Beans benötigen diese Methode nicht und lassen die Implementierung leer.

Die Methode wird genutzt, um die Bean-Instanz in einen Zustand zu bringen, der sich für die Passivierung eignet. Beispielsweise werden hier Netzwerk- oder Datenbankverbindungen geschlossen und die Referenzen auf andere Beans auf gelöscht (d.h. mit *null* initialisiert). Abschnitt 5.2.1, *Conversational-State*, gibt die genauen Bedingungen an, die eine Bean für die Passivierung erfüllen muß.

Beachten Sie, daß die Methode *ejbPassivate* nicht in einer Transaktion ausgeführt wird. Der EJB-Container stellt sicher, daß keine Bean-Instanz, die sich in einer Transaktion befindet, passiviert wird. Zum Zeitpunkt der Passivierung enthält der Conversational-State der Bean-Instanz also keine Daten, die mit einer Transaktion geschützt werden müssen. Die Passivierung muß somit auch ohne Transaktion möglich sein.

Tritt in dieser Methode ein Fehler auf, der das Passivieren der Bean-Instanz verhindert, wird die Exception *javax.ejb.EJBException* ausgelöst (bei EJB 1.0 *java.rmi.RemoteException*). Der EJB-Container wertet diese Exception als Systemfehler und zerstört die Bean-Instanz.

void ejbActivate()

Die Methode *ejbActivate* ist das Gegenstück zu *ejbPassivate*. Der EJB-Container ruft diese Methode auf, nachdem er eine passivierte Bean-Instanz zurück in den Arbeitsspeicher geladen hat.

Die Methode wird genutzt, um zusätzliche Ressourcen wieder zu reservieren, die bei der Passivierung freigegeben wurden. Beispielsweise werden hier Netzwerk- oder Datenbankverbindungen wieder geöffnet.

Wie auch bei *ejbPassivate* steht bei *ejbActivate* keine Transaktion zur Verfügung. Die Fehlerbehandlung ist äquivalent zu *ejbPassivate*.

5.3.3 Verwaltung der Identität

Die Methoden für die Identitätenverwaltung bilden die zweite Gruppe in der Grafik. Sie ermöglichen das Erzeugen und Löschen von Session-Bean-Identitäten. Diese Methoden finden sich im Home- und Remote-Interface wieder und stehen so dem Client zur Verfügung, schon bevor er eine Bean-Instanz kennt.

void ejbCreate(...)

Der Client erhält eine Bean-Instanz durch den Aufruf von *create* im Home-Interface. Zustandsbehaftete Session-Beans können mehrere *create*-Methoden anbieten, die sich durch ihre Signaturen unterscheiden. Zustandslose Session-Beans haben nur eine *create*-Methode ohne Parameter. Nachdem der EJB-Container eine neue Bean-Instanz erzeugt hat, ruft er deren *ejbCreate*-Methode auf. Im Fall von zustandsbehafteten Session-Beans leitet er den *create*-Aufruf des Clients an die *ejbCreate*-Methode der Bean mit der passenden Signatur weiter.

Der Bean-Entwickler definiert die *create*-Methoden im Home-Interface und implementiert die *ejbCreate*-Methoden in der Bean-Klasse. Die Signaturen der Methoden in der Bean-Klasse und im Home-Interface müssen identisch sein. Die Implementierung der *ejbCreate*-Methoden hat die Aufgabe, die Bean-Instanz zu initialisieren. Eine zustandsbehaftete Session-Bean-Instanz initialisiert den Conversational-State mit Hilfe der verwendeten Parameter.

Die Methoden sind nicht Bestandteil des Interface *javax.ejb.SessionBean*, da die Signaturen für jede Bean-Klasse unterschiedlich sind. Jede Methode wird dem EJB-Container im Deployment-Deskriptor bekanntgegeben.

Der Transaktionskontext dieser Methoden wird durch das Transaktionsattribut der Methoden im Home-Interface bestimmt.

void ejbRemove()

Der Client gibt den Auftrag zum Löschen einer Session-Bean-Identität durch den Aufruf der Methode *remove* im Remote-Interface. Falls er mit einem Handle arbeitet (zu Handles siehe Abschnitt 5.3.6, *Client*), kann er auch die Methode *remove(Handle)* im Home-Interface verwenden. Die Methode *remove(Object)* im Home-Interface ist Entity-Beans vorbehalten und kann von Session-Beans nicht genutzt werden.

Im Fall von zustandsbehafteten Session-Beans wird der Aufruf des Clients vom EJB-Container an die Methode *ejbRemove* der entsprechenden Bean-Instanz weitergeleitet. Im Fall von zustandslosen Session-Beans wird der EJB-Container nicht direkt durch den Client beauftragt, die Methode *ejbRemove* aufzurufen.

Die Methode *remove* wird in *javax.ejb.EJBObjekt* definiert, der Bean-Entwickler implementiert *ejbRemove* in der Bean-Klasse. Die Implementierung von *ejbRemove* gibt reservierte Ressourcen wieder frei. Nach dem Aufruf der Methode wird die Bean-Instanz gelöscht.

Die Methode *ejbRemove* kann vom EJB-Container mit einer Transaktion aufgerufen werden. Das zugehörige Transaktionsattribut im Deployment-Deskriptor definiert hier das Verhalten des EJB-Containers (siehe Kapitel 7, *Transaktionen*).

5.3.4 Anwendungslogik

Die dritte Gruppe in der Abbildung sind die Methoden für die Anwendungslogik, die sich auch im Remote-Interface wiederfinden. Diese Methoden werden vom Bean-Entwickler in der Bean-Klasse implementiert. Die Definition in der Bean-Klasse hat die gleiche Signatur wie die Definition im Remote-Interface.

Der EJB-Container kontrolliert alle Aufrufe der Methoden einer Bean. Er leitet die Aufrufe des Clients zu den entsprechenden Methoden der Bean-Klasse weiter. Der Client greift niemals direkt auf die Bean-Instanz zu. Die Transaktionsattribute im Deployment-Deskriptor definieren den Transaktionskontext, in dem die Methoden ausgeführt werden.

Der Bean-Entwickler implementiert in diesen Methoden die eigentliche Logik der Session-Bean. Alle bisher besprochenen Methoden erfüllen hingegen nur Verwaltungsaufgaben.

5.3.5 Der Session-Kontext

Jede Session-Bean-Instanz hat ein Objekt der Klasse *javax.ejb.SessionContext*, das ihr vom EJB-Container in der Methode *setSessionContext* zur Verfügung gestellt wird. Der *Session-Kontext* definiert die Umgebung der Bean-Instanz. Die Session-Bean-Instanz verwendet den übergebenen *Session-Kontext* während ihrer gesamten Lebensdauer. Der EJB-Container kann den *Session-Kontext* einer Bean-Instanz verändern und dieser somit eine veränderte Umgebung zuweisen. Wenn z.B. unterschiedliche Clients der Reihe nach eine Instanz einer zustandslosen Session-Bean verwenden, setzt vor jedem Methodenaufruf der EJB-Container die Identität des Clients im Session-Kontext.

Der Session-Kontext ermöglicht der Bean-Instanz den Zugriff auf das Home-Objekt, die Identität des Clients und die aktive Transaktion. Im folgenden werden die wichtigsten Methoden aus dem Interface *SessionContext* vorgestellt. Die vollständige Beschreibung können Sie in der EJB-Spezifikation (siehe [Sun Microsystems, 1999]) nachlesen.

EJBHome getEJBHome()

Diese Methode ermöglicht der Bean-Instanz den Zugriff auf ihr eigenes Home-Interface. Der Datentyp des Rückgabewerts muß in das spezielle Home-Interface der Bean-Klasse umgewandelt werden.

void setRollbackOnly()

Diese Methode dient zur Transaktionssteuerung (siehe auch Kapitel 7, *Transaktionen*). Eine Bean-Instanz verwendet diese Methode im Fehlerfall, um sicherzustellen, daß die aktive Transaktion mit einem Rollback beendet wird.

boolean getRollbackOnly()

Die Methode *getRollbackOnly* ist das lesende Gegenstück zu der Methode *setRollbackOnly*. Mit *getRollbackOnly* kann überprüft werden, ob es noch möglich ist, die aktive Transaktion mit Commit zu beenden.

UserTransaction getUserTransaction()

Normalerweise übernimmt die Steuerung der Transaktionen der EJB-Container. Die Methode *getUserTransaction* benötigt eine Bean-Instanz nur, wenn sie die Transaktionssteuerung selbst übernehmen möchte. Der Rückgabewert der Methode ist ein Objekt der Klasse *javax.transaction.UserTransaction*, das Zugriff auf den Transaktionskontext ermöglicht (siehe Kapitel 7, *Transaktionen*).

Principal getCallerPrincipal()

Die Methode erlaubt es der Bean-Instanz, den Benutzer zu bestimmen, der sich am Client angemeldet hat. Der Rückgabewert ist ein Objekt der Klasse *java.security.Principal*.

boolean isCallerInRole(java.lang.String roleName)

Mit dieser Methode wird überprüft, ob der angemeldete Benutzer eine bestimmte Rolle im Sicherheitskonzept hat. Die möglichen Rollen werden im Deployment-Deskriptor definiert.

5.3.6 Client

Namensdienst als Objektspeicher

Ein Namensdienst verwaltet Name-Wert-Paare in einem Namensraum. Jeder Name ist im Namensraum eindeutig und identifiziert einen Wert. Das EJB-Konzept verwendet den Namensdienst für die Verwaltung der Home-Objekte. Das entsprechende Objekt wird als Wert gespeichert und unter dem Namen der Bean im Namensdienst eingetragen. Jeder Client kann sich dadurch vom Namensdienst das Home-Objekt der Bean geben lassen, wenn er den Namen der Bean kennt. Über das Home-Objekt erhält er dann Zugriff auf die Bean über das Netzwerk.

Für den Zugriff von Java auf den Namensdienst steht JNDI (Java Naming and Directory Interface) zur Verfügung. Das Interface wurde von Sun Microsystems definiert und gehört mit der Version Java 1.2 zum Standardsprachumfang.

In der Praxis wurde in viele Applikationsserver ein eigener Namensdienst integriert, der über JNDI angesprochen wird. Der Einsatz eines externen Namensdienstes kann jedoch auch sinnvoll sein. JNDI unterstützt folgende Protokolle:

- RMI Registry (Java Remote Method Invocation)
- LDAP (Lightweight Directory Access Protocol)
- COS (CORBA Services Naming Service)

Um Zugriff auf JNDI zu erhalten, wird die Klasse *javax.naming.InitialContext* verwendet. Diese implementiert das Interface *javax.naming.Context.* Jede Instanz dieser Klasse hat einen vorinitialisierten Namensraum, der mit den Daten aus zwei Quellen initialisiert wird:

- Im Konstruktur kann ein Hashtable-Objekt übergeben werden. Dessen Name-Wert-Paare werden in den Namensraum des *InitialContext* übertragen.
- Die Datei *jndi.properties* im Klassenpfad (classpath) enthält ebenfalls Name-Wert-Paare. Auch diese werden übernommen.

Bestimmte Name-Wert-Paare aus dem Hashtable-Objekt, das im Konstruktor übergeben wird, werden nicht einfach in den Namensraum übernommen, sondern dienen zur Initialisierung von JNDI. Das Interface *Context* definiert die nötigen Konstanten, die die verwendeten Namen definieren:

- *INITIAL_CONTEXT_FACTORY* – unter diesem Namen muß immer der Name einer Klasse gespeichert werden, die als Factory (vgl. Design-Pattern *Factory* in [Gamma et al., 1996]) für einen Namensdienst dient. Der hier benötigte Wert muß von jedem Hersteller eines EJB-Servers bzw. eines Namensdienstes angegeben werden.
- *PROVIDER_URL* – hier wird eine URL für den Namensdienst definiert. Die URL ist ein String, der den Netzwerknamen des Servers und den verwendeten Port enthält. Der Hersteller des Namensdienstes muß zur Bildung dieser URL genaue Angaben machen.
- *SECURITY_PRINCIPAL* – hier wird der Benutzername für den Namensdienst definiert. Je nach Konfiguration des Namensdienstes kann es auch möglich sein, ohne Benutzernamen zu arbeiten.
- *SECURITY_CREDENTIALS* – hier wird das zugehörige Paßwort zu dem angegebenen Benutzernamen definiert.

Folgende *import*-Anweisungen sind in unserem Fall für die Verwendung von JNDI erforderlich:

```
import javax.naming.Context;
import javax.naming.InitialContext;
```

Die folgende Methode werden wir in den Clientprogrammen aller folgenden verwenden. Sie dient zur Initialisierung von *InitialContext*. Je nach verwendetem Server müssen die fettgedruckten Strings durch die entsprechenden Werte ersetzt werden.

```
static String ctxUser     = "CtxUser";
static String ctxPassword = "CtxPassword";
static String ctxFactory  = "CtxFactory";
static String ctxUrl      = "CtxURL";

/**
 * Holt und initialisiert InitialContext.
 * Die Methode verwendet die
 * folgenden Variablen:
 *   ctxUser, ctxPassword,
 *   ctxFactory, ctxUrl
 *
 * @return Context - InitialContext Object
 * @exception javax.naming.NamingException
 */
static public Context getInitialContext()
  throws javax.naming.NamingException
{
  Hashtable p = new Hashtable();

  p.put(
    Context.INITIAL_CONTEXT_FACTORY,
    ctxFactory);
  p.put(
    Context.PROVIDER_URL,
    url);

  if (user != null) {
    p.put(
      Context.SECURITY_PRINCIPAL,
      user);
    if (password == null) {
        password = "";
    }
```

```
    p.put(
      Context.SECURITY_CREDENTIALS,
      password);
  }
  return new InitialContext(p);
}
```

Listing 5-1 getInitialContext – Initialisierung für den JNDI-Zugriff

Zugriff auf eine Session-Bean

Der Client erhält mit Hilfe des Namensdienstes Zugriff auf das Home-Interface. Beim Aufruf der Methode *lookup* von *Context* gibt er den eindeutigen Namen der Bean als Parameter an und erhält das Home-Interface als Rückgabewert. Der Rückgabewert hat den Datentyp *Object*.

Normalerweise könnte der Datentyp einfach in den Datentyp des Home-Interfaces konvertiert werden (*type-cast*). Die EJB-1.1-Spezifikation beschränkt sich jedoch nicht mehr ausschließlich auf RMI als Netzwerkprotokoll, sondern unterstützt auch IIOP, um mit CORBA-Objekten kommunizieren zu können. Deshalb ist eine Anpassung der über das Netz übertragenen Daten erforderlich.

Für die richtige Konvertierung der Datentypen gibt es die Methode *narrow* von der Klasse *javax.rmi.PortableRemoteObject*. Die Klasse gehört nicht zum Standardsprachumfang von Java, sondern ist Bestandteil von J2EE und sollte mit jedem EJB-1.1-konformen Server verfügbar sein. Sie wird auch mit den RMI-IIOP-Mapping veröffentlicht. Das Vorgehen bei der Datentypkonvertierung des Home-Interface ist immer das gleiche und wird in dem folgenden Listing verwendet.

Nachdem das Home-Interface bekannt ist, kann der Client eine neue Bean erzeugen (*create*) und erhält als Rückgabewert das Remote-Interface der Bean. Mit dem Remote-Interface kann der Client mit der Bean fast so arbeiten, als wäre sie ein lokales Objekt und würde nicht auf dem Server ausgeführt. Nach dem Gebrauch der Bean muß er die Bean wieder löschen (*remove*).

```
javax.naming.Context ctx;
String beanName = "BeanName";
try {
  ctx = getInitialContext();
  home = (HomeClass)
    javax.rmi.PortableRemoteObject.narrow(
    ctx.lookup(beanName),
    HomeClass.class);
  bean = home.create(...);
  ...
```

```
  bean.remove ();
}
catch(javax.ejb.CreateException e){
  System.out.println(
    "Cannot create bean");
}
catch(javax.ejb.RemoveException e){
  System.out.println(
    "Cannot create bean");
}
catch(javax.naming.NamingException e) {
  System.out.println(
    "Error using Name Service");
}
catch(RemoteException e) {
  System.out.println(
    "Trouble with remote connection");
}
```

Listing 5-2 Zugriff des Clients auf eine Session-Bean

Die Identität einer Session-Bean

Der Client verwendet die Identität von Session-Beans nur, um zu unterscheiden, ob zwei Referenzen auf die gleiche oder auf unterschiedliche Bean-Instanzen zeigen. Der Umgang mit zustandslosen und zustandsbehafteten Session-Beans ist hier unterschiedlich und soll im folgenden beschrieben werden.

Jede zustandsbehaftete Session-Bean hat eine eigene Identität. Es handelt sich dabei um eine ID, die der EJB-Container für die interne Verwaltung der Instanzen nutzt. Die ID selbst ist für den Client nicht zugänglich. Für den Vergleich von Session-Beans stellt der EJB-Container dem Client eine Methode am *RemoteObject* zur Verfügung:

```
public abstract boolean
  isIdentical (EJBObject obj);
```

Das folgende Listing demonstriert den Gebrauch der Methode für zustandsbehaftete Session-Beans:

```
// Holen des HomeObject mittels JNDI
StatefulBeanHome homeObject = ...;

// Zwei zustandsbehaftete
// Session-Beans erzeugen
```

```
StatefulBean sfb1 = homeObjekt.create(...);
StatefulBean sfb2 = homeObjekt.create(...);

// Vergleich der Identitäten
if (sfb1.isIdentical(sfb1)) {
  // Dieser Vergleich ergibt "true".
}
if (sfb1.isIdentical(sfb2)) {
  // Dieser Vergleich ergibt "false".
}
```

Listing 5-3 Vergleich der Identitäten von zustandsbehafteten Session-Beans

Die einzelnen Instanzen einer zustandslosen Session-Bean unterscheiden sich im Gegensatz zu zustandsbehafteten Session-Bean nicht durch einen Conversational-State. Der EJB-Container betrachtet alle Instanzen einer zustandslosen Session-Bean, die das gleiche Home-Interface haben, als gleichwertig, da sie untereinander austauschbar sind. Deshalb haben alle Instanzen einer zustandslosen Session-Bean-Klasse eine gemeinsame Identität:

```
// Holen des HomeObject mittels JNDI
StatelessBeanHome homeObject = ...;

// Zwei zustandslose Session-Beans erzeugen
StatelessBean slb1 = homeObjekt.create(...);
StatelessBean slb2 = homeObjekt.create(...);

// Vergleich der Identitäten
if (slb1.isIdentical(slb1)) {
  // Dieser Vergleich ergibt "true".
}
if (slb1.isIdentical(slb2)) {
  // Dieser Vergleich ergibt "true".
}
```

Listing 5-4 Vergleich der Identitäten von zustandslosen Session-Beans

Handles

Die Tatsache, daß das Remote-Objekt nicht serialisierbar ist kann in bestimmten Anwendungsfällen eine starke Einschränkung darstellen. Das Objekt kann nicht in eine Datei geschrieben oder über eine Netzwerkstrecke versendet werden. Aus diesem Grund ist in allen Remote-Interface eine Methode *getHandle* definiert, die ein serialisierbares Objekt der Klasse *javax.ejb.Handle* zurückgibt. Im jedem Home-Interface gibt es eine entsprechende Methode *getHomeHandle*, die ein Objekt der

Klasse *javax.ejb.HomeHandle* zurückgibt. Die Handle-Objekte haben ihrerseits eine Methode *getEJBObject*, deren Rückgabewert das verbundene Remote-Objekt der Bean ist. Ein Handle kann somit als serialisierbarer Zeiger auf ein Remote- oder Home-Objekt verstanden werden.

```
try{
  javax.ejb.Handle handle;

  // get Handle
  handle = remote.getHandle();

  // get Remote-Object with handle
  remote = (RemoteClass)
    javax.rmi.PortableRemoteObject.narrow(
    handle.getEJBObject(),
    RemoteClass.class);
}catch(RemoteException e){
  // cannot get handle
}
```

Listing 5-5 Verwendung eines Remote-Handles

Die Existenz eines Handle kann vom EJB-Container beim Verwalten der Bean-Instanzen jedoch nicht berücksichtigt werden. Nach dem Ablauf einer konfigurierten Zeitspanne (Timeout) wird jede Session-Bean vom EJB-Container gelöscht. Der Versuch, auf eine gelöschte Instanz zuzugreifen, führt zu einer RemoteException.

5.3.7 Umgebung der Bean

Eine Bean wird immer in einer definierten Umgebung ausgeführt. Alle Bean-Instanzen einer Klasse, die das gleiche Home-Interface haben, haben die gleiche Umgebung. Die Umgebung einer Bean besteht aus folgenden Teilen:

- Umgebungsvariablen für Konfigurationswerte
- Referenzen auf andere Bean-Klassen
- Ressourcen des EJB-Containers

Der Bean-Entwickler bestimmt, welche Eigenschaften die Umgebung der Bean hat. Er legt fest, welche Konfigurationsparameter die Bean hat, mit welchen anderen Beans sie arbeitet, und welche Ressourcen des EJB-Containers sie verwendet. Darauf basierend definieren der Application-Assembler und der Deployer die konkrete Laufzeitumgebung. Sie legen die Werte für die Konfiguration fest, wählen die Bean-Klassen für die Referenzen aus und konfigurieren die verfügbaren Dienste.

Zur Laufzeit stellt der EJB-Container der Bean-Instanz ihre Umgebung in einem Namensdienst zur Verfügung. Unter definierten Namen findet die Bean-Instanz die einzelnen Teile ihrer Umgebung. Das Vorgehen ist mit dem Zugriff des Clients auf JNDI vergleichbar. Der EJB-Container stellt der Bean jedoch den passenden *InitialContext* zur Verfügung, damit sie auf ihre eigene Umgebung zugreifen kann.

Die Spezifikation der Java-2-Plattform, Enterprise-Edition (*J2EE*), schlägt ein Schema für die Namen der unterschiedlichen Services im Namensdienst vor. Die folgenden Namen sollten von EJB-1.1-konformen Servern verwendet werden:

- *java:comp/env/* – Umgebungsvariablen
- *java:comp/env/ejb* – Referenzen auf andrere Bean-Klassen
- *java:comp/env/jdbc* – Zugriff auf JDBC-Datenbanken
- *java:comp/env/jms* – Zugriff auf den Java Messaging Service
- *java:comp/env/mail* – Zugriff auf den Mail-Service
- *java:comp/env/url* – Zugriff auf Webserver und vergleichbare Dienste

Umgebungsvariablen

Der Bean-Provider kann eine nachträgliche Konfiguration einer Bean vorsehen. Dafür definiert er im Deployment-Deskriptor Umgebungsvariablen (*Beschreibung, Name der Variablen, Datentyp*), denen der Application-Assembler oder der Deployer *Werte* zuweisen muß (*Wert*). Nur bestimmte einfache Datentypen sind erlaubt: *String, Integer, Boolean, Double, Byte, Short, Long, Float*. Der Datentyp muß vollständig qualifiziert im Deployment-Deskriptor angegeben werden.

```
...
<enterprise-beans>
  <session>
    ...
    <env-entry>
      <description>
        Beschreibung
      </description>
      <env-entry-name>
        Name
      </env-entry-name>
      <env-entry-type>
        Datentyp
      </env-entry-type>
      <env-entry-value>
        Wert
```

```
      </env-entry-value>
      ...
    </env-entry>
  </session>
</enterprise-beans>
...
```

Listing 5-6 Schematischer Deployment-Deskriptor mit Definition einer Umgebungsvariablen

Zur Laufzeit kann eine Bean-Instanz mittels JNDI auf ihre Umgebungsvariablen zugreifen. Die Variable ist unter ihrem Namen in dem Pfad *java:comp/env/* zu finden:

```
javax.naming.Context beanCtx =
  new javax.naming.InitialContext();

Datentyp something = (Datentyp)
  beanCtx.lookup("java:comp/env/Name");
```

Listing 5-7 Schematisches Auslesen einer Umgebungsvariablen

Referenzen

Eine Bean hat die Möglichkeit, andere Beans zu verwenden. Mit der EJB-1.1-Version wurde die Verwaltung für diese Abhängigkeiten verbessert. Der Bean-Provider spricht andere Beans nur mit einen logischen Namen an. Er definiert im Deployment-Deskriptor alle Referenzen auf andere Beans (*Beschreibung, Name, Beantyp – Session* oder *Entity*), und erst der Application-Assembler oder der Deployer bestimmt, welche Bean wirklich verwendet wird (*Home-Interface* und *Remote-Interface*).

```
...
<enterprise-beans>
  <session>
    ...
    <ejb-ref>
      <description>
        Beschreibung
      </description>
      <ejb-ref-name>
        ejb/Name
      </ejb-ref-name>
      <ejb-ref-type>
        Session oder Entity
      </ejb-ref-type>
```

```
      <home>
        HomeInterface
      </home>
      <remote>
        RemoteInterface
      </remote>
      ...
    </ejb-ref>
  </session>
</enterprise-beans>
...
```

Listing 5-8 Schematischer Deployment-Deskriptor mit Referenz auf eine andere Bean

Zur Laufzeit kann die Bean-Instanz mittels JNDI auf die referenzierte Bean zugreifen. Das Home-Interface der referenzierten Bean ist unter ihrem logischen Namen in dem Pfad *java:comp/env/ejb* zu finden.

```
javax.naming.Context beanCtx =
  new javax.naming.InitialContext();
Object temp = beanCtx.lookup(
  "java:comp/env/ejb/Name");

HomeInterface home = (HomeInterface)
  javax.rmi.PortableRemoteObject.narrow(
  temp, HomeInterface.class);
```

Listing 5-9 Schematische Verwendung einer Referenz auf eine andere Bean

Ressourcen

Der EJB-Container bietet den Zugriff auf unterschiedliche Ressourcen als Dienste an. Für jede Ressource stellt er eine sogenannte Ressource-Factory zur Verfügung, mit deren Hilfe die Bean Zugriff auf den Dienst erhält. Zur Verdeutlichung der Mechanismen werden wir im folgenden den Umgang mit einer JDBC-Datenbank erläutern.

Eine Bean hat die Möglichkeit, eine Datenbank direkt anzusprechen. Damit die Bean in unterschiedlichen Anwendungen eingesetzt werden kann, sieht die EJB-1.1-Spezifikation hier eine flexible Konfiguration vor. Der Bean-Provider definiert nur einen logischen Namen für die Datenbank im Deployment-Deskriptor (*Name, Beschreibung, Sicherheitsstrategie – Application* oder *Container*). Der Deployer verwendet Werkzeuge des EJB-Containers, um später die konkrete Datenbank zu bestimmen.

```
...
<enterprise-beans>
  <session>
    ...
    <resource-ref>
      <description>
        Beschreibung
      </description>
      <res-ref-name>
        jdbc/Name
      </res-ref-name>
      <res-type>
        javax.sql.DataSource
      </res-type>
      <res-auth>
        Application oder Container
      </res-auth>
      ...
    </resource-ref>
  </session>
</enterprise-beans>
...
```

Listing 5-10 Schematischer Deployment-Deskriptor mit Referenz auf eine JDBC-Datenbank

Zur Laufzeit kann die Bean mittels JNDI Zugriff auf die referenzierte JDBC-Datenbank erhalten. Die Ressource-Factory ist unter dem logischen Namen in dem Pfad *java:comp/env/jdbc* zu finden. Die Ressource-Factory ist ein Objekt der Klasse *javax.sql.DataSource*. Diese Klasse sollte bei jedem EJB-1.1.-konformen Server vorhanden sein. Sie ist Bestandteil von J2EE und ist auch mit der optionalen Erweiterung zu JDBC 2.0 verfügbar.

```
javax.naming.Context beanCtx =
  new javax.naming.InitialContext();
javax.sql.DataSource ds =
  (javax.sql.DataSource)
  beanCtx.lookup(
  "java:comp/env/jdbc/Name");
java.sql.Connection con =
  ds.getConnection();
```

Listing 5-11 Schematische Verwendung einer Referenz auf eine JDBC-Datenbank

5.4 Beispiele

Dieser Abschnitt soll den einfachen Einstieg in die Programmierung von Session-Beans ermöglichen. Es werden zwei einfache Beispiele vorgestellt. Das erste zeigt die Implementierung einer zustandslosen Session-Bean. Das zweite zeigt eine zustandsbehaftete Session-Bean.

Beide Beispiele verwenden JDBC (Java Database Connection) für den Zugriff auf eine Datenbank. JDBC ist kein Schwerpunkt dieses Buches. In den folgenden Beispielen wird der Programmcode für den Datenbankzugriff nur kurz vorgestellt. Für eine schnelle Einarbeitung in JDBC empfehlen wir die Tutorials von Sun Microsystems [JDBC Sun Microsystems, 1997].

5.4.1 Zustandslose Session-Beans

Überblick

Schritt für Schritt wollen wir eine einfache Session-Bean entwickeln. Als Beispiel wurde die Umrechnung zwischen Euro und anderen Währungen gewählt. Der symbolische Name der Bean ist *EuroExchangeSL* (SL steht für stateless, also zustandslos).

Die Bean bietet einen Dienst auf dem Server an, der die Umrechnung mit Hilfe einer Kurstabelle übernimmt. Die Tabelle mit den Wechselkursen liegt in der Datenbank. Für Kauf und Verkauf der Währungen werden zwei unterschiedliche Kurse verwendet. Die Bean selbst wird keinen Conversational-State besitzen. Bei jeder Anfrage greift sie auf die Wechselkurse in der Datenbank zu.

Im folgenden werden wir zuerst das Home- und das Remote-Interface definieren. Dann bereiten wir die Datenbank vor und implementieren die Bean-Klasse selbst. Danach sehen wir uns den Deployment-Deskriptor an. Zum Schluß wird noch ein einfacher Client zum Testen der Bean entwickelt.

Interfaces

Um die Funktionalität der Bean festzulegen, definieren wir zu Beginn die Interfaces, die dem Client zur Verfügung stehen. Oft ist der Programmcode des Home- und Remote-Interface mit ausführlichen Kommentaren für Programmierer eine hinreichende Spezifikation der Bean.

Alle Interfaces und Exceptions, auf die der Client zugreifen kann, sollten stets in einem eigenen Package definiert werden. Dadurch können diese getrennt veröffentlicht werden, und die Implementierung der Funktionalität bleibt für den

Anwendungsentwickler vollständig verborgen. Wir verwenden das *Package ejb. euroExchangeSL.interfaces*.

Das Home- und Remote-Interface wird auf dem Clientrechner verwendet, und fast alle Methodenaufrufe werden über das Netz zum Server übertragen. Deshalb kann jede Methode in diesen Interfaces eine *RemoteException* auslösen. Das Auftreten dieser Exception signalisiert dem Client ein Netzwerkproblem oder einen Systemfehler auf dem Server.

Jedes Home-Interface implementiert das Interface *javax.ejb.EJBHome*. Session-Beans definieren im Home-Interface zusätzlich nur *create*-Methoden. Bei zustandslosen Session-Beans existiert immer nur eine *create*-Methode ohne Parameter. Jede *create*-Methode löst zusätzlich zur *java.rmi.RemoteException* eine *javax.ejb.CreateException* aus.

```
package ejb.euroExchangeSL.interfaces;
import java.rmi.*;
import javax.ejb.*;

public interface EuroExchangeHome
  extends EJBHome
{
  public EuroExchange create()
    throws RemoteException, CreateException;
}
```

Listing 5-12 Das Home-Interface der zustandslosen Session-Bean EuroExchangeSL

Das Remote-Interface definiert die Methoden der Anwendungslogik, auf die der Client zugreifen kann. Unsere Bean hat zwei Methoden zum Umrechnen von Währungen. Die Methode *changeFromEuro* konvertiert Euro in andere Währungen. Die Methode *changeToEuro* nimmt die umgekehrte Berechnung vor.

Zusätzlich gibt es eine Methode *setExchangeRate*, mit deren Hilfe neue Wechselkurse in die Tabelle aufgenommen werden können. Um das Beispiel einfach und übersichtlich zu halten, wird jedoch keine vollständige Verwaltung von Umrechnungskursen implementiert. Diese Methode soll lediglich einen einfachen Weg zum Testen der Bean ermöglichen.

```
package ejb.euroExchangeSL.interfaces;
import java.rmi.*;
import javax.ejb.*;

public interface EuroExchange
```

```
  extends EJBObject
{
  public float changeFromEuro(
    String currency, float amount)
    throws RemoteException;

  public float changeToEuro(
    String currency, float amount)
   throws RemoteException;

  public void setExchangeRate(
    String currency, float euro,
    float foreignCurr)
   throws RemoteException;
}
```

Listing 5-13 Remote-Interface der zustandslosen Session-Bean EuroExchangeSL

Datenbank

Das Beispiel benötigt eine Tabelle mit Umtauschkursen in der Datenbank des EJB-Servers. Die Tabelle ist einfach gehalten und wird beispielsweise mit den folgenden SQL-Befehlen erzeugt:

```
CREATE TABLE EURO_EXCHANGE
(CURRENCY CHAR(10) NOT NULL,
 EURO REAL ,
 FOREIGNCURR REAL )
ALTER TABLE EURO_EXCHANGE ADD CONSTRAINT
 EURO_PRIM PRIMARY KEY (CURRENCY)
```

Listing 5-14 SQL-Befehle für die Tabelle mit Umtauschkursen

Das Beispielprogramm wird mittels JDBC auf die Datenbank zugreifen. Mit der EJB-1.1-Version wird die Referenz auf die Datenbank im Deployment-Deskriptor definiert. Sollten sie mit der EJB-1.0-Version arbeiten, können sie das Öffnen der Datenbankverbindung auch ohne Ressource-Factory, direkt in der Bean-Klasse implementieren.

Bean

Jetzt soll die Bean-Klasse implementiert werden. Wir implementieren sie in einem eigenen Package:

```
package ejb.euroExchangeSL.server;
```

Für die Implementierung der Bean-Klasse benutzen wir Interfaces, Klassen und Exceptions von EJB. Deshalb wird immer das *ejb*-Package importiert. Die Verwendung des Namensdiensts erfordert das *naming*-Package. Beim Zugriff auf die Datenbank wird JDBC verwendet, wodurch das Importieren der *sql*-Packages erforderlich wird. Außerdem werden wir in dem Beispiel die *RemoteException* verwenden, um dem EJB-Server einen Systemfehler signalisieren zu können. Die *RemoteException* wird anstelle der *EJBException* verwendet, um eine Umstellung der Beispiele für EJB-Server, die nur EJB 1.0 unterstützen, nicht unnötig zu erschweren. Die folgende Auflistung faßt die nötigen *import*-Anweisungen für die Implementierung der Bean-Klasse zusammen:

```
import javax.ejb.*;

import javax.naming.*;

import java.sql.*;

import javax.sql.DataSource;

import java.rmi.RemoteException;
```

Da wir eine Session-Bean schreiben, implementiert unsere Bean-Klasse das Interface *javax.ejb.SessionBean*. Jede Methode aus dem Interface muß in der Bean-Klasse implementiert werden. Alle Bean-Klassen müssen *public* sein und dürfen keine *finalize-Methode* definieren. Der Name der Bean-Klasse muß nicht dem Namen entsprechen, unter dem sie im Namensdienst zu finden ist.

Wir definieren drei Instanzvariablen für den Zugriff auf die Datenbank. Die Datenbankverbindung (*dbConnection*) und ein SQL-Statement (*dbStatement*) werden mit der Bean initialisiert und können danach von allen Methoden verwendet werden. Der Programmcode für die Initialisierung wird auch vom Bean-Entwickler erstellt.

```
public class EuroExchangeBean
  implements SessionBean
{
  public Connection dbConnection;
  public Statement  dbStatement;
  public ResultSet  dbQueryResult;
  ...
}
```

Listing 5-15 Klassendefinition für EuroExchangeBean

Zuerst werden wir die Erstellung einer Bean-Instanz beschreiben. Der EJB-Container ruft die Methode *ejbCreate* bei jeder neuen Bean-Instanz auf. Bei einer zustandslosen Session-Bean hat die Methode *ejbCreate* die Aufgabe, die Bean-Instanz zu initialisieren. Die Bean-Instanz reserviert sich Ressourcen, die sie für die Arbeit benötigt. Es sei nochmals erwähnt, daß eine zustandslose Bean-Instanz keinen Conversational-State hat und abwechselnd von unterschiedlichen Clients verwendet werden kann. Die Initialisierung einer zustandslosen Session-Bean beschränkt sich deshalb auf Ressourcen, die alle Clients teilen.

In dem gegebenen Beispiel wird eine Datenbankverbindung in der Methode *ejbCreate* geöffnet. Die Bean-Instanz greift bei jeder Umrechnung auf die Datenbank zu. Deshalb wird die Datenbankverbindung während der gesamten Lebensdauer der Bean-Instanz offen gehalten.

```
public void ejbCreate()
  throws RemoteException, CreateException
{
  try{
    Context beanCtx =
      new InitialContext();
    javax.sql.DataSource ds =
      (javax.sql.DataSource)
      beanCtx.lookup(
      "java:comp/env/jdbc/Euro");

    dbConnection = ds.getConnection();
    dbStatement =
      dbConnection.createStatement();
  }
  catch(NamingException e) {
    throw new RemoteException(
      "DB-Ref does not exist");
  }
  catch(SQLException e) {
    try {
      dbConnection.close();
    }
    catch(Exception ignore) {}
   System.err.println(
      "Error opening database connection");
    throw new RemoteException(
      e.getMessage());
  }
}
```

Listing 5-16 EuroExchangeBean.ejbCreate()

Das Gegenstück zur Methode *ejbCreate* ist die Methode *ejbRemove*. Der EJB-Container ruft diese Methode auf, um sie von ihrer bevorstehenden Löschung zu unterrichten. In der Methode muß sichergestellt werden, daß alle Ressourcen, die die Bean-Instanz verwendet, wieder freigegeben werden. In dem Beispiel wird die Datenbankverbindung, die in der Methode *ejbCreate* geöffnet wurde, wieder geschlossen.

```
public void ejbRemove() {
  try {
    dbConnection.close();
  } catch (Exception e) {
    System.err.println(
      "Error closing database connection");
  }
}
```

Listing 5-17 EuroExchangeBean.ejbRemove()

Das hier diskutierte, einfache Beispiel verwendet den Session-Kontext, den es vom EJB-Container übergeben bekommt, nicht. Um dem Interface SessionBean zu genügen, muß jedoch die entsprechende Methode *setSessionContext* implementiert werden. Die Implementierung bleibt ohne Funktionalität. Das gleiche gilt für die Methoden *ejbActivate* und *ejbPassivate*, da zustandslose Session-Beans weder aktiviert noch passiviert werden.

```
public void setSessionContext(
  SessionContext ctx) {}
public void ejbPassivate() {}
public void ejbActivate() {}
```

Listing 5-18 Methoden für das Zustandsmanagement

Die Implementierung der Anwendungsmethoden ist jetzt vergleichsweise einfach. Durch das Zusammenspiel von *ejbCreate* und *ejbRemove* sind die Anwendungsmethoden von der Verantwortung für die Datenbankverbindung entlastet. Sie können einfach davon ausgehen, daß immer eine offene Datenbankverbindung existiert. Durch die Verwendung deklarativer Transaktionen stellt der EJB-Container sicher, daß die Methoden im richtigen Transaktionskontext ausgeführt werden (siehe auch Kapitel 7, *Transaktionen*).

Die Methode *changeFromEuro* hat die Aufgabe, einen Betrag in Euro in eine andere Währung umzurechnen. Der Betrag und die gewünschte Währung werden als Parameter übergeben. Die Methode liest den erforderlichen Wechselkurs aus der

Datenbank, errechnet den Wert und gibt diesen zurück. Die Methode *changeToEuro* arbeitet entsprechend und wird deshalb hier nicht gezeigt.

```
public float changeFromEuro(
  String currency, float amount)
  throws RemoteException
{
  try {
    String query =
      "SELECT FOREIGNCURR FROM " +
      "EURO_EXCHANGE WHERE CURRENCY='" +
      currency + "'";
    dbQueryResult =
      dbStatement.executeQuery(query);
    dbQueryResult.next();
    float exchangerate =
      dbQueryResult.getFloat(
      "FOREIGNCURR");
    return amount * exchangerate;
  } catch (Exception e) {
    System.err.println(
      "Error during database access");
    return -1;
  }
}
```

Listing 5-19 EuroExchangeBean.changeFromEuro(...)

Mit *setExchangeRate* soll nur der einfache Test des Beispiels ermöglicht werden. Die Methode kann verwendet werden, um Wechselkurse in die Datenbank zu schreiben. Listing 5.20 zeigt die Implementierung:

```
public void setExchangeRate(
  String currency,
  float euro,
  float foreignCurr)
{
  try {
    String query =
      "INSERT INTO EURO_EXCHANGE " +
      "(CURRENCY, EURO, FOREIGNCURR) " +
      "VALUES ('"+currency+"', "+euro+
      ", "+foreignCurr+")";
    int record =
      dbStatement.executeUpdate(query);
```

```
    } catch (Exception e) {
      System.err.println(
        "Error during insert");
    }
  }
```

Listing 5-20 EuroExchangeBean.setExchangeRate(...)

Damit ist die Implementierung der Bean-Klasse vollständig. Alle Methoden für die Identitätenverwaltung, das Zustandsmanagement und die Anwendungslogik wurden implementiert.

Deployment

Damit die Bean von einem Client verwendet werden kann muß sie im EJB-Container installiert werden (*Deployment*). Dazu werden im Deployment-Deskriptor in einer XML-Syntax Informationen über die Bean zusammengestellt. Der Bean-Provider, der Application-Assembler und der Deployer sind dafür verantwortlich. Normalerweise verwenden sie dafür jedoch eine Benutzeroberfläche des EJB-Containers und editieren nicht direkt die XML-Syntax.

Der Bean-Provider muß im Deployment-Deskriptor nur Angaben machen, die der EJB-Container nicht mittels der Untersuchung der Klassen (*Introspection*) selbst ermitteln kann. Zuerst definiert er, daß es sich um eine Session-Bean handelt (*session*), und gibt der Bean einen eindeutigen Namen (*ejb-name*). Wenn der Deployer die Bean später im EJB-Container installiert, wird dieser Name häufig verwendet, um die Bean beim Namensdienst anzumelden.

Dann gibt er die Namen der benötigten Klassen und Interfaces an. Er definiert das Home-Interface (*home*) und das Remote-Interface (*remote*) sowie die Implementierungsklasse der Bean (*ejb-bean*).

Der EJB-Container benötigt die Information, ob es sich um eine zustandslose oder zustandsbehaftete Session-Bean handelt (*session-type: Statefull / Stateless*). In unserem Beispiel übernimmt der EJB-Container die Transaktionssteuerung (*transaction-type*).

Außerdem muß der Bean-Provider die Referenz auf die benötigte Datenbank definieren (*resource-ref*). Er definiert einen logischen Namen (*res-ref-name*) und legt den Datentyp der Ressource-Factory fest (*res-type*) und bestimmt, daß der EJB-Container die Sicherheitsstrategie festlegen soll (*res-auth*). Zusätzlich beschreibt er in einem Kommentar die Aufgabe dieser Referenz (*description*), um dem Deployer seine Arbeit zu ermöglichen.

Die Aufgabe des Bean-Providers ist jetzt abgeschlossen. Er hat alle erforderlichen Informationen über die Bean bereitgestellt. Der Application-Assembler muß jetzt das Verhalten der Bean in einer Anwendung definieren. Für die Methoden wird ein Transaktionsattribut vergeben (*container-transaction*), das dem EJB-Container mitteilt, in welchem Transaktionskontext eine Methode ausgeführt werden soll (siehe Kapitel 7, *Transaktionen*).

Außerdem könnte der Application-Assembler die Berechtigungen für den Zugriffsschutz definieren und das Zusammenspiel mit anderen Beans festlegen. Für unser einfaches Beispiel sind diese Definitionen jedoch nicht unbedingt erforderlich.

```
...
<enterprise-beans>
  <session>
    <ejb-name>ejb/EuroExchangeSL</ejb-name>
    <home>
      ejb.euroExchangeSL
        .interfaces.EuroExchangeHome
    </home>
    <remote>
      ejb.euroExchangeSL
        .interfaces.EuroExchange
    </remote>
    <ejb-class>
      ejb.euroExchangeSL
        .server.EuroExchangeBean
    </ejb-class>
    <session-type>
      Stateless
    </session-type>
    <transaction-type>
      Container
    </transaction-type>
    <resource-ref>
      <description>
        Datenbank mit Wechselkursen
      </description>
      <res-ref-name>
        jdbc/Euro
      </res-ref-name>
      <res-type>
        javax.sql.DataSource
      </res-type>
```

```
      <res-auth>
        Container
      </res-auth>
    </resource-ref>
  </Session>
</enterprise-beans>
<assembly-descriptor>
  <container-transaction>
    <method>
      <ejb-name>EuroExchangeSL</ejb-name>
      <method-name>*</method-name>
    </method>
    <trans-attribute>
      Required
    </trans-attribute>
  </container-transaction>
</assembly-descriptor>
...
```

Listing 5-21 Deployment-Deskriptor der Session-Bean EuroExchangeSL

Client

Zu der Session-Bean *EuroExchangeSL* wird ein einfacher Client entwickelt. Dieser definiert den Wechselkurs für US-Dollar. Danach wechselt er einen Betrag Euro in US-Dollar und wieder zurück in Euro. Dabei entsteht natürlich ein kleiner Verlust.

Auch für das Clientprogramm wählen wir ein eigenes Package, *ejb.euroExchangeSL.client.* Unser Client benötigt Zugriff auf die EJB-Interfaces *javax.ejb,* den Namensdienst *javax.naming* und muß mit Netzwerkfehlern umgehen können *(javax.rmi.RemoteException).* Außerdem benötigt der Client die Interfaces der Bean, mit der er arbeiten möchte. Diese Interfaces haben wir in einem eigenen Package, *ejb.euroExchangeSL.interfaces,* zusammengefaßt.

Für den Zugriff auf den Namensdienst wird die oben beschriebene Methode *getInitialContext* verwendet. Die Methode initialisiert ein Objekt der Klasse *javax.naming.Context,* das dem Client ermöglicht, die benötigten Home-Interfaces vom Namensdienst zu erfragen.

```
package ejb.euroExchangeSL.client;

import java.util.Hashtable;
import java.rmi.RemoteException;
import javax.naming.Context;
import javax.naming.InitialContext;
```

```
import ejb.euroExchangeSL.interfaces.*;

public class Client {
  static String ctxUser     = null;
  static String ctxPassword = null;
  static String ctxFactory  = "Factory";
  static String url = "URL EJB-Server";

  private static Context ctx = null;
  private static EuroExchangeHome home=null;
  private static EuroExchange bean=null;
  String beanName = "EuroExchangeSF";

  public static void main(String []args) {
    Client theClient = new Client();
    theClient.run();
  }

  public void run() {
    try {
      ctx = getInitialContext();

      Object temp = ctx.lookup(
      "java:comp/env/ejb/euroExchangeSL");
      home = (EuroExchangeHome
      javax.rmi.PortableRemoteObject.narrow(
        temp, EuroExchangeHome.class);
      bean = home.create();

      bean.setExchangeRate("USD", XXf, XXf);
      float euro = 20;
      float usd = bean.changeFromEuro(
        "USD", euro);
      System.out.println("Exchange "+euro+
        " Euro for "+usd+" US Dollar.");
      euro = bean.changeToEuro("USD", usd);
      System.out.println("Exchange "+usd+
        " US Dollar for "+euro+" Euro.");
      bean.remove ();
    } catch (Exception e) {
      e.printStackTrace (System.out);
  }
}
```

Listing 5-22 Clientprogramm für Session-Bean EuroExchangeSL

Zusammenfassung

In diesem Beispiel wurde ein einfacher Dienst auf dem Server realisiert. Die zustandslose Session-Bean geht sparsam mit den Systemressourcen um. Eine zustandslose Session-Bean kann nacheinander mehrere Clients bedienen. Beim Deployment kann festgelegt werden, wie viele Bean-Instanzen einer Klasse maximal vom EJB-Container verwendet werden. Bei der Implementierung einer zustandslosen Session-Bean müssen diese Tatsachen immer berücksichtigt werden. Der Zustand der Bean-Instanz muß allgemein für alle Zugriffe der Clients gelten.

Obwohl die Bean viele parallele Clients bedienen kann, muß sie nicht mit parallelen Zugriffen der Clients umgehen. Der EJB-Container serialisiert alle Methodenaufrufe. Dadurch entfallen die Probleme der Synchronisation paralleler Threads vollständig. Dies ermöglicht dem Anwendungsentwickler, sich bei der Programmierung auf die eigentliche Aufgabenstellung zu konzentrieren, da er von den Problemen der Serverprogrammierung weitgehend entlastet ist.

5.4.2 Zustandsbehaftete Session-Beans

Überblick

In diesem Abschnitt soll eine zustandsbehaftete Session-Bean entwickelt werden. Dazu wird die Funktionalität wieder aufgegriffen, die aus dem vorhergehenden Beispiel bekannt ist. Der symbolische Name der Bean ist *EuroExchangeSF* (SF steht für stateful, also zustandsbehaftet).

Die Lösung mit einer zustandsbehafteten Session-Bean erlaubt ein anderes Vorgehen. Dieses Beispiel nutzt die Identität von zustandsbehafteten Session-Beans. Jeweils eine Session-Bean wird verwendet, um die Umrechnungen von Euro in eine bestimmte andere Währung zu realisieren. Der Conversational-State speichert die Wechselkurse der Währung. Dadurch wird vermieden, daß für jede Umrechnung ein Datenbankzugriff erfolgt.

Bei der Erzeugung der Bean wird ihr mitgeteilt, mit welcher Währung sie arbeiten soll. Den benötigten Wechselkurs holt sie sich aus der Datenbanktabelle, die auch im vorhergehenden Beispiel verwendet wurde. Zu einem späteren Zeitpunkt kann die Zuordnung der Währung vom Client auch wieder geändert werden.

Dieses Beispiel für zustandsbehaftete Session-Beans baut auf dem vorhergehenden Beispiel für zustandslose Session-Beans auf. Es werden nur die veränderten Teile des Programmcodes angegeben.

Interfaces

Das Home-Interface der zustandsbehafteten Session-Bean definiert *create*-Methoden mit Parametern, die den Conversational-State initialisieren. In unserem Beispiel wird die Währung übergeben, für deren Umrechnung die Session-Bean-Instanz zuständig sein soll.

```
package ejb.euroExchangeSF.interfaces;
import java.rmi.*;
import javax.ejb.*;

public interface EuroExchangeHome
  extends EJBHome
{
  public EuroExchange create(
    String foreignCurr)
   throws RemoteException, CreateException;
}
```

Listing 5-23 Home-Interface der zustandsbehafteten Session-Bean EuroExchangeSF

Das Remote-Interface definiert drei Methoden. Mit *setForeignCurr* kann eine neue Währung ausgewählt werden. Der in der *create*-Methode übergebene Wert wird damit überschrieben. Die Funktionalität der beiden anderen Methoden *changeToEuro* und *changeFromEuro* ist aus dem vorhergehenden Beispiel bekannt.

```
package ejb.euroExchangeSF.interfaces;
import java.rmi.*;
import javax.ejb.*;

public interface EuroExchange
  extends EJBObject
{
  public void setForeignCurr(
    String foreignCurr)
    throws RemoteException;

  public float changeToEuro(float amount)
    throws RemoteException;

  public float changeFromEuro(float amount)
    throws RemoteException;
}
```

Listing 5-24 Remote-Interface der zustandsbehafteten Session-Bean EuroExchangeSF

Bean

Auch dieses Beispiel greift wieder auf die Datenbank zu. Weil die Datenbankzugriffe jedoch an mehreren Stellen im Programmcode benötigt werden, ist die Funktionalität in eigenen Methoden zusammengefaßt. Um die Komplexität des Beispiels möglichst gering zu halten, werden diese Methoden erst am Ende erläutert. Die folgenden Methoden stehen zur Verfügung:

- *dbOpen* – öffnet die Datenbankverbindung
- *readExchangeRates* – liest die Wechselkurse zu einer gegebenen Währung
- *dbClose* – schließt die Datenbankverbindung

Die Klassendefinition der zustandsbehafteten Session-Bean ist der Klassendefinition der zustandslosen Session-Bean sehr ähnlich. Der entscheidende Unterschied liegt in den Instanzvariablen, die den Conversational-State bilden. Die Variable *foreignCurr* enthält die Währung, *rateEuro* und *rateForeignCurr* enthalten die zugehörigen Umtauschkurse. Der Inhalt dieser Variablen steht exklusiv nur dem einen Client der Bean zur Verfügung.

```
package examples.ejb.euroExchangeSF.server;
import javax.ejb.*;
import javax.naming.*;
import java.sql.*;
import javax.sql.*;
import java.rmi.RemoteException;

public class EuroExchangeBean
  implements SessionBean
{
  public Connection dbConnection;
  public Statement  dbStatement;
  public ResultSet  dbQueryResult;

  public String foreignCurr;
  public float  rateEuro;
  public float  rateForeignCurr;
  ...
}
```

Listing 5-25 EuroExchangeBean

Nach dem Erzeugen einer neuen Bean-Instanz ruft der EJB-Container zuerst die Methode *setSessionContext* und danach die Methode *ejbCreate* auf. Die Aufrufe finden als direkte Reaktion auf den Aufruf der Methode *create* des Clients statt.

Mit dem Aufruf der Methode *setSessionContext* gibt der EJB-Container der Bean-Instanz ihren Session-Kontext bekannt. Wenn die Bean den Session-Kontext für ihre Arbeit benötigt, muß sie diesen in einer Instanzvariable speichern. Im gegebenen Beispiel ist dies nicht erforderlich und die Methode bleibt leer.

```
public void setSessionContext(
  SessionContext ctx){}
```

Listing 5-26 EuroExchangeBean.setSessionContext

Die Methode *ejbCreate* kann neben dem Initialisieren des Conversational-State zusätzlich Ressourcen reservieren. Das angegebene Beispiel hält eine Datenbankverbindung offen, solange die Bean-Instanz aktiv ist. Diese Ressource wird in *ejbCreate* reserviert. Außerdem liest die Methode mit Hilfe der als Parameter übergebenen Währung die Wechselkurse aus der Datenbank und speichert sie in den entsprechenden Variablen.

```
public void ejbCreate(String foreignCurr)
  throws RemoteException, CreateException
{
  try {
    this.foreignCurr = foreignCurr;
    dbOpen();
    readExchangeRates();
  }
  catch (SQLException sqe) {
    throw new RemoteException(
      sqe.getMessage());
  }
}
```

Listing 5-27 EuroExchangeBeanBean.create(...)

Wenn der Client die Methode *remove* aufruft, wird vor dem Löschen der Bean-Instanz vom EJB-Container die Methode *ejbRemove* aufgerufen. Die reservierten Ressourcen müssen hier wieder freigegeben werden.

```
public void ejbRemove()
  throws RemoteException
{
  try {
    dbClose();
  }
  catch (SQLException sqe) {
```

```
    throw new RemoteException(
      sqe.getMessage());
  }
}
```

Listing 5-28 EuroExchangeBeanBean.remove()

Zustandsbehaftete Session-Beans werden aktiviert und passiviert. Der EJB-Container ruft die zugehörigen Methoden auf, um die Bean über diesen Vorgang zu benachrichtigen. Die Implementierung der Methoden muß sicherstellen, daß der Zustand der Bean-Instanz für den jeweils folgenden Zustand geeignet ist. In unserem Beispiel wird in der Methode *ejbPassivate* die Datenbankverbindung geschlossen und in der Methode *ejbActivate* wieder geöffnet.

```
public void ejbPassivate()
  throws RemoteException
{
  try {
    dbClose();
  }
  catch (SQLException sqe) {
    throw new RemoteException(
      sqe.getMessage());

}
```

Listing 5-29 EuroExchangeBean.ejbPassivate()

```
public void ejbActivate()
  throws RemoteException
{
  try {
    dbOpen();
  }
  catch (SQLException sqe) {
  throw new RemoteException(
    sqe.getMessage());
  }
}
```

Listing 5-30 EuroExchangeBean.ejbActivate()

Die Implementierung der Anwendungsmethoden ist in diesem Beispiel besonders einfach. Für das Umrechnen eines übergebenen Betrags ist nicht einmal ein Datenbankzugriff erforderlich.

```
public float changeToEuro(float amount)
  throws RemoteException
{
  return (amount * rateEuro);
}

public float changeFromEuro(float amount)
  throws RemoteException
{
  return (amount * rateForeignCurr);
}
```

Listing 5-31 EuroExchangeBean.changeToEuro und EuroExchangeBean.changeFromEuro

Die Methode *setForeignCurr* ändert die zugewiesene Währung der Bean-Instanz. Die neue Währung wird als Parameter übergeben. Die Methode liest die zugehörigen Wechselkurse aus der Datenbank und speichert sie in den Instanzvariablen. Durch die Implementierung der Methoden *ejbCreate, ejbRemove, ejbActivate* und *ejbPassivate* ist sichergestellt, daß stets eine offene Datenbankverbindung zur Verfügung steht.

```
public void setForeignCurr(
  String foreignCurr)
  throws RemoteException
{
  try {
    this.foreignCurr = foreignCurr;
    readExchangeRates();
  } catch (Exception e) {
    throw new RemoteException();
  }
}
```

Listing 5-32 EuroExchangeBean.setForeignCurr

Zum Abschluß werden noch die Methoden für den Datenbankzugriff gezeigt. Hier handelt es sich um reine JDBC-Programmierung.

```
void dbOpen()
  throws SQLException
{
  try{
    Context beanCtx =
      new InitialContext();
    javax.sql.DataSource ds =
```

```
        (javax.sql.DataSource)
        beanCtx.lookup(
        "java:comp/env/jdbc/Euro");
      dbConnection = ds.getConnection();
      dbStatement =
        dbConnection.createStatement();
    }
    catch(NamingException e) {
      throw new SQLException(
        "DB-Ref does not exist");
    }
    catch (SQLException e) {
      try {
        dbConnection.close();
      }
      catch(Exception ignore) {}
      throw e;
    }
}
```

Listing 5-33 EuroExchangeBean.dbOpen()

```
void readExchangeRates()
  throws SQLException
{
  String query = "SELECT EURO,FOREIGNCURR "+
    "FROM EURO_EXCHANGE WHERE CURRENCY='" +
    foreignCurr + "'";
  dbQueryResult =
    dbStatement.executeQuery(query);
  dbQueryResult.next();
  rateEuro = dbQueryResult.getFloat("EURO");
  rateForeignCurr = dbQueryResult.getFloat(
    "FOREIGNCURR");
}
```

Listing 5-34 EuroExchangeBean.readExchangeRates()

```
void dbClose()
  throws SQLException
{
  dbConnection.close ();
  dbStatement = null;
  dbQueryResult = null;
}
```

Listing 5-35 EuroExchangeBean.dbClose

Deployment

Der Deployment-Deskriptor für das Beispiel unterscheidet sich von dem des vorhergehenden Beispiels nur durch den Namen der Bean, das Home- und Remote-Interface, die Bean-Klasse und ein weiteres wichtiges Detail: Da es sich um eine zustandsbehaftete Session-Bean handelt, muß der Wert *Stateful* in Abschnitt *session-type* gesetzt werden.

```
...
<enterprise-beans>
  <session>
    <ejb-name>ejb/EuroExchangeSF</ejb-name>
    <home>
      ejb.euroExchangeSF
        .interfaces.EuroExchangeHome
    </home>
    <remote>
      ejb.euroExchangeSF
        .interfaces.EuroExchange
    </remote>
    <ejb-class>
      ejb.euroExchangeSF
        .server.EuroExchangeBean
    </ejb-class>
    <session-type>
      Stateful
    </session-type>
    <transaction-type>
      Container
    </transaction-type>
    <resource-ref>
      <description>
        Datenbank mit Wechselkursen
      </description>
      <res-ref-name>
```

```
        jdbc/Euro
      </res-ref-name>
      <res-type>
        javax.sql.DataSource
      </res-type>
      <res-auth>
        Container
      </res-auth>
    </resource-ref>
  </Session>
</enterprise-beans>
<assembly-descriptor>
  <container-transaction>
    <method>
      <ejb-name>EuroExchangeSF</ejb-name>
      <method-name>*</method-name>
    </method>
    <trans-attribute>
      Required
    </trans-attribute>
  </container-transaction>
</assembly-descriptor>
...
```

Listing 5-36 Deployment-Deskriptor der Session-Bean EuroExchangeSF

Client

Für einen einfachen Test der Funktionalität wird wieder ein Client entwickelt. Die getestete Funktionalität soll die gleiche wie im vorhergehenden Beispiel sein. Die Implementierung weicht jedoch ab, da sie ein anderes Interface bedienen muß. Listing 5.37 enthält die Unterschiede, durch die sich der aktuelle Client von dem Client für das Beispiel einer zustandslosen Bean abhebt.

```
public void run() {
  try {
    ctx = getInitialContext();
    Object temp = ctx.lookup(
      "java:comp/env/ejb/euroExchangeSF");
    home = (EuroExchangeHome)
      javax.rmi.PortableRemoteObject.narrow(
      temp, EuroExchangeHome.class);
    bean = home.create("USD");

    float euro = 20;
```

```
      float usd = bean.changeFromEuro(euro);
    System.out.println("Exchange "+euro+
      " Euro for "+usd+" US Dollar.");
    euro = bean.changeToEuro(usd);
    System.out.println("Exchange "+usd+
      " US Dollar for "+euro+" Euro.");

    bean.remove ();
  } catch (Exception e) {
    e.printStackTrace (System.out);
  }
}
```

Listing 5-37 Clientprogramm für Session-Bean EuroExchangeSF

Zusammenfassung

Die Verwendung einer zustandsbehafteten Session-Bean in diesem Beispiel hat Vor- und Nachteile. Der Conversational-State macht die Implementierung der Anwendungslogik in der Bean deutlich einfacher. Auch der Client kann vom Conversational-State profitieren und einen Teil seines Zustands auf den Server verlagern. Dadurch wird der Client weniger komplex und die Entwicklung einfacher. Dieser Effekt ist im Beispiel jedoch nicht zu beobachten. Bei der Auswahl des Beispiels stand eine vergleichbare Funktionalität mit dem Beispiel für zustandslose Session-Beans im Vordergrund.

Zu den Nachteilen zählt der höhere Verbrauch von Ressourcen am Server. Für jeden Client existiert eine eigene Bean-Instanz. In unserem Beispiel hält jede Bean-Instanz eine eigene Datenbankverbindung offen. Bei vielen parallelen Clients kann es dadurch zu einer hohen Last auf dem Server kommen. Besonders die offene Datenbankverbindung für jede Bean-Instanz ist sehr kritisch zu bewerten. In der Praxis ist dieses Vorgehen überhaupt nur akzeptabel, wenn der Datenbanktreiber einen eigenen Pool mit Verbindungen verwaltet und nicht die gleiche Anzahl an Netzwerkverbindungen offen hält.

6 Entity-Beans

6.1 Einleitung

Eine Entity-Bean ist ein Objekt, das typischerweise Daten aus einer Datenbank repräsentiert. Dabei ist sie aber mehr als ein einfacher Datenspeicher. Bei einer Entity-Bean handelt es sich um ein vollständiges Geschäftsobjekt mit eigener Funktionalität. Sie ermöglicht mehreren Clients den parallelen Zugriff auf transaktionsgesicherte Daten.

Erst die Enterprise JavaBeans-1.1-Spezifikation definiert Entity-Beans als ein Muß für Server- und Container-Provider. Im Gegensatz zu Session-Beans waren Entity-Beans in der Version 1.0 noch optional.

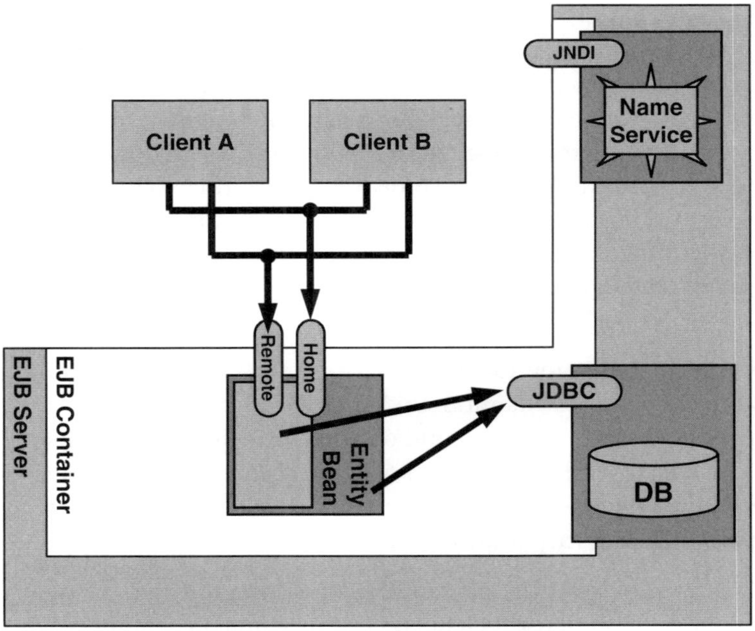

Abbildung 6-1 Überblick Entity-Beans

Eine Anwendung arbeitet mit Entity-Beans, wenn sie Informationen über mehrere Programmläufe hinweg speichert. Der Zustand des Objekts geht auch nicht verloren, wenn der Server gestoppt und wieder gestartet wird. Die Entity-Bean existiert so lange, bis ein Client sie explizit löscht. Im Gegensatz dazu sind die zuvor besprochenen Session-Beans nicht persistent. Deshalb geht der Zustand einer Session-Bean immer verloren, wenn der Client oder der Server heruntergefahren wird.

Weil Entity-Beans es mehreren Clients ermöglichen, parallel auf die gleichen Daten zuzugreifen, werden sie als zentrale Ressource betrachtet. Jeder Client einer Entity-Bean arbeitet fast so, als würde er exklusiv auf sie zugreifen. Die bekannten Probleme, die durch den parallelen Zugriff entstehen, vermeidet der EJB-Container durch die teilweise Serialisierung der Zugriffe und durch den Einsatz von Transaktionen (siehe auch Kapitel 7, *Transaktionen*).

Die parallelen Clients unterscheiden die Entity-Beans von den Session-Beans. Bei zustandsbehafteten Session-Bean verwendet jeder Client eine eigene Bean-Instanz. Der Zustand einer Session-Bean steht somit immer nur exklusiv einem Client zu Verfügung.

Die *Entity-Bean-Klasse* definiert Methoden, Attribute und einen Primärschlüssel. Wie bei den Session-Beans, realisieren die Methoden die Funktionalität der Bean und bestimmen damit das Verhalten. Die Attribute halten alle Daten und bestimmen damit den Zustand einer Entity-Bean. Ein oder mehrere Attribute der Entity-Bean werden als Primärschlüssel zusammengefaßt. Der Primärschlüssel ermöglicht es, alle Instanzen der Klasse eindeutig zu identifizieren. Das Home-Objekt und der Wert des Primärschlüssels bestimmen zusammen die *Entity-Bean-Identität*. Diese identifiziert eine bestimmte Bean, die ein Objekt wie beispielsweise einen Kunden oder einen Lagerartikel modelliert.

Der Primärschlüssel und die Bean-Identität kennzeichnen Entity-Beans. Einerseits wird ein eindeutiger Name für eine Instanz einer Entity-Bean benötigt, um sie wiederzufinden. Andererseits muß eindeutig definiert sein, wann unterschiedliche Clients mit der gleichen Bean und wann sie mit einer unterschiedlichen Bean arbeiten. Da die zuvor besprochenen Session-Beans weder Persistenz noch den parallelen Zugriff mehrerer Clients kennen, benötigen sie die Konzepte des Primärschlüssel und der Enity-Bean-Identität nicht.

Der *Persistenzmechanismus* hat die Aufgabe, den Zustand einer Entity-Bean in eine Datenbank oder ein anderes Speichersystem zu schreiben. Wenn die Bean wieder benötigt wird, liest der Persistenzmechanismus die persistenten Daten aus und erstellt eine Entity-Bean-Instanz im Arbeitsspeicher. Dabei kann jede Entity-Bean immer mit ihrem Primärschlüssel identifiziert werden.

Ein EJB-Container bietet eine fertige Implementierung eines Persistenzmechanismus an. Der Bean-Entwickler kann diesen verwenden (*container managed persistence*) und damit den Aufwand für die Implementierung minimieren. Er kann aber auch den Persistenzmechanismus selbst in der Entity-Bean implementieren (*bean managed persistence*), um Flexibilität zu gewinnen.

Dieses Kapitel beschäftigt sich ausschließlich mit Entity-Beans. Im folgenden soll zuerst das Verständnis der Konzepte von Entity-Beans vertieft werden. Danach werden die Methoden und Interfaces vorgestellt, die für die Programmierung von Entity-Beans wichtig sind. Im Anschluß wird anhand von zwei einführenden Beispielen die konkrete Entwicklung von Entity-Beans gezeigt. Bei dem ersten Beispiel wird der Persistenzmechanismus des EJB-Containers verwendet. Das zweite Beispiel baut darauf auf und implementiert den Persistenzmechanismus in der Bean.

6.2 Konzepte

6.2.1 Attribute der Entity-Bean

Der Zustand einer Entity-Bean wird durch die Werte ihrer Attribute bestimmt. Es wird zwischen persistenten und transienten Attributen unterschieden. Der Zustand der persistenten Attribute bleibt erhalten, bis die Bean gelöscht wird. Im Gegensatz dazu bleibt der Zustand der transienten Attribute nur so lange erhalten, wie die Entity-Bean im Arbeitsspeicher liegt. Beim Passivieren oder Löschen der Bean geht ihr Zustand verloren.

Die Sprache Java kennt dieses Konzept auch. Java unterstützt die *Serialisierung von Objekten*. Die komplexe Struktur von Java-Objekten wird in einen Byte-Strom umgewandelt, um das Objekt beispielsweise in einer Datei zu speichern oder über eine Netzwerkstrecke zu senden. Der umgekehrte Vorgang nennt sich *Deserialisierung*. Aus dem Byte-Strom wird dabei wieder das ursprüngliche Java-Objekt rekonstruiert.

Bei der Serialisierung werden nur die persistenten Attribute eines Objekts berücksichtigt. Die transienten Attribute entfallen im Byte-Strom und werden bei der Deserialisierung mit ihrem Initialwert belegt. Um zwischen persistenten und transienten Attributen unterscheiden zu können, verwendet Java das Schlüsselwort *transient* in der Deklaration von Variablen. Alle Attribute, die dieses Schlüsselwort nicht in ihrer Deklaration haben, sind automatisch persistent.

Die EJB-Spezifikation definiert, daß der EJB-Container ein mit der Serialisierung vergleichbares Verfahren verwenden muß, um die Attribute einer Entity-Bean persistent zu machen. Deshalb sollte bei der Entwicklung von Entity-Beans zwischen persistenten und transienten Attributen stets durch das Schlüsselwort *transient* unterschieden werden.

Transiente Attribute bergen eine potentielle Fehlerquelle in sich, denn der Wert dieser Attribute steht allen Clients gleichzeitig zur Verfügung. Die Konsistenz der transienten Attribute wird jedoch nicht automatisch durch die Verwendung von Transaktionen gewährleistet. Es empfiehlt sich deshalb, transiente Attribute nur als Zwischenspeicher für Werte zu verwenden, die sich jederzeit wieder aus dem Zustand anderer Beans oder der Datenbank herleiten lassen.

6.2.2 Primärschlüssel

Jede Entity-Bean-Klasse benötigt einen Primärschlüssel, der es ermöglicht, alle Enity-Bean-Identitäten eindeutig zu identifizieren. Ein Client verwendet den Primärschlüssel, um nach Entity-Beans zu suchen. Der EJB-Container nutzt den Primärschlüssel als eindeutiges Kennzeichen, um jede Entity-Bean-Identität in der Datenbank wiederzufinden.

Der Primärschlüssel kann aus einem oder mehreren persistenten Attributen der Entity-Bean bestehen. Es wird sichergestellt, daß jede Instanz einer Entity-Bean-Klasse eine andere Wertkombination in den Attributen des Primärschlüssels besitzt.

Die Kundennummer in einem Versandhaus ist ein Beispiel für einen Primärschlüssel mit einem einzelnen Attribut. Sie ist für jeden Kunden eindeutig. Im Gegensatz dazu ist das Kennzeichen eines Kraftfahrzeugs kein ausreichender Primärschlüssel für die Menge aller zugelassenen Fahrzeuge. Hinzu kommt eine laufende Nummer, die bei jeder Neuvergabe des gleichen Kennzeichens erhöht wird. Zusammen sind das Kennzeichen und die laufende Nummer eindeutig und ein Beispiel für einen Primärschlüssel, der aus mehreren Attributen besteht.

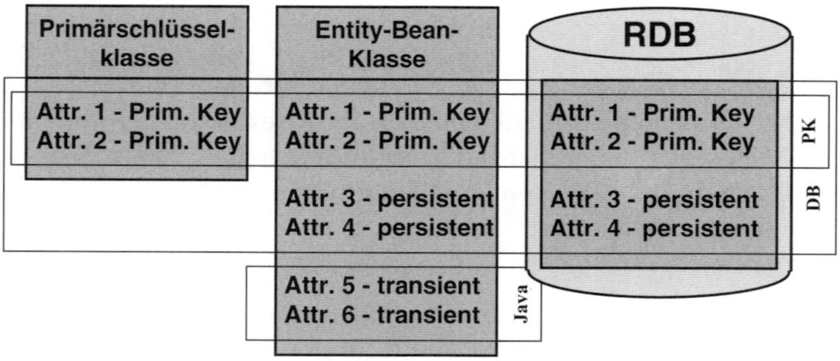

Abbildung 6-2 Überblick über die Attribute der Enity-Bean

Die Attribute der Entity-Bean, die Bestandteil des Primärschlüssels sind, werden zusätzlich in einer eigenen Klasse zusammengefaßt. In dieser Klasse haben die Attribute den gleichen Namen und den gleichen Datentyp wie in der Entity-Bean-Klasse. Die Primärschlüsselklasse (PK) wird dem EJB-Container im Deployment-Deskriptor bekanntgegeben. Auch der Client verwendet Primärschlüssel, um nach bestimmten Entity-Beans zu suchen. Deshalb wird die Primärschlüsselklasse normalerweise mit dem Home- und Remote-Interface der Bean in einem eigenen Package veröffentlicht.

6.2.3 Persistenzmechanismus

Eine typische Geschäftsanwendung verwaltet sehr große Datenmengen. Bei dem Einsatz von Enterprise JavaBeans werden diese Daten normalerweise in Entity-Beans gespeichert. Die große Menge entstehender Entity-Beans kann nicht durchgehend im Hauptspeicher verweilen, sondern muß auf ein Medium mit größerer Speicherkapazität ausgelagert werden. Im Regelfall wird dafür eine Datenbank eingesetzt, die die Daten auf der Festplatte speichert und Mechanismen für die Datensicherheit anbietet (z. B. Sicherung der Daten von der Festplatte auf Magnetband).

Damit eine Entity-Bean-Instanz persistent wird, müssen alle persistenten Attribute gespeichert werden. Wird die Bean wieder benötigt, so kann mit den gespeicherten Attributen die Entity-Bean-Instanz in ihrem ursprünglichen Zustand wiederhergestellt werden. Unter dem Begriff *Persistenzmechanismus* wird das Verfahren zum Speichern und Wiederherstellen des Zustands verstanden.

Bezüglich der Persistenz von Entity-Beans werden zwei Vorgehensweisen unterschieden:

- *bean managed persistence*: Eine Entity-Bean kann selbst die persistente Ablage ihrer Attribute realisieren.
- *container managed persistence*: Die Verantwortung für die persistente Ablage der Attribute einer Entity-Bean wird dem EJB-Container übertragen.

Im ersten Fall ist es die Aufgabe des Bean-Entwicklers, die Methoden zu implementieren, die dem EJB-Container die Verwaltung der Entity-Beans ermöglichen. Innerhalb dieser Methoden kann der Entwickler die Strategie, mit der die Attribute geschrieben, geladen und gesucht werden, frei wählen. Die Möglichkeit, den Persistenzmechanismus selbst in der Bean zu realisieren, gibt dem Bean-Entwickler große Flexibilität. Er muß sich nicht auf die Persistenzmechanismen des EJB-Containers beschränken und kann auch anwendungsspezifische Methoden benutzen.

Im zweiten Fall untersucht der EJB-Compiler (*ejbc*) die Implementierung der Enity-Bean-Klasse und den Deployment-Deskriptor der Bean und generiert die passenden Zugriffsmethoden. Der Aufwand für die Implementierung kann durch die Verwendung des Persistenzmechanismus des EJB-Containers minimiert werden. In diesem Fall verläßt sich die Bean ganz auf die Infrastruktur des EJB-Containers und enthält keine eigenen Datenbankzugriffe. Deshalb bleibt die Bean auch portabel und kann ohne zusätzliche Anforderungen mit jedem EJB-Container verwendet werden.

Die EJB-Spezifikation definiert, daß der EJB-Container die Daten einer Bean mit einem Verfahren speichert, das mit der Serialisierung von Java vergleichbar ist. Im Rahmen dieser Definition sind jedoch unterschiedlichste Verfahren denkbar. In einfachen Fällen kann der Serialisierungsmechanismus von Java und die Verwendung von simplen Dateien zur Speicherung sinnvoll sein. Um jedoch große Datenmengen zu verwalten, wird im Regelfall eine Datenbank eingesetzt. Neben den verbreiteten relationalen Datenbanken (RDB) ist auch der Einsatz von objektorientierten Datenbanken (OODB) denkbar.

In einer bestehenden Infrastruktur kann es auch erforderlich sein, die Speichermechanismen von existierenden Anwendungen zu nutzen. Dies ist besonders interessant, um den existierenden Datenbestand in Mainframe-Anwendungen zu nutzen. Der Vorteil bei diesem Vorgehen ist, daß alle Daten der existierenden Anwendung und auch der neuen EJB-Anwendungen zur Verfügung stehen. Dies ermöglicht eine sanfte Migration, die im Gegensatz zur harten Migration nicht den vollständigen Austausch einer Technologie zu einem bestimmten Zeitpunkt anstrebt.

Diese Wahlfreiheit zwischen unterschiedlichen Persistenzsystemen besteht allerdings nur, wenn der Persistenzmechanismus selbst realisiert wird. Die handelsüblichen EJB-Container bieten meist nur eine Unterstützung für relationale Datenbanken.

6.2.4 Speicherung in relationalen Datenbanken

Die EJB-Architektur verwendet mit den Entity-Beans eine objektorientierte Struktur zum Speichern aller Daten. Deshalb würde eine Speicherung in objektorientierten Datenbanken naheliegen. Aber relationale Datenbanken sind im Markt besser etabliert und haben sowohl bei neuen als auch bei existierenden Anwendungen die größere Verbreitung. Aus diesen Gründen werden Enterprise Java-Beans fast ausschließlich mit relationalen Datenbanken eingesetzt. Der Persistenzmechanismus muß hier jedoch die objektorientierte Datenstruktur auf eine relationale Struktur abbilden (*objekt relational mapping*).

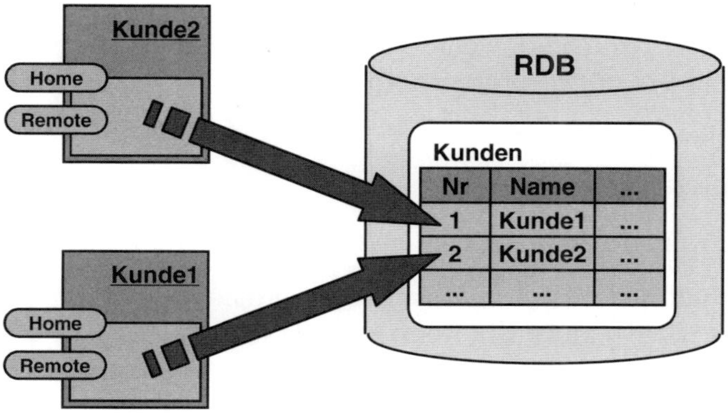

Abbildung 6-3 Object Relational Mapping von Enity-Beans

Die Abbildung von objektorientierten Datenstrukturen auf die Tabellen einer relationalen Datenbank ist ein komplexes Thema. Jedoch arbeiten Entity-Beans normalerweise nicht mit Vererbung. Dadurch ist das benötigte Verfahren vergleichsweise einfach.

Eine Bean-Klasse, die nur einfache Attribute besitzt, kann auf eine einzelne Datenbanktabelle (auch *Relation* genannt) abgebildet werden. Jedes persistente Attribut der Klasse erhält dabei eine eigene Spalte (auch *Attribut* genannt). Die Instanzen der Bean werden in je eine Zeile (auch *Tupel* genannt) geschrieben. Damit sind auch die Attribute des Primärschlüssels in bestimmten Spalten der Datenbanktabelle enthalten. Der Primärschlüssel der Entity-Bean wird auch als Primärschlüssel der zugehörigen Datenbanktabelle zu verwendet. Damit ist neben der notwendigen Auffindbarkeit ein effizienter Zugriff auf bestimmte Enity-Bean-Identitäten gesichert.

Besitzt eine Bean-Klasse auch nicht-atomare Attribute, die sich nicht auf eine einzelne Datenbankspalte abbilden lassen, so wird ein komplizierterer Abbildungsmechanismus benötigt. Ein Attribut kann auf mehrere Spalten einer Tabelle abgebildet werden. Ein Beispiel wäre ein Attribut der Klasse *Adresse*. Dieses Attribut ist selbst strukturiert und hat die Attribute *Name*, *Straße*, *Ort* und *Postleitzahl*.

Bei anderen Attributen ist es erforderlich, eine eigene Tabelle zu benutzen. Beispiele hierfür sind Arrays mit variabler Länge, Vektoren, Java-Properties etc. Da die Anzahl der zu speichernden Attribute variabel ist, wird eine zweite Tabelle verwendet, und die Attribute werden dort in einzelne Zeilen geschrieben. Zwischen beiden Tabellen wird eine Fremdschlüsselbeziehung etabliert. Jeder 7Datensatz der zusätzlichen Tabelle erhält zusätzlich die Attribute des Primärschlüssels der Entity-Bean. Damit kann jede Spalte der zusätzlichen Tabelle genau einer Bean zugeordnet werden.

Der Persistenzmechanismus des EJB-Containers unterstützt nicht beliebige Datentypen. Die Spezifikation definiert für die persistenten Attribute einer Entity-Bean die folgenden möglichen Datentypen:

- Primitive Java-Datentypen
- Serialisierbare Java-Klassen
- Referenzen zum Home- oder Remote-Interface anderer Beans

Allerdings erfüllt nicht jeder verfügbare EJB-Container diese Forderung vollständig. In diesen Fällen – und auch, wenn andere Datentypen als die definierten verwendet werden – ist es erforderlich, den Persistenzmechanismus selbst in der Bean zu implementieren.

6.2.5 Bean-Instanz und Bean-Identität

Für die Arbeit mit Entity-Beans ist es sehr wichtig, die Sicht des Entwicklers des Client-Programms von der Sicht des Entwicklers der Bean zu trennen. Dafür ist es besonders wichtig, daß Sie die Begriffe Bean-Instanz und Bean-Identität verstehen.

Das Home-Objekt und der Wert des Primärschlüssels bilden zusammen die **Entity-Bean-Identität**. Eine solche Identität könnte z.B. den Kunden mit der Kundennummer 123 modellieren. Ein Objekt einer Entity-Bean-Klasse im Arbeitsspeicher wird als **Entity-Bean-Instanz** bezeichnet. Bei einer Entity-Bean-Identität in der Datenbank ohne eine Enity-Bean-Instanz im Arbeitsspeicher spricht man von einer passivierten Bean.

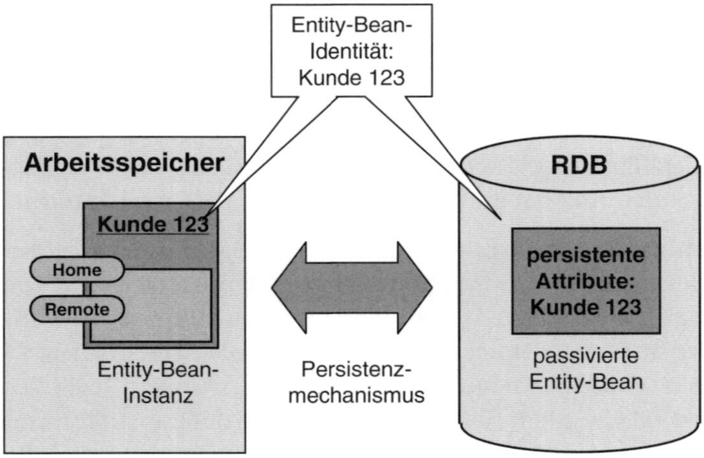

Abbildung 6-4 Die Entity-Bean-Identität am Beispiel eines Kunden

Vom Client aus gesehen ergibt sich ein einfaches Bild: Auf dem Server existieren Enity-Bean-Objekte mit einer Enity-Bean-Identität. Das Bean-Objekt bietet dem Client das Remote-Interface für den Zugriff an. Zur Verwaltung der Bean-Objekte steht dem Client das Home-Interface der Bean-Klasse zur Verfügung. Wenn der Client mit einer Enity-Bean-Identität arbeiten möchte, erhält er über das Home-Interface das zugehörige Bean-Objekt. Allgemein ermöglicht das Home-Interface dem Client das Erzeugen, Löschen und Finden von Bean-Objekten. Die Sicht des Clients beschränkt sich damit genau auf die Aspekte der Bean, die für ihn relevant sind.

Der Entwickler der Bean benötigt eine andere Sicht. Er implementiert die Anwendungslogik in der Bean-Klasse. Zusätzlich wird von ihm ein Home- und ein Remote-Interface für diese Bean-Klasse geschrieben, die die Funktionalität der Bean veröffentlichen. Die Methoden dieser Interfaces werden teilweise vom Entwickler der Bean in der Bean-Klasse implementiert und teilweise vom EJB-Container bereitgestellt.

Die Instanzen der Bean-Klasse werden Bean-Instanzen genannt. Wenn der Client mit einem Bean-Objekt arbeitet, wird die zugehörige Funktionalität von einer Bean-Instanz auf dem Server bereitgestellt. Es besteht jedoch ein wichtiger Unterschied zwischen der Sicht des Entwicklers des Client-Programms auf das Bean-Objekt und der Sicht des Entwicklers der Bean auf die Bean-Instanz. Das Bean-Objekt hat immer die gleiche Bean-Identität, während die Bean-Instanz während ihres Lebenszyklus die Bean-Identität wechseln kann.

Diese Tatsache muß natürlich vom Entwickler der Entity-Bean berücksichtigt werden. Der folgende Abschnitt wird das Thema detailliert behandeln.

6.2.6 Lebenszyklus der Bean-Instanz

Das Verständnis für den Lebenszyklus einer Enity-Bean-Instanz ist unbedingte Voraussetzung für die Entwicklung. Abbildung 6-5 zeigt die Zustände, die eine Entity-Bean-Instanz einnehmen kann und die zugehörigen Zustandsübergänge. Bei den Zustandsübergängen wird unterschieden, ob direkt der EJB-Container oder indirekt der Client den Zustandsübergang auslöst.

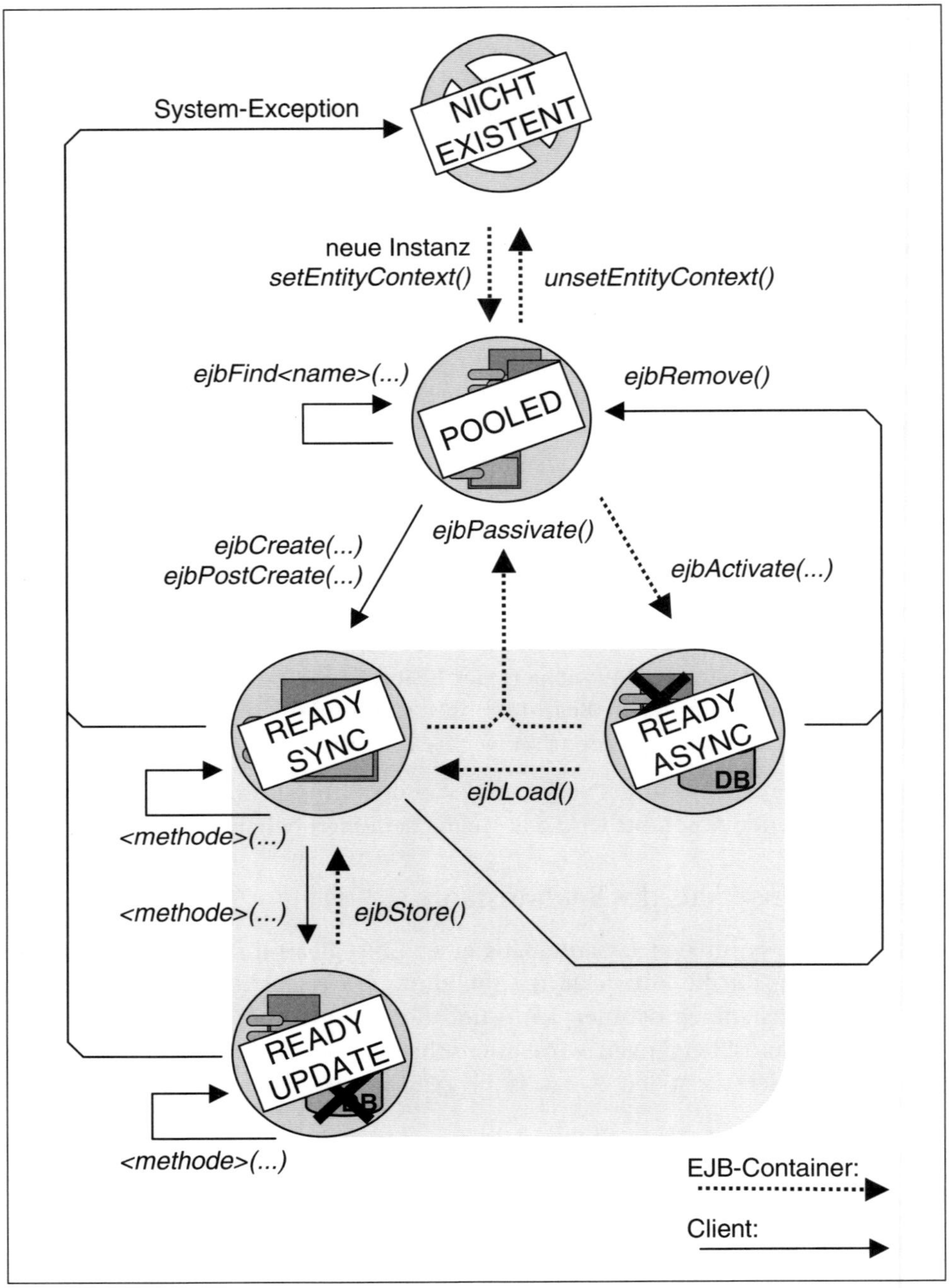

Abbildung 6-5 Zustandsgraph für eine Entity-Bean Instanz

Die EJB-Spezifikation 1.1 unterscheidet drei Zustände der Entity-Bean-Instanz. Zur Verdeutlichung der Aspekte bei der Programmierung teilen wir den Zustand *Ready* in drei Unterzustände auf:

- *Nicht existent*: Die Instanz existiert nicht.
- *Pooled*: Die Instanz existiert, ihr wurde aber noch keine Bean-Identität zugewiesen. Die Instanz wird verwendet, um die Zugriffe des Clients auf das Home-Interface auszuführen, da sich diese nicht auf eine spezielle Bean-Identität beziehen.
- *Ready*: Die Instanz hat eine Bean-Identität und kann vom Client verwendet werden. Wir teilen den Zustand *Ready* in drei Unterzustände auf:
  - *Ready-Async*: Die Attributwerte sind evtl. nicht mit dem aktuellen Datenbankinhalt abgeglichen. Entweder wurden die Attribute noch nicht initialisiert, oder der Datenbankinhalt wurde durch einen parallelen Zugriff geändert.
  - *Ready-Sync*: Die Attributwerte haben den aktuellen Inhalt.
  - *Ready-Update*: Die Attribute der Bean werden vom Client geändert. Normalerweise befindet sich die Bean in einer Transaktion. Die neuen Werte wurden noch nicht oder nur teilweise in die Datenbank geschrieben.

Für jede Entity-Bean-Klasse hat der EJB-Container einen Pool, in dem er die Instanzen verwaltet. Der Pool ist eine Performanzoptimierung, die vor allem durch eine Minimierung des Aufwands zur automatischen Speicherverwaltung (*Garbage-Collection*) erreicht wird. Der EJB-Container vermeidet das dauernde Erzeugen und Verwerfen von Java-Objekten. Die Instanzen aus dem Pool verwendet der EJB-Container nacheinander für unterschiedliche Bean-Identitäten. Da eine Instanz nur eine Bean-Identität zu einem Zeitpunkt haben kann, muß der Pool mindestens so viele Instanzen enthalten, wie unterschiedliche Bean-Identitäten parallel benutzt werden.

Benötigt der EJB-Container eine neue Instanz im Pool, so erzeugt er eine Instanz der Bean-Klasse und initialisiert diese mit *setEntityContext*. Die Instanz hat noch keine Bean-Identität. Will der EJB-Container zu einem anderen Zeitpunkt die Menge der Bean-Instanzen im Pool verringern, so ruft er die Methode *unsetEntityContext* auf und verwirft die Instanz danach.

Jetzt sucht der Client beispielsweise ein Bean-Objekt mit der *findByPrimaryKey*-Methode des Home-Interface. Der EJB-Container leitet den Aufruf an eine beliebige Bean-Instanz weiter. Dies ist möglich, weil die Bean-Instanz für die Ausführung der Methode keine Bean-Identität benötigt.

Die entsprechende Methode mit den gleichen Parametern wurde in der Entity-Bean-Klasse entweder vom Bean-Entwickler implementiert (*bean managed persistence*) oder wird vom EJB-Container bereitgestellt (*container managed persistence*).

Als Ergebnis erhält der Client das Remote-Interface des gefunden Bean-Objekts (hat die Suche mehrere Ergebnisse, so wird eine *Collection* oder *Enumeration* für die Rückgabe mehrerer Remote-Objekte verwendet). Auf der Serverseite muß die entsprechende Bean-Instanz für den Aufruf von Methoden vorbereitet werden. Der EJB-Container aktiviert eine beliebige Bean-Instanz und gibt ihr die Bean-Identität in Form des Primärschlüssels bekannt. Dann ruft er die Methode *ejbActivate* auf. Die Bean-Instanz ist jetzt im Zustand *Ready-Async*.

Wenn der Client eine Methode des Bean-Objekts ausführt, muß der EJB-Container dafür sorgen, daß die Bean-Instanz die aktuellen Attributwerte hat. Der Persistenzmechanismus des EJB-Containers kann die Bean-Instanz mit der Datenbank synchronisieren. Danach wird die Methode *ejbLoad* aufgerufen, um die Bean zu informieren. Wird der Persistenzmechanismus selbst realisiert, so wird die Synchronisation in der Methode *ejbLoad* implementiert. Nach dem Aufruf von *ejbLoad* ist die Bean-Instanz im Zustand *Ready-Sync*. Alle lesenden Operationen des Client werden in diesem Zusand ausgeführt.

Greift der Client schreibend auf das Bean-Objekt zu und ändert dort Attributwerte, so ist die Bean-Instanz vorübergehend nicht synchron mit der Datenbank. Die Bean-Instanz befindet sich im Zustand *Ready-Update*. Der EJB-Container veranlaßt die Synchronisation zu gegebener Zeit. Der Persistenzmechanismus des EJB-Containers kann das Schreiben der Attribute in die Datenbank übernehmen. Danach wird nur noch die Methode *ejbStore* aufgerufen, um die Bean-Instanz zu benachrichtigen. Der Bean-Entwickler kann auch den entsprechende Teil des Persistenzmechanismus selbst in der Methode *ejbStore* implementieren. Nach dem Aufruf von *ejbStore* befindet sich die Bean-Instanz wieder im Zustand *Ready-Sync*. Alle schreibenden Zugriffe werden normalerweise durch eine Transaktion geschützt, so daß die Abweichung zwischen den Attributwerten und dem Datenbankinhalt keine Gefahr für die Konsistenz des Datenbestands darstellt.

Alle Bean-Instanzen, die nicht gerade von einem Client benutzt werden und die sich in keiner Transaktion befinden, können vom EJB-Container für andere Bean-Identitäten wiederverwendet werden. Durch den Aufruf der Methode *ejbPassivate* gibt der EJB-Container der Bean-Instanz bekannt, daß sie in den Zustand *Pooled* wechselt. Wird die alte Bean-Identität vom Client wieder benötigt, so kann der EJB-Container eine beliebige Bean-Instanz dafür verwenden und aktivieren.

Für den Entwickler von Entity-Beans bedeutet das, daß die Bean-Instanz in der Methode *ejbPassivate* eventuell initialisiert werden muß. Da die Bean-Instanz unter Umständen längere Zeit im Pool verweilen kann, sollten auf jeden Fall zum Zeitpunkt des Passivierens alle von ihr zusätzlich belegten Ressourcen freigegeben werden. Außerdem ist zu beachten, daß die Bean für eine andere Bean-Identität wiederverwendet werden kann.

Das Erzeugen einer neuen Bean-Identität funktioniert ähnlich. Der Client ruft die Methode *create* des Home-Interface auf. Der EJB-Container leitet diesen Aufruf an die entsprechende Methode *ejbCreate* einer Bean-Instanz im Zustand *Pooled* weiter. Die Methode wertet die Parameter aus und setzt die Attributwerte der Bean-Instanz entsprechend. Danach wird die Methode *ejbPostCreate* vom EJB-Container mit den gleichen Parametern aufgerufen. Im Unterschied zu *ejbCreate* steht der Methode *ejbPostCreate* die Bean-Identität im Bean-Kontext zur Verfügung. Damit kann diese Methode weitere Initialisierungsschritte ausführen. Nach der Ausführung von *ejbCreate* und *ejbPostCreate* befindet sich die Bean-Instanz im Zustand *Ready-Sync*.

Der Client hat zwei Möglichkeiten eine Bean-Identität zu löschen. Er kann den Primärschlüssel einer Bean-Identität verwenden, um diese über das Home-Interface zu löschen. Oder er kann sich zuerst das Remote-Interface vom EJB-Container geben lassen und dann die Bean-Identität durch den Aufruf der Methode *ejbRemove* löschen. Im ersten Fall übernimmt der EJB-Container die nötigen Zwischenschritte. Er aktiviert gegebenenfalls eine Bean-Instanz für die Bean-Identität und ruft *ejbRemove* auf. Die zugehörigen Daten werden dann aus der Datenbank gelöscht – und damit auch die zugehörige Entity-Bean-Identität. Die Bean-Instanz geht danach in den Zustand *Pooled* über.

Im Lebenszyklus einer Entity-Bean-Instanz kann es auch zu Systemfehlern kommen. Beispielsweise kann ein Netzwerkfehler auftreten oder die Datenbank nicht verfügbar sein. Tritt in einer Entity-Bean-Instanz ein Systemfehler auf, so löscht der EJB-Container diese Instanz. Die Instanz wird dem Pool nicht wieder zugeführt. Für jeden folgenden Zugriff auf die zugehörige Bean-Identität muß der EJB-Container eine neue Bean-Instanz aus dem Pool aktivieren. Für den Bean-Entwickler bedeutet das, daß er im Fall eines Systemfehlers die Bean-Instanz nicht für den Pool initialisieren muß.

6.3 Programmierung

6.3.1 Überblick

Abbildung 6-6 gibt einen vollständigen Überblick über die Klassen und Interfaces von Enity-Beans. Rechts steht die Entity-Bean-Klasse, die auf dem Server liegt. Auf der linken Seite befinden sich die Schnittstellen, die auch auf dem Client verfügbar sind und durch das Home- bzw. Remote-Objekt des EJB-Containers implementiert werden.

Die Entity-Bean-Klasse implementiert das Interface *javax.ejb.EntityBean*. Alle öffentlichen Attribute der Klasse sind per Definition persistent. In dieser Entity-Bean-Klasse implementiert der Bean-Entwickler die eigentliche Funktionalität der Bean.

Oben links steht die Klasse für den Primärschlüssel der Bean. Da Objekte dieser Klasse zwischen Server und Client über das Netzwerk transportiert werden, muß die Klasse serialisierbar sein. Sie implementiert das Interface *java.io.Serializable*. Alle persistenten Attribute der Entity-Bean-Klasse, die zum Primärschlüssel gehören, werden vom Bean-Entwickler in die Primärschlüsselklasse übertragen. Der Name und der Datentyp dieser Attribute ist in der Entity-Bean-Klasse und der Primärschlüsselklasse identisch.

Die Methoden der Entity-Bean-Klasse lassen sich in drei Gruppen aufteilen:

- Zustandsmanagement
- Identitätenverwaltung
- Anwendungslogik

Die folgenden Abschnitte beschreiben die einzelnen Methoden in diesen Gruppen. Einen schnellen Einstieg in die Programmierung dieser Methoden können sie sich auch durch das Studium der Programmierbeispiele erarbeiten. Die Programmierung des Clients (siehe Abschnitt 5.3.6, *Client*) und die Verwendung der Umgebung (siehe Abschnitt 5.3.7, *Umgebung der Bean*) entspricht der Programmierung von Session-Beans.

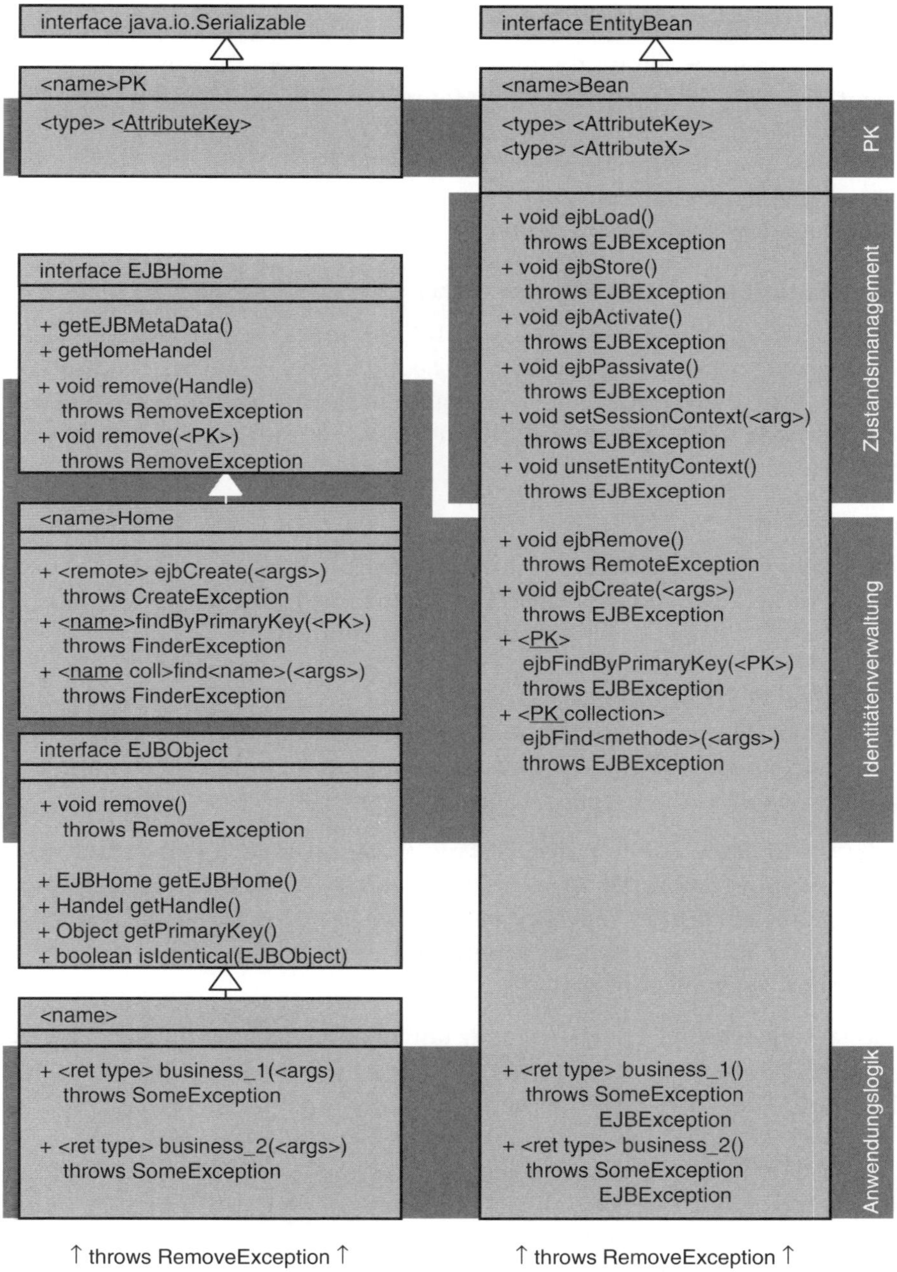

Abbildung 6-6 Interfaces der Entity-Bean

6.3.2 Zustandsmanagement

An oberster Stelle stehen in Abbildung 6-6 die Methoden für das Zustandsmanagement. Der EJB-Container ruft diese Methoden auf, um den Zustand der Beans zu kontrollieren. Hier sind die Methoden zur Verwaltung des Kontexts und für die Aktivierung und Passivierung zu nennen, die schon von den Session-Beans bekannt sind. Hinzu kommen die Methoden *ejbLoad* und *ejbStore*, die den Persistenzmechanismus der Bean realisieren.

void setEntityContext(EntityContext ctx)

Die Methode *setEntiyContext* wird vom EJB-Container aufgerufen, wenn die Bean-Instanz erzeugt wird und in den Zustand *Pooled* wechselt. Sie dient zur Initialisierung der Bean. Der EJB-Container übergibt der Entity-Bean ihren *EntityContext*. Diese Methode sollte nur den *EntityContext* speichern und darüber hinaus keine Funktionalität besitzen.

void unsetEntityContext()

Diese Methode wird vom EJB-Container aufgerufen, wenn er die Bean-Instanz nicht mehr benötigt und aus dem Pool nehmen will. Der Aufruf teilt der Bean-Instanz mit, daß der assoziierte *EntityContext* ungültig wird.

void ejbActivate()

Der EJB-Container ruft diese Methode auf, um der Entity-Bean-Instanz mitzuteilen, daß sie eine bestimmte Entity-Bean-Identität bekommen hat. Im Enity-Kontext kann jetzt der Primärschlüssel abgefragt werden.

Die Bean-Instanz wechselt in den Zustand *Ready-Async*. In diesem Zustand kann im *EntityContext* schon der Primärschlüssel mit *getPrimaryKey* und das Remote-Interface mit *getEJBObject* abgefragt werden. Die Bean-Instanz wurde jedoch noch nicht mit der Datenbank synchronisiert, und somit sind die Werte der persistenten Attribute noch nicht gesetzt.

Diese Methode kann genutzt werden, um Datenbankverbindungen zu öffnen oder andere Ressourcen zu reservieren. Zu beachten ist dabei, daß der Methode keine Transaktion zur Verfügung steht.

void ejbPassivate()

Diese Methode bildet das Gegenstück zu *ejbActivate*. Sie wird vom EJB-Container aufgerufen, wenn die Bean-Instanz vom Zustand *Ready* zurück in den Zustand *Pooled* wechselt. Die Bean-Instanz besitzt danach keine Bean-Identität mehr. In der Methode kann jedoch die Bean-Identität noch verwendet werden.

Diese Methode wird verwendet, um die Ressourcen wieder freizugeben, die mit *ejbActivate* oder später im Zustand *Ready* reserviert wurden.

void ejbLoad()

Die Methode *ejbLoad* wird vom EJB-Container aufgerufen, um den Zustand der Bean-Instanz mit der Datenbank zu synchronisieren. Dies ist erforderlich, falls die Bean-Instanz noch nicht initialisiert wurde oder falls der Datenbankinhalt sich durch einen parallelen Zugriff geändert hat. Der EJB-Container kann die Bean zu jedem Zeitpunkt im Zustand *Ready* synchronisieren. Häufig geschieht dies, bevor eine Methode der Anwendungslogik aufgerufen wird. Die Bean wechselt vom Zustand *Ready-Async* in den Zustand *Ready-Sync*.

Implementiert die Bean den Persistenzmechanismus selbst, so steht in dieser Methode die Funktionalität zum Laden der Attributwerte aus der Datenbank. Wird der Persistenzmechanismus des EJB-Containers verwendet, dient der Methodenaufruf nur zur Information der Bean über den Zustandsübergang. Die Attributwerte der persistenten Attribute wurden zuvor automatisch vom EJB-Container gesetzt. Es kann jedoch noch erforderlich sein, transiente Attribute neu zu berechnen.

Der Transaktionskontext für die Methode läßt sich nur schwer vorhersagen. Die Methode, die die Synchronisation verursacht, bestimmt auch den Transaktionskontext. Wenn beispielsweise ein EJB-Container vor jedem Methodenaufruf der Anwendungslogik die Bean synchronisiert, so bestimmt das Transaktionsattribut der folgenden Methode den Transaktionskontext (siehe Kapitel 7, *Transaktionen*).

void ejbStore()

Wenn ein Client den Zustand einer Bean verändert, müssen die veränderten Attributwerte in die Datenbank zurückgeschrieben werden. Dadurch wechselt die Bean-Instanz vom Zustand *Ready-Update* in den Zustand *Ready-Sync*.

Um den Persistenzmechanismus in der Bean zu realisieren, wird auch diese Methode implementiert. Sie enthält die Funktionalität, um die Attribute der Bean-Instanz in die Datenbank zu schreiben. Wird der Persistenzmechanismus des EJB-Containers verwendet, wird die Methode nur zur Information der Bean-Instanz über den Statusübergang aufgerufen.

In der Praxis wird die Methode vom EJB-Container aufgerufen, bevor dieser eine Transaktion beendet. Alle zwischengespeicherten Daten müssen in die Datenbank geschrieben werden, da sie sonst nicht mit dem Transaktionsabschluß persistent werden (siehe Kapitel 7, *Transaktionen*).

6.3.3 Verwaltung der Identitäten

Die Methoden für die Identitätenverwaltung bilden in Abbildung 6-6 die zweite Gruppe. Sie ermöglichen das Erzeugen, Löschen und Suchen von Entity-Bean-Identitäten. Diese Methoden finden sich im Home-Interface wieder und stehen so dem Client zur Verfügung, schon bevor er eine Bean-Instanz kennt.

ejbFind<name>(<args>)

In dieser Gruppe gibt es eine oder mehrere Suchmethoden. Die Methoden sind im Home-Interface definiert und stehen dort dem Client zur Verfügung. Die Treffermenge einer Suchmethode kann entweder eine einzelne Entity-Bean oder eine Menge mehrerer Entity-Beans sein.

Für die Suchmethode gibt es eine Namenskonvention: Die Methoden im Home-Interface beginnen mit *find*, die entsprechenden Methoden in der Bean beginnen mit *ejbFind*.

Per Definition kann eine Bean immer anhand ihres Primärschlüssels gefunden werden. Dementsprechend muß die zugehörige Methode *findByPrimaryKey* immer existieren. Diese Suche kann immer nur einen einzelnen Treffer haben. Zusätzlich kann es andere Suchmethoden geben, die nach anderen Kriterien suchen.

Der Bean-Entwickler muß die zugehörigen Methoden selbst in der Bean implementieren, wenn er den Persistenzmechanismus selbst realisiert. Möchte er den Persistenzmechanismus des EJB-Containers einsetzen, so implementiert er die Suchmethoden nicht selbst. Der EJB-Container stellt Werkzeuge zur Verfügung, mit denen der Entwickler diese Funktionen deklarieren kann. Hier liegt es nahe, daß zukünftige EJB-Versionen diese Deklaration in den Deployment-Deskriptor aufnehmen und eine entsprechende Syntax definieren.

Beachten Sie, daß die Suchmethoden der Entity-Bean ein oder mehrere Instanzen der Primärschlüsselklasse zurückgeben, während die Methoden im Home-Interface ein oder mehrere Remote-Objekte zurückgeben. Die nötige Konvertierung leistet der EJB-Container. Er stellt sicher, daß eine Bean-Instanz mit der entsprechenden Bean-Identität aktiviert ist, und übergibt deren Remote-Interface an den Client.

Suchen, die nur einen Treffer haben können, verwenden direkt die Klasse des Primärschlüssels bzw. das Remote-Interface als Datentyp für den Rückgabewert. Kann eine Suche mehrere Treffer haben, so wird *java.util.Enumeration* (Java 1.1.) oder *java.util.Collection* (Java 1.2) als Datentyp für den Rückgabewert verwendet.

Alle Suchmethoden können vom EJB-Container in einer Transaktion ausgeführt werden. Das Transaktionsattribut der entsprechenden Methoden im Home-Interface bestimmt das Verhalten des EJB-Containers (siehe Kapitel 7, *Transaktionen*).

<primKeyClass> ejbCreate(<args>)

Zum Erzeugen von Beans gibt es eine oder mehrere Methoden, die alle *ejbCreate* heißen und als Rückgabewert die Primärschlüsselklasse der Bean definieren. Die Methoden unterscheiden sich durch ihre Parameter und können vom Entwickler sonst frei definiert werden.

Die Methoden sind nicht Bestandteil des Entity-Bean-Interface, da die Parameter- und Rückgabetypen für jede Bean-Klasse unterschiedlich sind. Die Methode wird dem EJB-Container im Deployment-Deskriptor bekanntgegeben.

Die Methoden stehen dem Client zur Verfügung und werden deshalb auch im Home-Interface der Bean deklariert. Die Signaturen der Methoden unterscheiden sich nur durch den Rückgabewert. Die Methoden im Home-Interface haben das Remote-Interface der Bean als Rückgabewert. Die Methoden an der Bean-Klasse verwenden den Primärschlüssel. Der EJB-Container leistet die erforderliche Konvertierung.

Falls der Persistenzmechanismus selbst implementiert wird, so müssen in dieser Methode die entsprechenden Datenbankzugriffe stehen. Die andere Möglichkeit ist, den Persistenzmechanismus des EJB-Containers das Erzeugen der benötigten Datensätze in der Datenbank übernehmen zu lassen. Dann werden in dieser Methode nur noch die Attribute der Entity-Bean gesetzt und immer null als Ergebnis zurückgegeben.

Die EJB-1.0-Spezifikation verwendet noch zwei unterschiedliche Datentypen für den Rückgabewert. Beans die den Persistenzmechanismus des EJB-Containers verwenden, definieren hier den Datentyp *void* für Rückgabewerte, da sie den Primärschlüssel nicht selbst verwalten. Die Vereinheitlichung ermöglicht den Herstellen von EJB-Containern das gleiche Vorgehen für beide Persistenzmechanismen.

Der Transaktionskontext der *ejbCreate*-Methoden ist auch von den Transaktionsattributen der definierten Methoden im Home-Interface abhängig.

void ejbPostCreate(<args>)

Zu jeder *ejbCreate*-Methode muß der Bean-Entwickler eine *ejbPostCreate*-Methode mit den gleichen Parametertypen definieren. Die *ejbPostCreate*-Methode wird vom EJB-Container immer nach der entsprechenden *ejbCreate*-Methode mit dem gleichen Transaktionskontext ausgeführt.

In diesen Methoden können weitere Initialisierungsschritte ausgeführt werden. Im Gegensatz zu den *ejbCreate*-Methoden steht diesen Methoden die Bean-Identität zur Verfügung.

Mit der Ausführung von *ejbCreate* und *ejbPostCreate* wechselt die Bean-Instanz vom Zustand *Pooled* in den Zustand *Ready-Update*. In der Datenbank gesichert wird die neue Bean-Identität jedoch häufig erst mit der darauffolgenden Ausführung der Methode *ejbStore*.

void ejbRemove()

Zur Verwaltung von Bean-Identitäten gehören auch die Methoden zum Löschen von Beans. Der Client gibt den Auftrag zum Löschen einer Entity-Bean-Identität durch den Aufruf der Methode *remove* im Home- oder Remote-Interface. Die Methode *ejbRemove* an der Bean-Instanz wird jedoch vom EJB-Container aufgerufen, der den Aufruf des Clients entsprechend weiterleitet.

Wird der Persistenzmechanismus in der Bean implementiert, so werden in dieser Methode die nötigen Datenbankaktionen realisiert, um die Bean-Identität zu löschen. Beim Einsatz des Persistenzmechanismus des EJB-Containers wird die Bean-Instanz lediglich über den bevorstehenden Zustandswechsel informiert. Eventuell müssen zusätzliche Ressourcen freigegeben werden, bevor die Bean-Instanz in den Zustand *Pooled* wechselt.

Wie *ejbPassivate* wird diese Methode aufgerufen, wenn der Zustand einer Bean-Instanz von *Ready* auf *Pooled* wechselt. Hier wird jedoch die Bean-Identität gelöscht. Nach dem Aufruf hat die Bean-Instanz keine Bean-Identität mehr. Zusätzliche Ressourcen müssen freigegeben werden, bevor die Bean-Instanz in den Zustand *Pooled* wechselt. Die Methode *passivate* wird bei diesem Zustandsübergang nicht aufgerufen.

Auch die Methode *ejbRemove* kann vom EJB-Container mit einer Transaktion aufgerufen werden. Das zugehörige Transaktionsattribut im Deployment-Deskriptor definiert hier das Verhalten des EJB-Containers (siehe Kapitel 7, *Transaktionen*).

6.3.4 Anwendungslogik

Die dritte Gruppe sind die Methoden für die Anwendungslogik, die sich auch im Remote-Interface wiederfinden. Diese Methoden werden vom Bean-Entwickler in der Bean-Klasse implementiert. Die Definition in der Bean-Klasse hat die gleiche Signatur wie die Definition im Remote-Interface.

Der EJB-Container kontrolliert alle Aufrufe der Methoden einer Bean. Er leitet die Aufrufe vom Methoden im Remote-Interface zu den entsprechenden Methoden der Bean-Klasse weiter. Der Client greift niemals direkt auf die Bean-Instanz zu. Diese Position als Vermittler zwischen Client und Bean-Instanz nutzt der EJB-Container für vielseitige Aufgaben. Durch die Unterstützung des EJB-Containers wird die Implementierung der Methoden für die Anwendungslogik vergleichsweise einfach.

Beispielsweise stellt der EJB-Container sicher, daß die Methode mit dem richtigen Transaktionskontext ausgeführt wird. Er wertet das Transaktionsattribut der Methode im Deployment-Deskriptor aus, vergleicht dieses mit dem Transaktionskontext des Clients und führt dann die nötigen Aktionen durch, um den transaktionalen Bedürfnissen der Methode gerecht zu werden (siehe Kapitel 7, Transaktionen). Andere Beispiele für die Aufgaben des EJB-Containers sind die Realisierung des Zugriffsschutzes für Beans oder das Protokollieren von Fehlern.

6.4 Beispiele

6.4.1 Persistenzmechanismus des EJB-Containers (*container managed persistence*)

Überblick

Für den Einstieg in die Programmierung von Entity-Beans wird in diesem Abschnitt ein einfaches Beispiel erstellt. Es handelt sich um einen Zähler für ganze Zahlen, der in einem gegebenen Wertebereich erhöht und vermindert werden kann. Wenn eine Operation dazu führen würde, daß der Wertebereich verlassen wird, soll eine Exception ausgelöst werden. Wird beim Erzeugen eines neuen Zählers kein Wertebereich angegeben, so wird ein Standardwertebereich vorgegeben.

Wir werden eine Entity-Bean entwickeln, die die nötige Funktionalität bereitstellt. Dann werden wir alle nötigen Schritte für das Deployment durchgehen. Zusätzlich soll ein einfaches Client-Programm entwickelt werden, das unsere erste Entity-Bean testet.

Die Entity-Bean aus diesem Beispiel realisiert den Persistenzmechanismus nicht selbst. Hier wird der Persistenzmechanismus des EJB-Containers verwendet. An der Einfachheit der Implementierung läßt sich deutlich der wesentliche Vorteil dieser Vorgehensweise erkennen. Der Entwickler der Bean wird nicht mit den komplexen Belangen von transaktionsorientierten Datenbankapplikationen belastet, sondern kann sich auf die Realisierung der Anwendungslogik konzentrieren.

Interfaces

Zuerst definieren wir das Verhalten der Bean gegenüber einem Benutzer, ohne dabei auf die Implementierung einzugehen. Dazu werden wir zuerst den Programmcode für das Home- und Remote-Interface schreiben. Außerdem werden wir den Primärschlüssel in einer eigenen Klasse definieren. Für eine vollständige Definition werden nur noch die verwendeten Exceptions benötigt. Mit den entsprechenden Kommentaren ergeben diese vier Elemente eine hinreichende Spezifikation der Funktionalität für einen Anwender dieser Bean.

Alle Interfaces und Klassen, die der Client benutzt, werden in einem getrennten Package definiert. Dadurch ist es möglich, bei der Veröffentlichung der Bean die Realisierung vollständig zu verbergen und die Komplexität für den Anwender der Bean gering zu halten.

```
package ejb.counter.interfaces;
import javax.ejb.*;
import java.rmi.RemoteException;
```

Das Home-Interface der *Counter*-Bean definiert nur zwei Methoden. Mit *create* kann der Client eine neue Bean-Identität erzeugen. Die *findByPrimaryKey*-Methode ermöglicht dem Client, die *Counter*-Bean anhand des Primärschlüssels zu suchen.

```
public interface CounterHome extends EJBHome {
  /* Erzeugen einer Counter-Bean */
  public Counter create(
    String counterId,
    int initCounterValue)
    throws CreateException, RemoteException;

  /* Suche Primaerschluessel */
  public Counter findByPrimaryKey(
    CounterPK primaryKey)
    throws FinderException, RemoteException;
}
```

Listing 6-1 Home-Interface der Entity-Bean Counter

Das Remote-Interface definiert die Anwendungsfunktionalität der *Counter*-Bean. Die Methoden *inc* und *dec* dienen zum In- bzw. Dekrementieren des Zählerwertes. Mit der Methode *getValue* kann der aktuelle Zählerwert ausgelesen werden:

```
package ejb.counter.interfaces;
import java.rmi.RemoteException;
import javax.ejb.*;

public interface Counter extends EJBObject {

  /** Inkrementiert den Zaehler */
  public void inc()
   throws RemoteException,
     CounterOverflowException;

  /** Dekrementiert den Zaehler */
  public void dec()
    throws RemoteException,
     CounterOverflowException;

  /** Hole den Wert des Zaehlers */
  public int getValue()
   throws RemoteException;
}
```

Listing 6-2 Remote-Interface der Entity-Bean Counter

Beim Aufruf der Methoden *inc* und *dec* kann ein Fehler auftreten. Wenn der zulässige Wertebereich des Zählers über- oder unterschritten wird, lösen diese Methoden eine *CounterOverflowException* aus. Listing 6.3 zeigt die Definition dieser Exception.

```
package ejb.counter.interfaces;
public class CounterOverflowException
  extends Exception
{
  public CounterOverflowException() {}

  public CounterOverflowException(
    String message)
  {
   super(message);
  }
}
```

Listing 6-3 CounterOverflowException

Der Primärschlüssel der *Counter*-Bean besteht nur aus dem Attribut *counterId*. Die Klasse für den Primärschlüssel könnte jedoch auch weitere Attribute enthalten. Die Primärschlüsselattribute entsprechen persistenten Attributen der Bean, die auch den exakt gleichen Namen tragen. Die Primärschlüsselklasse muß per Definition serialisierbar sein.

Für den hier gegebenen Sonderfall, daß der Primärschlüssel aus einem einzelnen Attribut besteht, ist eine eigene Primärschlüsselklasse nicht unbedingt erforderlich. Im Deployment-Deskriptor kann auch ein einzelnes persistentes Attribut der Bean als Primärschlüssel gewählt werden. Das Beispiel soll jedoch auch den Umgang mit komplexeren Primärschlüsseln zeigen.

```
package ejb.counter.interfaces;
public class CounterPK
  implements java.io.Serializable
{
  public String counterId;
}
```

Listing 6-4 Primärschlüssel der Entity-Bean Counter

Datenbankmodell

Jetzt wird das Datenmodell für eine relationale Datenbank entworfen. In unserem Beispiel handelt es sich um ein sehr einfaches Modell. Eine einzelne Datenbanktabelle enthält die persistenten Attribute *counterId* und *counterValue*. Da wir das Attribut *counterId* als Primärschlüssel der Bean definiert haben, wird es auch der Primärschlüssel der Datenbanktabelle. Im folgenden sehen Sie die SQL-Befehle zum Erzeugen des Datenbankschemas:

```
CREATE TABLE COUNTER
  (ID VARCHAR(3) NOT NULL, "VALUE" INT )
ALTER TABLE COUNTER ADD CONSTRAINT
   PRIMCOUNTER PRIMARY KEY (ID)
```

Listing 6-5 SQL-Befehle zum Erzeugen der Datenbanktabelle für die Entity-Bean Counter

Bean

Jetzt soll die Entity-Bean selbst entstehen. Die Bean sollte in einem eigenen Package implementiert werden, da der Client niemals direkten Zugriff auf die Implementierung erhalten soll:

```
package ejb.counter.server;
```

Allgemein werden für die Implementierung von Enity-Beans Teile aus dem *java.rmi-* und dem *javax.ejb*-Package benötigt. Zusätzlich muß die *CounterOverflow-Exception* verfügbar sein, um einen Fehler signalisieren zu können. Es folgt die Liste der notwendigen *import*-Anweisungen:

```
import java.rmi.RemoteException;
import javax.ejb.*;
import ejb.counter.interfaces.CounterPK;
import ejb.counter.interfaces.
       CounterOverflowException;
```

In der *CounterBean*-Klasse wird die eigentliche Funktionalität der Bean realisiert. Die Klasse definiert die Attribute der Bean. Zwischen transienten und persistenten Attributen wird durch das Java-Schlüsselwort *transient* in der Attributdeklaration unterschieden. Der EJB-Container kann das Schlüsselwort auswerten. Die persistenten Attribute sind *counterId* und *counterValue*. Wird der Persistenzmechanismus in der Bean realisiert, so müssen die Attribute nicht unbedingt *public* sein.

```
public class CounterBean
  implements EntityBean
{
  private transient EntityContext ctx;
  public String counterId;
  public int counterValue;

  . .
}
```

Listing 6-6 CounterBean

Die Bean implementiert das *EntityBean*-Interface, d.h. jede Methode des Interface benötigt eine Implementierung in der Bean-Klasse. Das Interface definiert die Methoden, die es dem EJB-Container ermöglichen, den Zustand der Bean-Instanz zu kontrollieren.

Zuerst sehen wir uns das Erstellen einer Enity-Bean-Instanz an. Der Client ruft zum Erzeugen einer *CounterBean* die *create*-Methode im Home-Interface auf. In der Bean-Klasse müssen zwei Methoden implementiert werden. Die Methode *ejbCreate* setzt alle persistenen Attribute der Bean. Die nötigen Daten werden ihr vom Client als Parameter übergeben. Der EJB-Container wird später dafür sorgen, daß die Attribute in die Datenbank geschrieben werden. Der Rückgabewert der *ejbCreate*-Methode hat als Datentyp den Primärschlüssel der Entity-Bean. Wird der Persistenzmechanismus des EJB-Containers verwendet, wird immer *null* zurückgegeben, da die Bean ihren Primärschlüssel nicht selbst verwaltet.

Nach *ejbCreate* wird vom EJB-Container die Methode *ejbPostCreate* aufgerufen. In unserem Beispiel bleibt die Implementierung von *ejbPostCreate* leer, da keine weiteren Initialisierungsschritte erforderlich sind.

```
public CounterPK ejbCreate(
  String counterId, int initCounterValue)
{
  this.counterId = counterId;
  this.counterValue = initCounterValue;
  return null;
}

public void ejbPostCreate(
  String accountId, int initCounterValue)
{}
```

Listing 6-7 CounterBean.ejbCreate(...) und CounterBean.ejbPostCreate(...)

Jetzt betrachten wir die Methoden, mit denen der EJB-Container die Bean initialisiert. Jeder Entity-Bean steht ein *EntityContext* zur Verfügung. Mittels dieses Objekts kann die Bean mit dem EJB-Container kommunizieren. Beim Übergang vom Zustand *Pooled* in den Zustand *Ready* übergibt der EJB-Container mit *setEntityContext* der Bean-Instanz ihren *EntityContext*. Falls die Bean den *EntityContext* für ihre Arbeit benötigt, muß sie sich diesen merken. Beim Übergang vom Zustand *Ready* in den Zustand *Pooled* teilt der EJB-Container mit *unsetEntityContext* der Bean mit, daß der *EntityContext* ungültig ist.

Der *EntityContext* muß gespeichert werden, damit die Bean immer darauf Zugriff hat.

```
public void setEntityContext(
  EntityContext ctx)
  throws RemoteException
{
  this.ctx = ctx;
}

public void unsetEntityContext()
  throws RemoteException
{
  this.ctx = null;
}
```

Listing 6-8 CounterBean.setEntityContext und CounterBean.unsetEntityContext()

Auch die anderen Methoden des *EntityBean*-Interface werden vom EJB-Container aufgerufen, um der Bean-Instanz bestimmte Ereignisse zu signalisieren. Für die Implementierung unseres einfachen Beispiels sind diese Ereignisse jedoch nicht von Bedeutung. Die Implementierung der Methoden bleibt leer:

```
public void ejbActivate()
   throws RemoteException {}

public void ejbPassivate()
   throws RemoteException {}

public void ejbLoad()
   throws RemoteException {}

public void ejbStore()
   throws RemoteException {}

public void ejbRemove()
   throws RemoteException {}
```

Listing 6-9 Nicht benötigte Methoden aus dem EnityBean-Interface

Nun fehlt nur noch die Anwendungslogik. Die *Methoden increase* und *decrease* erhöhen bzw. vermindern den Wert des Zählers. Mit der Methode *getValue* kann der aktuelle Wert ausgelesen werden.

```
public void inc()
  throws CounterOverflowException
{
  if(counterValue < VALUE_MAX) {
    counterValue++;
  }
  else {
    throw new CounterOverflowException(
      "Cannot increase above "+VALUE_MAX);
  }
}
```

Listing 6-10 CounterBean.inc()

```
public void dec()
  throws CounterOverflowException
{
  if(counterValue > VALUE_MIN) {
    counterValue--;
```

```
  }
  else {
    throw new CounterOverflowException(
      "Cannot decrease below "+VALUE_MIN);
  }
}
```

Listing 6-11 CounterBean.dec()

```
public int getValue() {
  return counterValue;
}
```

Listing 6-12 CounterBean.getValue()

Deployment

Die fertige Bean muß jetzt im EJB-Container installiert werden (Deployment). Dabei benötigt der EJB-Container Informationen über die Eigenschaften der Bean. Diese Informationen werden ihm im Deployment-Deskriptor in einer XML-Syntax zur Verfügung gestellt. Das EJB-Konzept sieht vor, daß der Deployment-Deskriptor vom Bean-Provider und vom Application-Assembler bearbeitet wird, bevor der Deployer ihn verwendet, um die Bean im EJB-Container zu installieren. Für unser kleines Beispiel werden wir alle Rollen übernehmen.

Der Bean-Provider muß im Deployment-Deskriptor alle Definitionen vornehmen, die direkt mit seiner Implementierung der Bean zusammenhängen. Zuerst definiert er, daß es sich um eine Entity-Bean handelt (*entiy*), und gibt der Bean einen eindeutigen Namen (*ejb-name*). Wenn der Deployer die Bean später im EJB-Container installiert, wird dieser Name häufig verwendet, um die Bean beim Namensdienst anzumelden.

Dann gibt er die Namen der benötigten Klassen und Interfaces an. Er definiert das Home-Interface (*home*) und das Remote-Interface (*remote*) sowie die Implementierungsklasse der Bean (*ejb-bean*).

Jetzt definiert er, ob er den Persistenzmechanismus selbst in der Bean realisiert hat oder, wie in unserem Fall, den Persistenzmechanismus des EJB-Containers verwendet (*persistence-type*). Um dem Persistenzmechanismus die Arbeit zu ermöglichen, werden die persistenen Attribute für den EJB-Container definiert (*cmp-field*). Außerdem benötigt der EJB-Container die Klasse des Primärschlüssels (*prim-key-class*).

Der Bean-Provider hat jetzt alle nötigen Informationen über die Bean bereitgestellt. Jetzt definiert der Application-Assembler das Verhalten der Bean in einer Anwendung. In unserem Beispiel ist dieser Arbeitsschritt sehr einfach.

Der Application-Assembler definiert das Verhalten unseres Zählers in einer Transaktion. In dem Beispiel wollen wir uns nicht mit Transaktionen beschäftigen. Wir definieren die Transaktionsattribute so, daß der EJB-Container sicherstellt, daß unser Zähler immer transaktionsgesichert arbeitet (*container-transaction*).

Außerdem könnte der Application-Assembler die Berechtigungen für den Zugriffschutz definieren und das Zusammenspiel mit anderen Beans festlegen. Für unser einfaches Beispiel sind diese Definitionen jedoch nicht unbedingt erforderlich.

```
<enterprise-beans>
  <entity>
    <ejb-name>ejb/Counter</ejb-name>
    <home>
      ejb.counter.interfaces.CounterHome
    </home>
    <remote>
      ejb.counter.interfaces.Counter
    </remote>
    <ejb-class>
      ejb.counter.server.CounterBean
    </ejb-class>
    <persistence-type>
      container
    </persistence-type>
    <primkey-class>
      ejb.counter.interfaces.CounterPK
    </primkey-class>
    <reentrant>False</reentrant>
    <cmp-field>
      <field-name>
        counterId
      </field-name>
    </cmp-field>
    <cmp-field>
      <field-name>
        counterValue
      </field-name>
    </cmp-field>
  </entity>
</enterprise-beans>
<assembly-descriptor>
```

```
  <container-transaction>
    <method>
      <ejb-name>Counter</ejb-name>
      <method-name>*</method-name>
    </method>
    <trans-attribute>
      Required
    </trans-attribute>
  </container-transaction>
</assembly-descriptor>
```

Listing 6-13 Deployment-Deskriptor der Entity-Bean Counter

Client

Als letztes wird ein einfacher Client zum Test der *CounterBean* entwickelt. Dieser wird den Zähler (*CounterBean*) mit der ID 01 suchen oder ihn anlegen, falls er ihn nicht findet. Dann wird er den Zähler einmal erhöhen und zweimal verringern. Kommt es dabei zu einem Fehler, so wird eine kurze Fehlermeldung ausgegeben. Dann wird der aktuelle Wert ausgelesen und die *CounterBean* abschließend gelöscht.

Auch für das Client-Programm wählen wir ein eigenes Package *ejb.counter.client*. Unser Client benötigt Zugriff auf die EJB-Interfaces *javax.ejb.**, den Name-Service *javax.naming.** und muß mit Netzwerkfehlern umgehen können (*javax.rmi.RemoteException)*. Außerdem benötigt der Client die Interfaces der Bean, mit der er arbeiten möchte. Diese Interfaces haben wir in einem eigenen Package *ejb.counter. interfaces.** zusammengefaßt.

```
package ejb.counter.client;

import java.util.Hashtable;
import javax.naming.Context;
import javax.naming.InitialContext;
import javax.ejb.*;
import java.rmi.RemoteException;

import ejb.counter.interfaces.*;

public class Client {

static String user      = null;
static String password = null;
static String url       = "URL EJB-Server";
static String counterId = "01";
```

```
public static void main(String[] args) {
  CounterHome counterHome = null;
  CounterPK counterKey = new CounterPK();
  counterKey.counterId = counterId;

  try {
   Context ctx = getInitialContext();

    Object temp = ctx.lookup(
      "java:comp/env/ejb/Counter");
    counterHome = (CounterHome)
   javax.rmi.PortableRemoteObject.narrow(
      temp, CounterHome.class);

    // Suchen mit Primärschlüssel
    Counter counter = null;
    try {
      System.out.println(
      "Looking up counter "+counterId);
      counter = (Counter)
        counterHome.findByPrimaryKey(
        counterKey);
    }
    catch (Exception e) {
      System.out.println(
      "Did not find " + counterId);
    }

    // Erzeugen, falls nicht gefunden
    if (counter == null) {
      System.out.println(
      "Counter "+counterId+
        " being created");
      counter = counterHome.create(
        counterId, 0);
    }
    else {
      System.out.println(
      "Counter " + counterId +
        " has value " + counter.getValue());
    }

    // Verwendung des Zählers
    try {
      System.out.println("inc");
```

```
      counter.inc();
      System.out.println("dec");
      counter.dec();
      System.out.println("dec");
      counter.dec();
    }
    catch(CounterOverflowException coe) {
      System.out.println(
        "Illegal counter operation");
    }
  }
  catch(javax.ejb.CreateException e) {
   System.out.println(
      "Cannot create bean");
  }
  catch(javax.naming.NamingException e) {
   System.out.println(
      "Error using Name Service");
  }
  catch(java.rmi.RemoteException re) {
    System.out.println(
      "Trouble with remote connection");
  }
}
```

Listing 6-14 Client-Programm für den Test der Counter-Bean

Unten ist die Ausgabe des Clients für den Fall angegeben, daß der Zähler zu Beginn erzeugt werden muß und beim zweiten Dekrementieren des Zählerwertes einen Fehler verursacht:

```
Looking up counter 01
Did not find 01
Counter 01 being created
inc
dec
dec
Illegal counter operation
```

Zusammenfassung

Die Bean ist eine reichlich komplizierte Implementierung für einen einfachen Zähler. Allerdings hat unser Zähler automatisch Eigenschaften erhalten, deren Implementierung sonst mehr Aufmerksamkeit erfordert. Der Zähler sichert seinen Zustand in der Datenbank. Damit bleibt der Zählerstand auch bei einem Neustart des Programms immer erhalten. Der Zähler liegt zentral auf dem Server und steht vielen Clients gleichzeitig zur Verfügung. Parallele Zugriffe stellen kein Problem dar, weil unser Zähler transaktionsgesichert arbeitet. Durch die Transaktionen ist auch sichergestellt, daß durch einen Fehler am Client, Server oder im Netz keine inkonsistenten Daten entstehen (siehe Kapitel 7 *Transaktionen*). Selbst für den Systemausfall des Servers wurde vorgesorgt. Der EJB-Server definiert die Verfahren für die Sicherung der Daten (*Backup*) und für das Zurückspielen der Sicherungen im Fehlerfall (*Recovery*).

Die Implementierung der vielen Inferfaces und Methoden wird benötigt, damit unsere Bean von den Eigenschaften des EJB-Containers profitieren kann. Ein geringer Preis, um aus einem einfachen Programm eine wiederverwendbare Komponente für unternehmenskritische Anwendungen zu machen.

6.4.2 Persistenzmechanismus in der Bean (*bean managed persistence*)

Überblick

In diesem Abschnitt wird das vorangegangene Beispiel wieder aufgegriffen (siehe den Abschnitt 6.4.1, *Persistenzmechanismus des EJB-Containers*). Eine zweite Entity-Bean wird entwickelt, die einen Zähler mit der gleichen Funktionalität realisiert.

In diesem Beispiel wollen wir jedoch den Persistenzmechanismus selbst implementieren und werden dafür mittels JDBC auf eine relationale Datenbank zugreifen. Falls Ihnen die Datenbankprogrammierung mit Java neu ist, werden die JDBC-Befehle kurz erklärt. JDBC ist jedoch kein Schwerpunkt dieses Buches, und Sie sollten sich mit weiterreichenderer Literatur zum Thema JDBC beschäftigen. Die Entwicklung von Geschäftsanwendungen ist im Allgemeinen eng mit der Programmierung von Datenbankzugriffen verbunden.

Bei der Entwicklung der Entity-Bean werden wir uns auf das vorherige Beispiel stützen und auf die dadurch bereits bekannten Programmabschnitte nur verweisen.

Interfaces

Die Definition der Interfaces entspricht dem Beispiel aus dem Abschnitt 7.4.1, *Persistenzmechanismus des EJB-Containers*. Veröffentlicht werden die Interfaces im Package *ejb.counterbm.client*.

Datenbankmodell

Auch beim Datenbankmodell werden wir das bekannte Schema aus dem obengenannten Abschnitt verwenden. Natürlich wäre es hier möglich, ein beliebiges anderes Modell zu verwenden.

Bean

Jetzt soll die Bean selbst entstehen. Auch diese Bean wird in einem eigenen Package implementiert, da der Client niemals direkten Zugriff auf die Implementierung erhalten soll. Der Name *counterbm* steht für *counter bean managed.*

```
package ejb.counterbm.server;
```

Damit das Beispiel verständlicher wird, wurde die Bean so strukturiert, daß alle Datenbankzugriffe in eigenen Methoden realisiert wurden. Dadurch können die Datenbankzugriffe erst später vorgestellt werden. Die nun erläuterten Servicemethoden für den Datenbankzugriff werden in den folgenden Programmbeispielen verwendet:

- *getConnection* – Öffnen der Datenbankverbindung
- *dbCreate* – Anlegen einer neuen Bean in der Datenbank
- *dbSelectId* – Laden der persistenten Attribute der Bean aus der Datenbank
- *dbUpdate* – Ändern der persistenten Attribute der Bean in der Datenbank
- *dbRemove* – Löschen der Bean aus der Datenbank

Der Persistenzmechanismus wird in der Bean mit JDBC realisiert. Deshalb müssen die *sql*-Packages importiert werden und die Definition des Primärschlüssels verfügbar sein. Das *naming*-Package muß importiert werden, da eine Referenz auf eine Datenbank verwendet wird und dafür der Zugriff auf den Namensdienst erforderlich ist. Zusätzlich werden die *import*-Anweisungen des vorherigen Beispiels benötigt.

```
import java.rmi.RemoteException;
import javax.ejb.*;
import javax.naming.*;
import java.sql.*;
```

```
import javax.sql.DataSource;
import ejb.counterbm.interfaces.CounterPK;
import ejb.counterbm.interfaces.
       CounterOverflowException;
```

Die Klassen- und Attributdefinitionen sind entsprechen dem vorherigen Beispiel. Hinzu kommt jedoch der Boolesche Wert *dirty*. Wir werden dieses Attribut immer auf *true* setzen, wenn der Zustand der Bean-Instanz sich verändert hat und noch nicht in die Datenbank geschrieben wurde.

```
private transient boolean dirty;
```

Wenden wir uns den Methoden für das Zustandsmanagement der Bean-Instanz zu. Die Implementierung der Methoden *setEntityContext* und *unsetEntityContext* ist aus dem vorherigen Beispiel bekannt.

Der EJB-Container ruft er die Methode *ejbActivate* auf, wenn er eine Bean aus dem Pool aktiviert. Die Methode wird verwendet, um die Bean-Instanz zu initialisieren und um zusätzliche Ressourcen zu reservieren. In dem Beispiel wird das transiente Attribut *dirty* auf *true* gesetzt, weil zu diesem Zeitpunkt die Synchronisation mit der Datenbank noch nicht stattgefunden hat. Das Listing 6.15 zeigt auch, wie über den *EntityContext* auf die Bean-Identität zugegriffen wird. Die Bean-Identität ist der Bean-Instanz beim Aufruf von *ejbActivate* schon bekannt, auch wenn die Bean-Instanz noch nicht mit der Datenbank synchronisiert wurde.

```
public void ejbActivate()
  throws RemoteException
{
  this.counterId = ((CounterPK)
    ctx.getPrimaryKey()).counterId;
  ...
  dirty = true;
}
```

Listing 6-15 CounterBean.ejbActivate()

Das Gegenstück zu *ejbActivate* ist die Methode *ejbPassivate*. Wenn die Bean-Instanz vom Zustand *Ready* in den Zustand *Pooled* wechselt, ruft der EJB-Container *ejbPassivate* auf. In dieser Methode wird die Bean-Instanz für den Pool initialisiert, und es werden zusätzliche Ressourcen, die eventuell in *ejbActivate* reserviert wurden, wieder freigegeben. In dem Beispiel werden alle Attribute der Bean mit ihren Initialwerten belegt. Dadurch haben alle Bean-Instanzen im Pool einen definierten Zustand, egal ob sie vom EJB-Container neu erzeugt wurden oder zuvor bereits verwendet wurden.

```
public void ejbPassivate()
  throws RemoteException
{
  // init attributs for pool
  dirty = true;
  counterId = null;
  counterValue = 0;
}
```

Listing 6-16 CounterBean.ejbPassivate()

Der EJB-Container ruft die Methoden *ejbLoad* und *ejbStore* auf, um die Bean mit der Datenbank zu synchronisieren (siehe Abschnitt 6.3.2, *Zustandsmanagement*). Wenn die Bean den Persistenzmechanismus realisiert, muß in *ejbLoad* das Laden der persistenten Attribute aus der Datenbank und in *ejbStore* das Schreiben der persistenten Attribute in die Datenbank implement werden. Bei einem Fehler reagieren diese Methoden immer mit einer *RemoteException*.

Der EJB-Container kann nicht wirklich wissen, ob der Aufruf einer Methode den Zustand der Bean verändert hat. Er ruft die Methode *ejbStore* auf, wenn eine Änderung möglich ist und der veränderte Zustand in die Datenbank geschrieben werden muß (normalerweise vor dem Abschluß einer Transaktion). Damit der Aufruf nicht zu unnötigen Datenbankzugriffen führt, wird hier das transiente Attribut *dirty* eingesetzt. Die Methode *ejbStore* schreibt nur in die Datenbank, wenn der aktuelle Zustand noch nicht geschrieben wurde, d.h. *dirty* den Wert *true* hat.

```
public void ejbLoad()
  throws RemoteException
{
  try{
    dbSelectId(counterId);
   dirty = false;
  } catch (FinderException fe) {
    throw new RemoteException(
      fe.getMessage());
  } catch(RemoteException re) {
    throw re;
  }
}
public void ejbStore()
  throws RemoteException
{
  if(dirty) {
    try{
```

```
        dbUpdate(counterId, counterValue);
        dirty = false;
      } catch(RemoteException re) {
        throw re;
      }

}
```

Listing 6-17 CounterBean.ejbLoad() und CounterBean.ejbStore()

Die bisher besprochenen Methoden des Zustandsmanagements werden alle vom EJB-Container aufgerufen und beeinflussen den Zustand einer Bean-Instanz. Die folgenden Methoden ermöglichen dem Client das Erzeugen, Finden und Löschen von Beans. Die Methoden beeinflussen den Zustand einer Bean-Identität und spiegeln damit die Sicht des Clients wider.

Zuerst werden wir uns das Erzeugen einer neuen Bean ansehen. Zum Initialisieren einer Bean benötigen wir eine ID und den Initialwert. Der Client ruft die Methode *create* am Remote-Interface auf und übergibt dabei die benötigten Parameter. Der EJB-Container leitet diesen Aufruf an eine Bean-Instanz im Zustand *Pooled* weiter. An der Bean-Instanz wird zuerst *ejbCreate* und danach *ejbPostCreate* aufgerufen. Beide Methoden müssen implementiert werden.

Die Methode *ejbCreate* initialisiert die Attribute der Bean, legt den erforderlichen Datensatz in der Datenbank an und gibt den Primärschlüssel als Rückgabewert zurück. Auf einen Fehler würde sie mit einer *CreateException* reagieren. (Transaktionen sollen an dieser Stelle unberücksichtigt bleiben. Sie werden in Kapitel 7, *Transaktionen*, behandelt.)

Das Erzeugen einer Bean-Identität ist die zweite Möglichkeit, um eine Bean-Instanz vom Zustand *Pooled* in den Zustand *Ready* zu versetzten. Wie mit *ejbActivate* muß auch hier die Bean-Instanz initialisiert werden. Außerdem ist es eventuell erforderlich, weitere Ressourcen zu reservieren. Dazu dient die Methode *ejbPostCreate*. Im Gegensatz zu *ejbCreate* steht dieser Methode bereits die Bean-Identität im *EnityContext* zur Verfügung. Im Beispiel wird hier das transiente Attribut *dirty* auf den Wert *false* gesetzt, da der vorhergehende Aufruf von *ejbCreate* die Bean bereits mit der Datenbank synchronisiert hat.

Nach der fehlerfreien Ausführung beider Methoden wurde eine neue Bean-Identität angelegt. Die verwendete Bean-Instanz ist in den Zustand *Ready-Sync* gewechselt.

```
public CounterPK ejbCreate(
  String counterId, int initCounterValue)
  throws CreateException
{
  // Initialisierung
  this.counterId = counterId;
  this.counterValue = initCounterValue;

  // Persistenz in der Datenbank
  try{
    dbCreate(counterId, initCounterValue);
    dirty = false;
  } catch(CreateException ce) {
    throw ce;
  }

  // Initialisierung des Primärschlüssels
  CounterPK pk = new CounterPK();
  pk.counterId = counterId;
  return pk;
}
public void ejbPostCreate(
  String accountId, int initCounterValue)
{
  dirty = false;
}
```

Listing 6-18 CounterBean.ejbCreate(...) und CounterBean.ejbPostCreate(...)

Das Löschen von Bean-Instanzen funktioniert sehr ähnlich. Der Client ruft die Methode *remove* am Home- oder Remote-Interface auf. Der EJB-Container sorgt dafür, daß der Aufruf an die entsprechende Methode *ejbRemove* der Bean (eine aktive Bean-Instanz, die die entsprechende Bean-Identität hat) weitergeleitet wird. Die Methode *ejbRemove* löscht den Datensatz der Bean in der Datenbank. Im Fehlerfall würde sie mit einer *RemoteException* reagieren.

```
public void ejbRemove()
  throws RemoteException
{
  CounterPK pk = (CounterPK)
    ctx.getPrimaryKey();
  try {
    dbRemove(pk.counterId);
    dirty = true;
```

```
    catch(RemoteException re) {
    throw re;

}
```

Listing 6-19 CounterBean.ejbRemove()

Unser einfacher Zähler kann nur anhand seines Primärschlüssels gesucht werden. Um eine Bean zu suchen, ruft der Client eine *findByPrimaryKey*-Methode am Home-Interface auf. Als Rückgabewert erwartet er das Remote-Interface der Bean-Identität.

Für die Realisierung des Persistenzmechanismus in der Bean wird die entsprechende *ejbFindByPrimaryKey*-Methode in der Bean-Klasse implementiert. Ihr Ergebnis ist entweder der Primärschlüssel der gefundenen Bean-Identität oder eine *FinderException*, falls der Primärschlüssel nicht existiert.

Der Primärschlüssel ist also zugleich Parameter und Ergebnis der Methode. Das mag auf den ersten Blick etwas seltsam wirken, ist aber durchaus sinnvoll, wenn die Suche nach dem Primärschlüssel als Spezialfall der allgemeinen Suche verstanden wird. Suchen anhand anderer Kriterien würden mit anderen Parametern arbeiten. Suchen, die mehrere Treffer haben können, können hier auch eine *Collection* oder *Enumeration* mit Primärschlüsseln zurückgeben (siehe den Abschnitt 6.3.3, *Verwaltung der Identitäten*). Die *ejbFindByPrimaryKey*-Methode überprüft lediglich die Existenz und die Gültigkeit des Primärschlüssels.

Der EJB-Container leitet den Aufruf des Clients an eine Bean-Instanz im Zustand *Pooled* weiter. Den Primärschlüssel, den die *ejbFindByPrimaryKey*-Methode an der Bean-Instanz zurückgibt, wandelt der EJB-Container in das Remote-Interface der gesuchten Bean-Identität um. Dazu ist es eventuell erforderlich, daß die Bean erst aus der Datenbank geladen wird.

```
public CounterPK ejbFindByPrimaryKey(
  CounterPK pk)
  throws FinderException, RemoteException
{
  if ((pk == null) ||
      (pk.counterId == null))
  {
    throw new FinderException(
      "primary key is null");
  }
  try{
    dbSelectId(counterId);
```

```
  } catch (FinderException fe) {
    throw new RemoteException(
      fe.getMessage());
  } catch(RemoteException re) {
    throw re;
  }
  return pk;
}
```

Listing 6-20 CounterBean.findByPrimaryKey(...)

Als letztes wollen wir wieder die Anwendungslogik implementieren. Die *Methoden increase* und *decrease* erhöhen bzw. vermindern den Wert des Zählers. Mit der Methode *getValue* kann der aktuelle Wert ausgelesen werden. Beachten Sie hier den Gebrauch des Attributs *dirty*:

```
public void inc()
  throws CounterOverflowException
{
  if(counterValue < VALUE_MAX) {
    counterValue++;
    dirty = true;
  }
  else {
    throw new CounterOverflowException(
      "Cannot increase above "+VALUE_MAX);
  }
}
```

Listing 6-21 CounterBean.inc()

```
public void dec()
  throws CounterOverflowException
{
  if(counterValue > VALUE_MIN) {
    counterValue--;
    dirty = true;
  }
  else {
    throw new CounterOverflowException(
      "Cannot decrease below "+VALUE_MIN);
  }
}
```

Listing 6-22 CounterBean.dec()

```
public int getValue() {
  return counterValue;
}
```

Listing 6-23 CounterBean.getValue()

Datenbankzugriffe

Jetzt wenden wir uns der Datenbank zu. Wenn Sie bereits Erfahrungen mit der Programmierung von JDBC haben, können Sie die folgenden Programmbeispiele natürlich überspringen.

Für jede Datenbankaktion wird eine Verbindung zur Datenbank benötigt. In diesem Beispiel werden wir die Datenbankverbindung für jeden Zugriff öffnen und wieder schließen, um auch eine andere Verfahrensweise zu zeigen (vergleiche Beispiele für Session-Beans).

```
/** Öffnen der Datenbankverbindung */
private Connection getConnection()
  throws SQLException
{
  Connection dbCon;

  try {
    Context beanCtx =
      new InitialContext();
    javax.sql.DataSource ds =
      (javax.sql.DataSource)
      beanCtx.lookup(
      "java:comp/env/jdbc/Counters");
    dbCon = ds.getConnection();
  }
  catch(NamingException e) {
    throw new SQLException(
      "DB-Ref does not exist");
  }
  return dbCon;
}
```

Listing 6-24 CounterBean.getConnection()

Jetzt fehlt nur noch die Realisierung der Datenbankzugriffe. Die Listings 6.25 bis 6.28 stellen die Implementierung der eingangs erwähnten Methoden vor.

```
/** Erzeugen der Bean in der Datenbank */
private void dbCreate(
  String counterId, int value)
  throws CreateException
{
  Connection con = null;
  PreparedStatement ps = null;

  try {
    con = getConnection();
    ps = con.prepareStatement(
      "insert into counter "+
      "(id, value) values (?, ?)");
    ps.setString(1, counterId);
    ps.setDouble(2, value);

    if (ps.executeUpdate() != 1) {
      throw new CreateException (
        "Cannot create counter");
     }
  }
  catch (CreateException ce) {
    throw ce;
  }
  catch (SQLException sqe) {
    throw new CreateException(
      sqe.getMessage());
  }
  finally {
    try {
      ps.close();
      con.close();
    }
    catch (Exception ignore) {}
  }
}
```

Listing 6-25 CounterBean.dbCreate(...)

```
/** Finden der Bean in der Datenbank */
private void dbSelectId(String counterId)
  throws FinderException, RemoteException
{
  Connection connection = null;
  PreparedStatement ps = null;
```

```
  try {
    connection = getConnection();
    ps  = connection.prepareStatement(
      "select value from counter "+
      "where id = ?");
    ps.setString(1, counterId);
    ps.executeQuery();

    ResultSet rs = ps.getResultSet();
    if(rs.next()) {
      this.counterId = counterId;
      this.counterValue = rs.getInt(1);
    }
    else {
      throw new FinderException(
        "Counter "+counterId+
        " not found");
    }

  catch (SQLException sqe) {
    throw new RemoteException (
      sqe.getMessage());
  }
  finally {
    try {
      ps.close();
      connection.close();
    }
    catch(Exception ignore){}
  }
}
```

Listing 6-26 CounterBean.dbSelectId(...)

```
/** Verändern der Bean in der Datenbank */
public void dbUpdate(
  String counterId, int value)
  throws RemoteException
{
  Connection con = null;
  PreparedStatement ps = null;

  try {
    con = getConnection();
```

```
    ps = con.prepareStatement(
      "update counter "+
      "set value = ? where id = ?");
    ps.setDouble(1, value);
    ps.setString(2, counterId);

    int i = ps.executeUpdate();
    if (i == 0) {
      throw new RemoteException(
        "Counter "+counterId+
        " not updated");
    }
  }
  catch (RemoteException re) {
    throw re;
  }
  catch (SQLException sqe) {
    throw new RemoteException (
      sqe.getMessage());
  }
  finally {
    try {
      ps.close();
      con.close();
    }
    catch (Exception ignore) {}
  }
}
```

Listing 6-27 CounterBean.dbUpdate(...)

```
/** Löschen der Bean in der Datenbank */
public void dbRemove(
  String counterId)
  throws RemoteException
{
  Connection con = null;
  PreparedStatement ps = null;

  try {
    con = getConnection();
    ps = con.prepareStatement(
      "delete from counter where id = ?");
    ps.setString(1, counterId);
```

```
    int i = ps.executeUpdate();
    if (i == 0) {
      throw new RemoteException(
        "Counter "+counterId+" not found");
    }
  }
  catch (SQLException sqe) {
    throw new RemoteException(
      sqe.getMessage());
  }
  finally {
    try {
      ps.close();
      con.close();
    }
      catch(Exception ignore) {}
    }
  }
}
```

Listing 6-28 CounterBean.dbRemove(...)

Deployment

Der Unterschied zwischen einer Bean, die den Persistenzmechanismus selbst implementiert und Beans, die den Persistenzmechanismus des EJB-Containers verwenden, ist im Deployment-Deskriptor gut zu erkennen.

Der erste und ausschlaggebende Unterschied ist, daß als Typ des Persistenzmechanismus *Bean* definiert wird (*persistence-type*). Auch ist die Definition der persistenten Attribute der Bean optional geworden und wird von uns weggelassen. Zusätzlich wird auch die Referenz auf die Datenbank definiert.

```
...
<enterprise-beans>
  <entity>
    <ejb-name>ejb/CounterBM</ejb-name>
    <home>
      ejb.counterbm.interfaces.CounterHome
    </home>
    <remote>
      ejb.counterbm.interfaces.Counter
    </remote>
    <ejb-class>
      ejb.counterbm.server.CounterBean
```

```
    </ejb-class>
    <persistence-type>
      Bean
    </persistence-type>
    <primkey-class>
      ejb.counterbm.interfaces.CounterPK
    </primkey-class>
    <reentrant>False</reentrant>
    <resource-ref>
      <description>
        Datenbank für Zähler
      </description>
      <res-ref-name>
        jdbc/Counters
      </res-ref-name>
      <res-type>
        javax.sql.DataSource
      </res-type>
      <res-auth>
        Container
      </res-auth>
    </resource-ref>
  </entity>
</enterprise-beans>
<assembly-descriptor>
  <container-transaction>
    <method>
      <ejb-name>Counterbm</ejb-name>
      <method-name>*</method-name>
    </method>
    <trans-attribute>
      Required
    </trans-attribute>
  </container-transaction>
</assembly-descriptor>
...
```

Listing 6-29 Deployment-Deskriptor der Entity-Bean CounterBM

Client

Zum Test der Bean kann der bekannte Client verwendet werden. Der Name der Bean und das importierte Package müssen angepaßt werden. Der Test führt zu dem exakt gleichen Ergebnis.

Zusammenfassung

Die Implementierung einer Bean, die den Persistenzmechanismus selbst realisiert, ist deutlich aufwendiger. Dafür hat die Bean bessere Kontrolle über die Datenbankzugriffe. Der EJB-Container kennt die Anwendungslogik der Bean nicht und kann unnötige Datenbankzugriffe nicht immer vermeiden.

Außerdem gibt es viele Anwendungsfälle, bei denen der Persistenzmechanismus des EJB-Containers nicht ausreichend ist. Komplizierte oder bestehende Datenbankmodelle und andere Persistenzsysteme als Datenbanken sind hier als Beispiele zu nennen. Mit Entity-Beans, die einen eigenen Persistenzmechanismus implementieren, bietet die EJB-Architektur eine vereinheitlichte Lösung für zahlreiche Anwendungsfälle.

7 Transaktionen

7.1 Grundlagen

Transaktionen sind ein vielseitig wertvoller Mechanismus und eine Stärke des EJB-Konzepts. Erst sie ermöglichen die Abwicklung wichtiger Geschäftsprozesse im Mehrbenutzerbetrieb.

Transaktionen fassen mehrere Arbeitsschritte zu einer Arbeitseinheit zusammen. Eine Transaktion ist der Weg von einem konsistenten Zustand in einem Datenbestand zu einem anderen konsistenten Zustand. Eine erfolgreich durchgeführte Transaktion führt zu einer dauerhaften Änderung der Daten. Eine typische Anwendung ändert den Inhalt einer Datenbank mit einer Transaktion.

Der Weg zum nächsten konsistenten Zustand führt oft über mehrere Arbeitsschritte und inkonsistente Zwischenzustände. Deshalb hat eine Transaktion die Aufgabe, einzelne Arbeitsschritte zu einer Einheit zusammenzufassen. Tritt in einer Transaktion eine Bedingung ein, die die vollständige Durchführung verhindert, so werden alle bis zu diesem Zeitpunkt ausgeführten Aktionen rückgängig gemacht. Das heißt eine Transaktion wird entweder vollständig durchgeführt, oder sie hinterläßt keinen Effekt im Datenbestand. Deshalb wird eine Transaktion *atomar* oder *unteilbar* genannt.

Ein typisches Beispiel für eine Transaktion ist eine Buchung. Dabei wird ein bestimmter Betrag von einem Konto auf ein anderes übertragen. Tritt bei der Abhebung oder bei der Einzahlung ein Fehler auf, so muß der ursprüngliche Zustand als letzter konsistenter Stand wiederhergestellt werden.

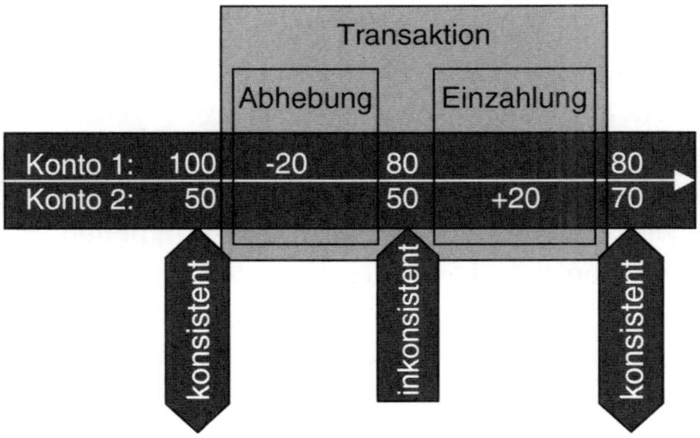

Abbildung 7-1 Buchung als Beispiel für eine Transaktion

Andere Benutzer der gleichen Daten sollen möglichst immer konsistente Zustände sehen. Deshalb kann der Transaktionsmechanismus dafür sorgen, daß ihnen inkonsistente Zwischenstände verborgen bleiben. Diese Eigenschaft wird als *Sichtenkonsistenz* oder *Isolation von Transaktionen* bezeichnet.

Beim parallelen Zugriff mehrerer Clients auf die gleichen Daten gibt es drei Kategorien von Problemen. Es kann somit drei unterschiedliche Gründe geben, warum ein Client einen inkonsistenten Zwischenzustand sieht.

- *Inkonsistenz*: Es besteht zu einem bestimmten Zeitpunkt ein inkonsistenter Zustand im Datenbestand (siehe Abbildung 7-1).
- *Nichtwiederholbares Lesen*: Ein Client liest die Daten zeitlich verteilt, den ersten Teil zum Zeitpunkt A und den zweiten Teil zum Zeitpunkt B. Eine parallel ablaufende Transaktion eines anderen Clients modifiziert die gleichen Daten in der Zeitspanne zwischen diesen beiden Lesezugriffen. Auch wenn zu den Zeitpunkten A und B jeweils ein konsistenter Zustand herrschte, so kann der lesende Client doch eine fehlerhafte Sicht erhalten.

  In dem in Abbildung 7-1 gegebenen Beispiel könnte die inkonsistente Sicht wie folgt entstehen: Ein anderer Client liest vor der dargestellten Transaktion das Konto 1 und nach der Transaktion das Konto 2. Der Client erhält die fehlerhafte Sicht Konto 1 = 100 und Konto 2 = 70.
- *Phantom-Problem*: Dieses Problem entsteht durch neu eingefügte Datenelemente. Ein Client liest zum Zeitpunkt A alle Datenelemente, die bestimmte Kriterien erfüllen, und führt zum Zeitpunkt B eine schreibende Operation aus, die auf dem Ergebnis des Zeitpunkts A basiert. Wenn zwischen den Zeitpunkten A und B ein neues Datenelement hinzukommt, das die gleichen Kriterien erfüllt, so hätte die schreibende Operation zum Zeitpunkt B dieses berücksichtigen müssen.

  Dieses Problem kann beispielsweise bei einer Lagerverwaltung auftreten. Ein Artikel mit einem gegebenen Gewicht soll gelagert werden. Dazu wird zuerst ermittelt, ob das Lager noch die benötigte Aufnahmekapazität hat. Die enthaltenen Artikel werden bestimmt und die Gewichte summiert. Wenn die Kapazität ausreicht, wird der Artikel in die Liste der enthaltenen Artikel aufgenommen. Wenn zwischen dem Lesen der enthaltenen Artikel und dem Aufnehmen des Artikels in das Lager ein anderer Artikel in das Lager aufgenommen wird, kann die Gesamtkapazität überschritten werden.

Heutige Datenbanksysteme können diese Probleme vermeiden. Durch die Zwischenspeicherung von Daten für eine laufende Transaktion (engl. *caching*) und durch das exklusive Reservieren von Datenelementen (engl. *locking*) für eine Transaktion kann jeder Transaktion stets eine konsistente Sicht geboten werden. Beide Maßnahmen kosten jedoch Ressourcen und verringern deshalb die Performanz der Datenbank.

Das exklusive Reservieren beeinträchtigt die Parallelität der Transaktionen und kann im Extremfall zur Serialisierung aller Transaktionen führen. Eine vollständige Sichtenkonsistenz ist somit teuer, d.h. sie hat negative Auswirkungen auf die Performanz und Parallelität der Transaktionen. Aus diesem Grunde werden teilweise Einschränkungen akzeptiert.

Man unterscheidet vier Konsistenzebenen (vergleiche [Lang 1995]). Die Qualität der Konsistenz steigert sich von Ebene 1 zu Ebene 4:

1. Die Probleme Inkonsistenz und nichtwiederholbares Lesen werden zugunsten der Performanz akzeptiert.
2. Nur das Problem des nichtwiederholbaren Lesens wird akzeptiert. Im Gegensatz zu Ebene 1 darf hier keine Inkonsistenz mehr auftreten.
3. Das konsistente Ergebnis einer Transaktion ist durch das Phantom-Problem gefährdet.
4. Vollständige Sichtenkonsistenz ist immer gewährleistet.

Die grundlegenden Eigenschaften von Transaktionen werden häufig unter dem englischen Akronym ACID zusammengefaßt. ACID steht für *Atomic* (atomar), *Consistent* (konsistent), *Isolated* (isoliert) und *Durable* (langlebig).

Wir unterscheiden zwischen der Steuerung und der Regelung von Transaktionen. Die Transaktionssteuerung (*Transaction Demarcation* oder *Transaction Management*) bestimmt, wann eine Transaktion beginnt und wann sie abgeschlossen bzw. abgebrochen wird. Die Transaktionsregelung ist die technische Umsetzung des Transaktionsmechanismus. Sie bestehend aus dem Kommunikationsmechanismus für verteilte Transaktionen und dem Transaktionsmonitor.

Im Vergleich mit dem theoretischen Wissen, das für die Anwendung von Transaktionen notwendig ist, ist die Programmierung der Transaktionssteuerung sehr einfach. Drei Befehle bilden die Basis für die Transaktionssteuerung:

- *begin* – startet eine Transaktion.
- *commit* – veranlaßt den Abschluß einer Transaktion.
- *rollback* – veranlaßt den fehlerbedingten Abbruch einer Transaktion.

7.2 Konzepte

7.2.1 Überblick

Die EJB-Architektur realisiert Transaktionen mit Hilfe eines Transaktionsservice (siehe Abschnitt 7.2.2 *JTA und JTS*). Dieser arbeitet als zentrale Instanz, die die Koordination aller Transaktionsteilnehmer übernimmt.

Die Transaktionsteilnehmer sind ein Client, ein oder mehrere transaktionale Systeme, eine oder mehrere Beans und der EJB-Container. Der Client ist die Schnittstelle zum Benutzer und steuert meist die Ausführung der Geschäftsprozesse. Die transaktionalen Systeme speichern die Daten, die in der Transaktion verändert werden. Das am häufigsten verwendete transaktionale System ist eine Datenbank. Die Beans basieren normalerweise auf den Daten in den transaktionalen Systemen. Die Konsistenz ihrer Zustände wird durch die Transaktion gewährleistet. Der EJB-Container arbeitet eng mit dem Transaktionsservice zusammen. Er stellt den Beans eine Umgebung zur Verfügung, die den einfachen Umgang mit Transaktionen besonders unterstützt.

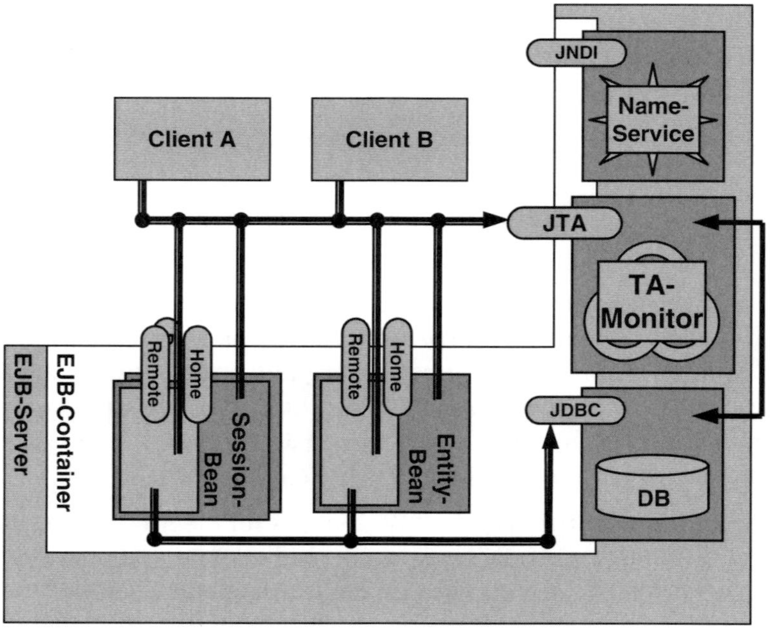

Abbildung 7-2 Kommunikationswege bei EJB-Transaktionen

Die Transaktionssteuerung kann der Client, die Bean oder auch der EJB-Container übernehmen. In letzterem Fall wird von deklarativen Transaktionen gesprochen, da die Transaktionssteuerung nicht in der Anwendungslogik programmiert, sondern erst beim Deployment deklariert wird. Dadurch wird u.a. die Wiederverwendung von Beans gefördert, da für eine Bean unterschiedliche transaktionale Verhaltensweisen deklariert werden können. Somit lassen sich Beans leichter in unterschiedlichen Applikationen einsetzen.

Die Rollenverteilung des EJB-Konzepts bestimmt die Prinzipien für Steuerung und Regelung der Transaktionen. Die Transaktionsregelung wird vollständig vom Hersteller des EJB-Containers behandelt. Der Bean-Entwickler ist davon gänzlich entbunden. Diese Strategie hat sich schon bei den klassischen Datenbanksystemen bewährt. Bei der Transaktionssteuerung geht das EJB-Konzept aber einen Schritt weiter. Mit den deklarativen Transaktionen kann der Anwendungsentwickler von den Problemen der Transaktionssteuerung entlastet werden. Diese Aufgabe wird auf die Experten verlagert, die den Überblick für das Zusammenstellen von Applikationen haben und das erforderliche transaktionale Verhalten besser bestimmen können.

EJB unterstützt verteilte Transaktionen. Das bedeutet, daß Daten aus unterschiedlichen Datenbanken in einer Transaktion verändert werden können. Eine Transaktion kann sowohl unterschiedliche Datenbanken eines EJB-Servers, als auch unterschiedliche EJB-Server betreffen.

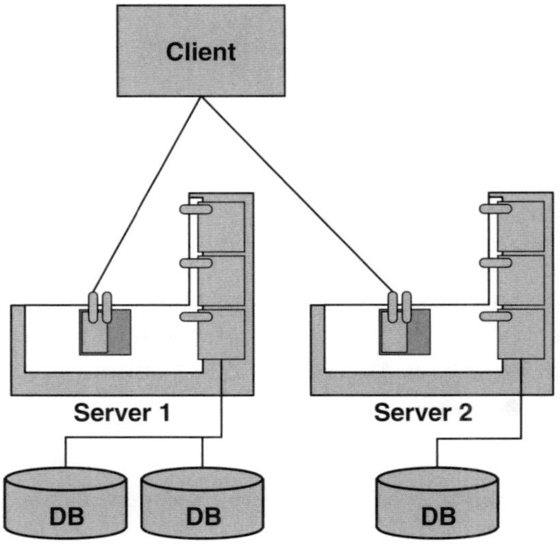

Abbildung 7-3 Beispiel für an einer verteilten Transaktion beteiligten Systeme

Während die EJB-1.0-Spezifikation eine explizite Steuerung der Sichtenkonsistenz (Isolation von Transaktionen) ermöglichte, wurde diese Eigenschaft bei EJB 1.1 gestrichen. Der Grund für diese Entwicklung ist der unverhältnismäßig hohe Aufwand bei den Server-Herstellern für entsprechende Mechanismen. Es ist jedoch zu erwarten, daß in der kommenden EJB-2.0-Spezifikation wieder ein vergleichbarer Mechanismus eingeführt wird, da EJB 1.1 das Problem der Isolation von Transaktionen nicht klar löst.

7.2.2 JTA und JTS

Java Transaction API (JTA) und *Java Transaction Service* (JTS) sind Spezifikationen von Sun Microsystems. JTA definiert die Schnittstellen, die die beteiligten Instanzen einer verteilten Transaktion zur Kommunikation benötigen. Die Schnittstellen befinden sich auf einem genügend hohen Abstraktionsniveau, so daß sie für Anwendungsprogrammierer gut geeignet sind.

JTS ist für die Anbieter von Transaktionsmonitoren (engl. *Transaction Service*) gedacht. Ein Transaktionsmonitor regelt die Transaktionen. Er koordiniert die Abwicklung von Transaktionen in einem Verbund unterschiedlicher transaktionaler Systeme. JTS beinhaltet die nötigen Definitionen, um einen Transaktionsmonitor zu entwickeln, der JTA unterstützt.

JTS ist die Verbindung zwischen Java und dem *Object Transaction Service 1.1* (OTS). Hierbei handelt es sich um einen Standard der *OMG* (*Object Management Group*), der die Transaktionssteuerung und Regelung mit CORBA-Objekten definiert. JTS ist eine kompatible Untermenge zu OTS.

Die Programmierung der folgenden Beispiele zu Transaktionen basiert ausschließlich auf einem Teil von JTA. Der komplexe Mechanismus der Transaktionsregelung ist für den Bean-Entwickler unsichtbar. Auch wenn dieses sehr einfache Interface die Komplexität verbirgt, sollten Sie die genauen Vorgänge kennen, um effiziente Programme zu schreiben.

Im folgenden soll ein Überblick über JTS gegeben werden. Die hier benutzte Begriffe bilden die Basis für die folgende Darstellung der Transaktionen von EJBs. Danach gilt unser besonderes Augenmerk den Kommunikationsstrecken bei der Verwendung von Transaktionen.

Die vollständigen Spezifikationen von JTA und JTS können auf den Web-Seiten von Sun gefunden werden:

- *http://java.sun.com/products/jta* [Sun Microsystems, JTA, 1999]
- *http://java.sun.com/products/jts* [Sun Microsystems, JTS, 1999]

Begriffe und Konzepte

JTS und OTS unterscheiden Objekttypen nach ihrer Rolle in Transaktionen. In den unterschiedlichen Objekttypen spiegelt sich auch das EJB-Konzept wieder.

- *Transaktionale Clients* (*transactional clients*) sind Programme, die auf Objekte auf dem Server zugreifen. Sie können die Transaktionssteuerung übernehmen. Selbst speichern sie keine Daten, die transaktionsgesichert verarbeitet werden. Nicht alle Clients, die mit EJBs arbeiten, sind transaktionale Clients. Mit deklarativen Transaktionen ist es möglich, den Client vollständig von der Transaktionssteuerung zu entbinden.
- *Transaktionale Objekte* (*transactional objects*) sind Objekte auf dem Server, die an Transaktionen teilnehmen, jedoch keine eigenen Daten transaktionsgesichert speichern. Sie übernehmen die Transaktionssteuerung nicht im eigentlichen Sinn, können jedoch einen Abbruch der Transaktion erzwingen. Alle Enterprise JavaBeans sind transaktionale Objekte.
- *Wiederherstellbare Objekte* (*recoverable objects*) sind die Objekte, die die eigentlichen Daten speichern. Der Zugriff erfolgt immer transaktionsgesichert. Im EJB-Modell verwaltet die Datenbank die meisten wiederherstellbaren Objekte. Ein wiederherstellbares Objekt kann dann eine Zeile in einer Datenbanktabelle sein. Auch andere Services, wie der Java Messaging Service (JMS) können mit wiederherstellbaren Objekten umgehen.

Außerdem werden zwei grundlegende Transaktionsarten unterschieden:

- *Lokale Transaktionen* behandeln nur Daten aus einer Datenbank oder einem anderen transaktionalen System. Die Koordination kann das wiederherstellbare Objekt ohne einen eigenständigen Transaktionsservice leisten.
- *Globale Transaktionen* können Daten von unterschiedlichen Datenbanken bzw. anderen transaktionalen Systemen behandeln. Die Koordination übernimmt ein eigenständiger Transaktionsservice, der die beteiligten Systeme synchronisiert.

Eine Methode, die in einer globalen Transaktion ausgeführt wird, hat einen *Transaktionskontext*. Der Transaktionskontext beschreibt die eindeutige Identität der Transaktion, ihren Zustand und eventuell weitere Attribute.

Der *Transaktionsservice* koordiniert alle globalen Transaktionen. Er stellt sicher, daß alle Operationen auf wiederherstellbaren Objekten transaktionsgesichert sind. Um dies zu ermöglichen, muß jedes an einer Transaktion beteiligte Objekt seinen Transaktionskontext kennen. Java assoziiert deshalb den Transaktionskontext mit dem Thread. Dadurch steht jedem Objekt im gleichen Thread der Transaktionskontext zur Verfügung.

Bei einem Aufruf einer Methode über eine Netzwerk- oder Prozeßgrenze hinweg ist jedoch ein zusätzliches Konzept nötig. Die *Vererbung des Transaktionskontextes* stellt sicher, daß auch bei diesen Aufrufen der Transaktionskontext weitergegeben wird. Die Realisierung obliegt dem EJB-Container und basiert meist auf einer Erweiterung des Netzwerkprotokolls (RMI / IIOP).

Arbeitsweise von JTS

Abbildung 7-4 stellt die Interaktion der an einer Transaktion beteiligten Objekte schematisch dar.

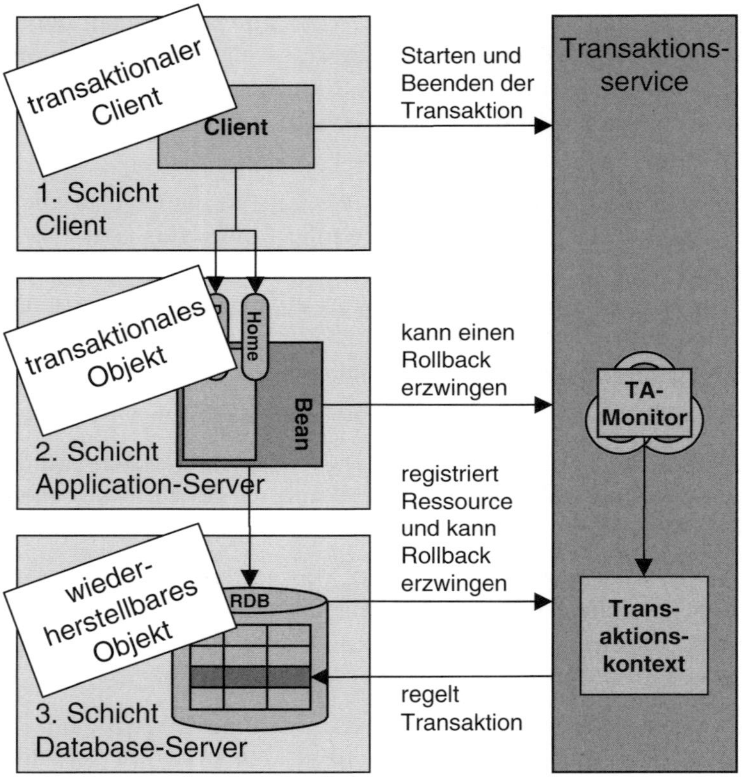

Abbildung 7-4 JTS und EJB

- Ein zentrales System, der Transaktionsservice, koordiniert alle Transaktionen. Er kommuniziert direkt mit allen Objekten, die an einer Transaktion beteiligt sind (transaktionale Clients, transaktionale Objekte und wiederherstellbare Objekte).

- Zu Beginn einer Transaktion wird der Transaktionskontext von dem transaktionalen Client erzeugt. Dieser enthält Informationen über die Transaktion und den Benutzer. Der Transaktionskontext wird in Java mit dem laufenden Thread assoziiert. Einerseits bedeutet das, daß alle Aktionen dieses Threads in der Transaktion ausgeführt werden, und andererseits, daß es immer nur eine Transaktion je Thread geben kann.
- Jede neue Transaktion wird beim Transaktionsservice angemeldet. Der Transaktionsservice kennt den Transaktionskontext und den Zustand jeder laufenden Transaktion.
- Der transaktionale Client ruft während einer Transaktion ein- oder mehrmals Methoden von transaktionalen Objekten auf dem Server auf. Die Methoden der transaktionalen Objekte rufen ihrerseits weitere Methoden auf, entweder von weiteren transaktionalen Objekten oder von wiederherstellbaren Objekten.
- Jedes Objekt, das durch eine beliebige Aufrufkette an einer Transaktion beteiligt ist, muß den Transaktionskontext erfahren. Solange die Aufrufe auf einem System bleiben, ist dies kein Problem, da der Transaktionskontext mit dem Thread assoziiert ist und EJB das Starten neuer Threads verbietet. Muß jedoch eine Netzwerkstrecke überwunden werden, so ist eine entsprechende Protokollerweiterung nötig, die zusätzlich zu den Daten des Funktionsaufrufs auch den Transaktionskontext überträgt. Dies wird *Vererbung des Transaktionskontexts* genannt (*transactional context propagation*).
- Jedes wiederherstellbare Objekt, das durch eine beliebige Aufrufkette an einer Transaktion beteiligt ist, benutzt den Transaktionskontext, um beim Transaktionsservice seine Daten zu registrieren. Es macht dem Transaktionsservice die lokale Transaktion bekannt, die es für den Zugriff verwendet. Damit kennt der Transaktionsservice alle Daten, die an einer laufenden Transaktion beteiligt sind.
- Am Ende der Transaktion signalisiert der transaktionale Client einen erfolgreichen Abschluß (*commit*) oder einen Abbruch (*rollback*) der Transaktion. Soll die Transaktion erfolgreich abgeschlossen werden, so müssen alle beteiligten Objekte ihr Einverständnis geben. Die Transaktion kann nicht erfolgreich abgeschlossen werden, wenn ein wiederherstellbares Objekt einen Fehler beim Zugriff auf seine Daten hatte oder ein transaktionales System den Status der Transaktion zuvor auf »*rollback only*« gesetzt hat.

- Der Transaktionsservice koordiniert den Abschluß einer Transaktion mit dem sogenannten Zwei-Phasen-Commit-Protokoll (engl. *two-phase-commit*). Er gewährleistet, daß entweder alle lokalen Transaktionen erfolgreich abgeschlossen oder abgebrochen werden.

Programmierung von JTA

Das *Java Transaction API* (JTA) dient zur Transaktionssteuerung. Bei JTA handelt es sich um den Ausschnitt aus der Schnittstelle des Java Transaction Service (JTS), der für den regulären Applikationsentwickler relevant ist. Da dieses Konzept nicht von allen Herstellern berücksichtigt wird, muß teilweise auch der Zugriff über JTS benutzt werden.

import-Anweisung für JTA:

```
import javax.transaction.*;
```

import-Anweisung für JTS:

```
import javax.jts.*;
```

Die folgenden Beispiele zu Transaktionen verwenden ausschließlich das Interface *javax.transaction.UserTransaction*.

7.3 Implizite Transaktionssteuerung

7.3.1 Einführung

Die implizite Transaktionssteuerung stellt einen sehr einfachen Zugang zu Transaktionen dar. Der Entwickler der Anwendungslogik muß ein Experte für einen bestimmten Anwendungsbereich sein. Normalerweise wird er nicht gleichzeitig ein Experte für Transaktionen sein. Deshalb soll ihm die Komplexität der Transaktionssteuerung und -regelung weitgehend verborgen bleiben.

Die implizite Transaktionssteuerung basiert auf der Trennung der eigentlichen Anwendungslogik von der Logik für die Transaktionssteuerung. Der Bean-Provider entwickelt die Anwendungslogik, während der Application-Assembler beim zusammenstellen der vollständigen Applikation die Transaktionssteuerung mittels der Transaktionsattribute definiert.

Bei impliziten Transaktionen übernimmt der EJB-Container die Transaktionssteuerung. Für jeden Aufruf einer Methode einer Bean stellt der EJB-Container sicher, daß eine passende Transaktion existiert. Im Deployment-Deskriptor wird für jede Methode definiert, ob eine Transaktion benötigt wird, und wenn ja, von welcher Art sie sein muß. Bei einem Aufruf mit einer unpassenden oder fehlenden Transaktion versucht der EJB-Container, eine passende Transaktion zu erzeugen. Falls dies nicht möglich ist, verursacht diese Operation einen Fehler, und der EJB-Container löst eine Exception (Ausnahme) aus.

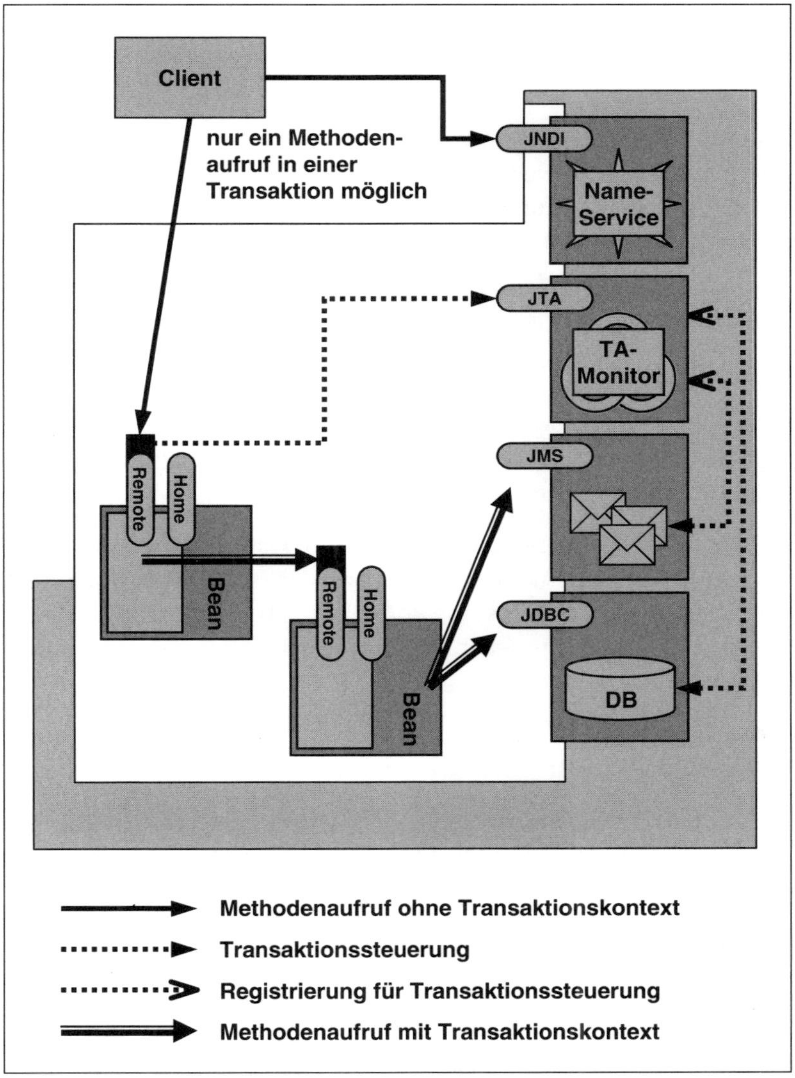

Abbildung 7-5 Beispiel für Datenflüsse bei impliziten Transaktionen

Abbildung 7-5 zeigt ein Beispiel für eine implizite Transaktion. Der Client ruft eine Methode einer Bean auf. Dabei hat der Client keine Verantwortung für die Transaktionssteuerung. Die Ausführung der aufgerufenen Methode erfordert jedoch eine Transaktion. Weil dies dem EJB-Container mit dem Deployment-Deskriptor der Bean mitgeteilt wurde, kann der EJB-Container die nötige Transaktion starten. Nach der erfolgreichen Ausführung der Methode wird der EJB-Container die Transaktion mit einem Commit beenden. Im Fehlerfall, wenn eine Exception aufgetreten ist, bricht der EJB-Container die Transaktion mit einem Rollback ab.

Die aufgerufene Methode kann ihrerseits weitere Methoden aufrufen. Der Transaktionskontext wird dabei weitergegeben. Der EJB-Container prüft, ob eine geeignete Transaktion für die aufgerufene Methode existiert. Im Beispiel kann die bestehende Transaktion weiterverwendet werden.

Eine aufgerufene Methode kann auch einen definierten Service der EJB-Architektur verwenden. Beispiele sind der Zugriff auf eine Datenbank oder den Messaging-Service. Eine Entity-Bean verwendet eventuell implizit die Datenbank durch das Speichern ihrer persistenten Daten. Diese transaktionalen Systeme verwalten die von der Transaktion betroffenen Daten. Für die korrekte Verwaltung dieser Daten verwenden sie den übertragenen Transaktionskontext und kommunizieren direkt mit dem Transaktionsservice über JTS.

Aus der besonderen Zielsetzung von impliziten Transaktionen der Reduzierung der Komplexität für den Anwendungsentwickler leiten sich besondere Eigenschaften ab. Die folgende Auflistung soll einen Überblick geben. Die einzelnen Punkte werden aber auch in den folgenden Abschnitten anhand konkreter Programmbeispiele vertieft.

- Implizite Transaktionen sind deklarative Transaktionen. Das transaktionale Verhalten wird im Deployment-Deskriptor deklariert.
- Im Deployment-Deskriptor wird das transaktionale Verhalten einer Bean definiert. Für jede Methode kann ein Transaktionsattribut vergeben werden (siehe Abschnitt 7.3.3 *Transaktionsattribute*).
- Eine implizite Transaktion kann sich nicht über mehr als einen Funktionsaufruf des Clients erstrecken. Im Regelfall ist das jedoch ausreichend, wenn auf der Seite des Servers die entsprechenden Schnittstellen zur Verfügung stehen.

- Entsteht in einer Bean eine Fehlersituation, so kann die Bean erzwingen, daß die laufende Transaktion beim Abschluß rückgängig gemacht wird. Die Bean hat jedoch keine Möglichkeit, die laufende Transaktion zu beenden oder eine neue Transaktion zu starten.
- Eine Session-Bean kann sich vom EJB-Container über die Zustände einer Transaktion benachrichtigen lassen und hat damit die Möglichkeit zusätzliche Konsistenzbedingungen sicherzustellen.

Diese besonderen Eigenschaften der impliziten Transaktionen führen natürlich zu einigen Einschränkungen. Das EJB-Konzept ist jedoch maßgeblich durch die Aufteilung der Verantwortlichkeiten auf unterschiedliche Rollen geprägt. Implizite Transaktionen sind ein wichtiger Schritt, um dieses Ziel zu erreichen, und wurden deshalb sehr gezielt als ein Kernbestandteil des EJB-Konzepts gewählt.

Wer bestmöglich von den Vorteilen der EJB-Architektur profitieren möchte, sollte den Einsatz impliziter Transaktionen forcieren. Der Einsatz der in Abschnitt 7.4 behandelten expliziten Transaktionssteuerung bedeutet immer die teilweise Aufgabe der Rollenverteilung. Die Logik der Transaktionssteuerung wird bei der Implementierung definiert und ist im Deployment-Deskriptor nicht ersichtlich. Die Entscheidung für die explizite Transaktionssteuerung ist eine weitreichende Designentscheidung und sollte bei ausgewählten Beans die Ausnahme bleiben. Wenn eine größere EJB-Anwendung sehr viele explizite Transaktionen einsetzt, könnte das ein Indiz dafür sein, daß EJB nicht die optimale Basisarchitektur für diese Anwendung ist.

Die folgende Gegenüberstellung der Vorteile und der Beschränkungen impliziter Transaktionen soll die Wahl des richtigen Konzepts für einen Anwendungsfall erleichtern:

Vorteile

- *Qualität und Wartung*: Der Entwickler der Anwendungslogik ist von der Komplexität der Transaktionssteuerung befreit. Dies hat einen doppelt positiven Einfluß auf die Qualität und Wartbarkeit. Jeder Mitarbeiter im Entwicklungsprozeß macht, was er am besten kann, und die Komplexität wird für jeden geringer.
- *Wiederverwendbarkeit*: Die Wiederverwendbarkeit einer Bean ist wesentlich besser, da erst zum Zeitpunkt des Deployments das transaktionale Verhalten dieser Komponente bestimmt werden muß.

Beschränkungen

- *Eingeschränkte Flexibilität*: Die Möglichkeiten bei einer Entwicklung rein auf der Seite des Clients sind begrenzt. Mit deklarativen Transaktionen kann der Client die Beans auf dem Server nicht zu neuen Transaktionen kombinieren. Auch gibt es Anwendungsfälle, bei denen die Anwendungslogik der Bean eine bestimmte Transaktionssteuerung verlangt und somit die Trennung ungünstig ist. Aufgrund dieser Einschränkungen sieht das EJB-Konzept auch die explizite Transaktionssteuerung vor (siehe Abschnitt 7.4, *Explizite Transaktionssteuerung*).
- *Einfache Aufgaben komplex*: Die Rollenverteilung und das daraus resultierende Vorgehensmodell machen die Entwicklung einfacher Prototypen unnötig kompliziert. Das Konzept zahlt sich erst bei größeren Projekten aus.

7.3.2 Beispiel *Producer*

Den leichten Einstieg in die Programmierung soll das Beispiel *Producer* ermöglichen. Es handelt sich um die einfache Simulation einer Versorgungskette. Die Session-Bean *Producer* ist ein Produzent, der aus bestimmten Rohstoffen ein Produkt fertigt. Die Entity-Bean *Stock* simuliert die Lager für die Rohstoffe und das Endprodukt.

Producer ist ein klassisches Beispiel für Transaktionen. Es kann nur produziert werden, wenn die nötigen Rohstoffe vorhanden sind und das Ausgangslager die produzierte Menge fassen kann. Solange es nur einen Client gibt, ist diese Forderung trivial. Durch den Einsatz von Transaktionen bleibt die Forderung auch für parallele Zugriffe mehrerer Clients trivial.

Eine wichtige Methode für den Umgang mit Transaktionen ist *setSessionContext* bei Session-Beans bzw. *setEntityContext* bei Entity-Beans. Hier wird der Bean ihr Kontext bekanntgegeben, der Informationen über den Benutzer und die Transaktion enthält. Außerdem gibt der Kontext der Bean begrenzte Möglichkeiten, die Transaktion zu beinflussen. Die Methode *setRollbackOnly* erzwingt einen Rollback. Mit *getRollbackOnly* kann abgefragt werden, ob die Transaktion noch erfolgreich abgeschlossen werden kann.

Zuerst soll die Entity-Bean *Stock* betrachtet werden. Der Konstruktor verlangt drei Parameter: eine eindeutige ID für jede *Stock*-Bean, das maximale Fassungsvermögen und den aktuellen Füllstand. Außerdem definiert das Home-Interface die nötige *findByPrimaryKey*-Methode.

```
public interface StockHome
  extends EJBHome
{
  public Stock create(
    String stockId,
    int maxVolume,
    int aktVolume)
    throws CreateException,
           RemoteException;

  public Stock findByPrimaryKey(
    StockPK primaryKey)
    throws FinderException,
           RemoteException;
}
```

Listing 7-1 StockHome – Home-Interface der Entity-Bean Stock

Im Remote-Interface (in Listing 7.2) sehen wir die Funktionalität der *Stock*-Bean. Mit der Methode *get* kann Material aus dem Lager genommen werden, und mit der Methode *put* wird Material hineingelegt. Beide Methoden lösen eine *ProcessingErrorException* aus, wenn die Aktion nicht möglich ist. Die Methode *getVolume* ermöglicht, den aktuellen Füllstand des Lagers abzufragen.

```
public interface Stock
  extends EJBObject
{
  public void get(int amount)
    throws ProcessingErrorException,
           RemoteException;
  public void put(int amount)
    throws ProcessingErrorException,
           RemoteException;
  public int  getVolume()
    throws RemoteException;
}
```

Listing 7-2 Stock – Remote-Interface der Entity-Bean Stock

Nachdem jetzt die Funktionalität der Bean definiert ist, können wir das Datenbankschema festlegen.

```
CREATE TABLE STOCK
  (ID VARCHAR(10) NOT NULL,
   VOLUME INT ,
   MAXVOL INT )
ALTER TABLE STOCK ADD
  CONSTRAINT PRIMKEY
  PRIMARY KEY (ID)
```

Listing 7-3 Datenbankschema für die Entity-Bean Stock

Die Implementierung der Methoden soll beispielhaft an der Methode *get* gezeigt werden. Die Methode setzt voraus, daß sie in einer Transaktion ausgeführt wird. Zuerst wird die neue Stückzahl im Lager berechnet, und dann wird geprüft, ob es sich um einen gültigen Wert handelt.

Bei einem gültigen Wert wird die persistente Variable *stockVolume* geändert. Der EJB-Container stellt sicher, daß diese Änderung transaktionsgesichert in die Datenbank geschrieben wird.

Ein ungültiger Wert bedeutet für die Methode einen Fehler. Auf einen Fehler kann in einer Transaktion immer auf zwei unterschiedliche Weisen reagiert werden:

- *Exception*: Die Methode löst eine Exception (Ausnahme) aus und überläßt damit die Entscheidung, ob die Transaktion rückgängig gemacht werden soll, dem Aufrufer. Wird bei deklarativen Transaktionen die Exception von keiner Bean in der Aufrufhierarchie abgefangen, so bricht der EJB-Container die Transaktion mit einem Rollback ab.
- *setRollbackOnly*: Der Aufruf dieser Methode am Bean-Kontext veranlaßt den Abbruch der Transaktion mit einem Rollback. Dies ist z.B. sinnvoll, wenn schon Daten in der Datenbank verändert worden sind und dadurch ein ungültiger Zwischenzustand besteht. Der Rollback wird nicht sofort ausgeführt, sondern erst beim Beenden der Transaktion mit Commit oder Rollback. Die Entscheidung für einen Rollback ist endgültig und macht Maßnahmen für die Wiederherstellung eines gültigen Zustands in dieser Transaktion sinnlos. Um die weitere Bearbeitung der Transaktion zu verkürzen, kann zusätzlich eine Exception ausgelöst werden.

In der *Stock*-Bean werden die Fehler durch das Prüfen der Vorbedingungen aufgedeckt, bevor persistente Daten geändert werden. Deshalb ist ein *setRollbackOnly* überflüssig. Es wird eine Exception ausgelöst und der Aufrufer kann darauf reagieren.

```
public void get(int amount)
  throws ProcessingErrorException
{
  int newStockVolume = stockVolume-amount;
  if(newStockVolume >= 0) {
    stockVolume = newStockVolume;
  }
  else {
    throw new ProcessingErrorException(
      "volume to small");
  }
}
```

Listing 7-4 StockBean.get – Methode verringert den Lagerbestand

Die entscheidende Frage ist jetzt, wie sichergestellt wird, daß die Methoden immer in einer Transaktion ausgeführt werden. Dafür können im Deployment-Deskriptor Attribute für Transaktionen zu jeder Methode angegeben werden. Der Wert *Required* sorgt immer für eine Transaktion. Entweder wird die laufende Transaktion verwendet oder vom EJB-Container eine neue Transaktion gestartet. Abschnitt 7.3.3 *Transaktionsattribute* beschreibt alle zulässigen Werte geben.

```
..
<enterprise-beans>
  <entity>
    <ejb-name>ejb/Stock</ejb-name>
    <home>
      ejb.stock.interfaces.StockHome
    </home>
    <remote>
      ejb.stock.interfaces.Stock
    </remote>
    <ejb-class>
      ejb.stock.server.stockBean
    </ejb-class>
    <persistence-type>
      container
    </persistence-type>
    <primkey-class>
      ejb.stock.interfaces.StockPK
    </primkey-class>
    <reentrant>True</reentrant>
    <cmp-field>
      <field-name>
```

```
          stockId
        </field-name>
      </cmp-field>
      <cmp-field>
        <field-name>
          stockVolume
        </field-name>
      </cmp-field>
      <cmp-field>
        <field-name>
          maxStockVolume
        </field-name>
      </cmp-field>
    </entity>
  </enterprise-beans>
  <assembly-descriptor>
    <container-transaction>
      <method>
        <ejb-name>Stock</ejb-name>
        <method-name>*</method-name>
      </method>
      <trans-attribute>
        Required
      </trans-attribute>
    </container-transaction>
  </assembly-descriptor>
```

Listing 7-5 Auszug aus dem Deployment-Deskriptor der Entity-Bean Stock

Die Instanzen der *Stock*-Bean werden von der *Producer*-Bean verwendet. Die *Producer*-Bean ist eine Session-Bean. Sie entnimmt eine Einheit aus dem Lager *S1* und zwei Einheiten aus *S2* und erzeugt damit ein Produkt. Dieses legt sie im Lager *T1* ab.

Das Home-Interface der Producer-Bean bietet nur die standard *create*-Methode an:

```
public interface ProducerHome
  extends EJBHome
{
  public Producer create()
    throws CreateException,
           RemoteException;
}
```

Listing 7-6 ProducerHome – Home-Interface der Session-Bean Producer

Das Remote-Interface definiert nur die Methode *produce*, die den oben beschriebenen Produktionsvorgang realisiert:

```
public interface Producer
  extends EJBObject
{
  public int produce(int amount)
    throws UnappropriateStock,
           RemoteException;
}
```

Listing 7-7 Producer – Remote-Interface der Session-Bean Producer

Auch die Implementierung der Bean selbst besteht weitgehend aus Bekanntem. Listing 7.8 zeigt den Rahmen für die Klassendefinition.

```
package examples.ejb.producer.server;

import java.rmi.RemoteException;
import javax.naming.*;
import javax.ejb.*;
import ejb.producer.interfaces.*;
import ejb.stock.interfaces.*;

public class ProducerBean
   implements SessionBean
{
  SessionContext sessionCtxt = null;
  Context jndiCtxt = null;
  Stock  source1;
  Stock  source2;
  Stock  target;
   ..
}
```

Listing 7-8 ProducerBean – Klassendefinition

Für die Initialisierung wird in der *ejbCreate*-Methode und in der *ejbActivate*-Methode eine eigene Methode, *init*, aufgerufen. Diese stellt sicher, daß alle benötigten Ressourcen verfügbar sind. Dazu sucht sie alle verwendeten *Stock*-Beans und merkt sich eine Referenz in den Variablen *source1* und *source2* für die Lager der Rohstoffe und in der Variable *target* für das Lager des Endprodukts. Die Verwendete Sock-Bean wird später als Referenz im Deployment-Deskriptor vermerkt. Die IDs der verwendeten *Sock*-Beans sind Umgebungsvariablen der Bean und werden mittels JNDI gelesen. Auch diese werden später in den Deployment-Deskriptor aufgenommen.

```
public void ejbCreate() {
  init();
}
public void ejbRemove() {}

public void ejbActivate() {
  init();
}
public void ejbPassivate() {}

void init() {
  try {
    StockHome stockHome = null;

    jndiCtxt = new InitialContext();
    Object temp = jndiCtxt.lookup(
      "java:comp/env/ejb/Stock");
    stockHome = (StockHome)
      javax.rmi.PortableRemoteObject.narrow(
      temp, StockHome.class);

    // Hole IDs
    String idSource1 = (String)
      jndiCtxt.lookup(
      "java:comp/env/idSource1");
    String idSource2 = (String)
      jndiCtxt.lookup(
      "java:comp/env/idSource2");
    String idTarget = (String)
      jndiCtxt.lookup(
      "java:comp/env/idTarget");

    // Hole Lager
    StockPK stockKey = new StockPK();

    stockKey.stockId = idSource1;
    source1 = (Stock)
      stockHome.findByPrimaryKey(stockKey);

    stockKey.stockId = idSource2;
    source2 = (Stock)
      stockHome.findByPrimaryKey(stockKey);

    stockKey.stockId = idTarget;
    target  = (Stock)
```

```
      stockHome.findByPrimaryKey(stockKey);
  }
  catch(FinderException e) {
    System.err.println(
      "Cannot get stocks");
    throw new EJBException(
      "Cannot get stocks");
  }
  catch(NamingException e) {
    System.err.println(
      "Error using Name Service");
    throw new EJBException(
      "Error using Name Service");

  catch(RemoteException e) {
    System.err.println(
      "RemoteException");
    throw new EJBException(
      "RemoteException");
   }
  }
```

Listing 7-9 Initialisierung der ProducerBean

Außerdem wird der *Session-Kontext* in der Methode *setSessionContext* in die Variable *sessionCtxt* abgespeichert:

```
public void setSessionContext(
  SessionContext ctxt)
{
  sessionCtxt = ctxt;
}
```

Listing 7-10 ProducerBean.setSessionContext – Setzen des Session-Kontexts

Mit der Methode *produce* wird es jetzt interessant. Diese Methode geht davon aus, daß sie in einer Transaktion ausgeführt wird. Der Reihe nach verringert sie die Zahl der gelagerten Rohstoffe und erhöht die Zahl der gelagerten Endprodukte. Es gibt keine vorherige Prüfung, ob die Ausführung aller Aktionen möglich ist. Tritt bei einer Aktion ein Fehler auf, so wird einfach die gesamte Transaktion rückgängig gemacht. Dazu wird im *catch*-Block die Methode *setRollbackOnly* des Session-Kontexts aufgerufen. In diesem Fehlerfall wird nicht nur eine Exception ausgelöst, sondern auch *setRollbackOnly* aufgerufen, da evtl. schon eine *Stock*-Bean ihren Wert geändert hat und somit ein ungültiger Zwischenzustand in der Datenbank besteht.

```
public int produce(int amount)
  throws UnappropriateStock
{
  int ret;
  try {
    source1.get(amount);
    source2.get(amount*2);
    target.put(amount);
    ret = amount;
  }
  catch(ProcessingErrorException e){
    sessionCtxt.setRollbackOnly();
    ret = -1;
  }
  catch (RemoteException re) {
    sessionCtxt.setRollbackOnly();
    ret = -1;
  }
  return ret;
}
```

Listing 7-11 ProducerBean.produce – Business-Logik der Session-Bean Producer

Für diese Methode wird ebenfalls *Required* als Transaktionsattribut im Deployment-Deskriptor deklariert. Auch werden hier die Umgebungsvariablen für die Bean definiert. Zusätzlich enthält der Deployment-Deskriptor eine Referenz auf die StockBean:

```
...
<enterprise-beans>
  <session>
    <ejb-name>ejb/Producer</ejb-name>
    <home>
      ejb.producer.interfaces.ProducerHome
    </home>
    <remote>
      ejb.producer.interfaces.Producer
    </remote>
    <ejb-class>
      ejb.producer.server.ProducerBean
    </ejb-class>
    <session-type>
      Statefull
    </session-type>
    <transaction-type>
```

```
      Container
    </transaction-type>
    <env-entry>
      <description>
        Lager Quelle 1
      </description>
      <env-entry-name>
        idSource1
      </env-entry-name>
      <env-entry-type>
        java.lang.String
      </env-entry-type>
      <env-entry-value>01</env-entry-value>
      ...
    </env-entry>
    <ejb-ref>
      <description>
        Referenz auf Lager
      </description>
      <ejb-ref-name>ejb/Stock</ejb-ref-name>
      <ejb-ref-type>Entity</ejb-ref-type>
      <home>
        ejb.stock.interfaces.StockHome
      </home>
      <remote>
        ejb.stock.interfaces.Stock
      </remote>
    </ejb-ref>
  </Session>
</enterprise-beans>
<assembly-descriptor>
  <container-transaction>
    <method>
      <ejb-name>Producer</ejb-name>
      <method-name>*</method-name>
    </method>
    <trans-attribute>
      Required
    </trans-attribute>
  </container-transaction>
</assembly-descriptor>
...
```

Listing 7-12 Auszug aus dem Deployment-Deskriptor der Session-Bean Producer

Das Client-Programm dient zum Test der Beans. Es erzeugt alle nötigen Daten und macht einen einfachen Testlauf. Im folgenden Listing werden die wichtigsten Passagen dargestellt:

```
public static void main(String[] args) {
  try {
    Context ctx = getInitialContext();

    ProducerHome producerHome = null;
    Producer producer = null;

   // get StockHome
    StockHome stockHome = null;
    try {
      stockHome = (StockHome)
      javax.rmi.PortableRemoteObject.narrow(
        ctx.lookup(stockHomeName),
        StockHome.class);
    } catch(Exception e) {
      System.out.println("lookup failed");
    }

   // ensure preconditions ...

   // create producer bean
    producerHome = (ProducerHome)
      javax.rmi.PortableRemoteObject.narrow(
      ctx.lookup(counterHomeName),
      ProducerHome.class);
    producer = producerHome.create();

   // do production
    try {
      int ret = producer.produce(1);
    }
   catch(UnappropriateStock e) {
      System.out.println("Exception");
    }

    // remove producer bean
    producer.remove();
  }
  catch(CreateException ce) {
    System.out.println(
      "Error creating a bean");
```

```
  }
  catch(RemoveException ce) {
    System.out.println(
      "Error removing a bean");
  }
  catch(RemoteException re) {
    System.out.println(
      "Remote Exception");
  }
  catch(NamingException ne) {
    System.out.println(
      "Error using Name Service");
  }
}
```

Listing 7-13 Auszüge aus dem Client-Programm für die Session-Bean Producer

Unten steht die Ausgabe des Programms für einen provozierten Fehlerfall. Das Lager T1 kann keine weiteren Produkte aufnehmen, da bereits die maximale Kapazität belegt ist. Der EJB-Container löst eine Exception beim Beenden der Transaktion aus und führt einen Rollback durch.

```
starting demo producer.ProducerHome

stock S1 with volume 100 and maxVolume 100 created
stock S2 with volume 100 and maxVolume 100 created
stock T1 with volume 100 and maxVolume 100 created

Precondition
stock S1 = 100
stock S2 = 100
stock T1 = 100

Produce
Exception javax.jts.TransactionRolledbackException -
 Transaction TxC (2026485, xid = 934639420450_
49, timeout = 60, txState = Rolledback, root = null has been rolled back.Reason
: Unknown

Postcondition
stock S1 = 100
stock S2 = 100
stock T1 = 100
```

7.3.3 Transaktionsattribute

Mit den Transaktionsattributen wird das transaktionale Verhalten für die Methoden von Beans definiert. Die Attribute werden in den Deployment-Deskriptor eingetragen. Der EJB-Container verwendet sie, um den Methoden einen passenden Transaktionskontext für ihre Ausführung zu geben. Darüber hinaus definieren die Transaktionsattribute das Zusammenspiel der Beans untereinander und mit dem Client in Hinblick auf die Transaktionen.

Im folgenden sind alle Transaktionsattribute beschrieben, die von der EJB-Version 1.1 unterstützt werden.

NotSupported

Eine Methode, die das Transaktionsattribut *NotSupported* im Deployment-Deskriptor hat, unterstützt keine Transaktionen. Das bedeutet, daß die Methode nicht in einer Transaktion ausgeführt wird.

Bei der Entwicklung der Methode muß dies insofern berücksichtigt werden, daß keine Möglichkeit besteht, alle ausgeführten Aktionen mit einem Rollback rückgängig zu machen. Für den Zugriff auf transaktionale Systeme, z.B. eine Datenbank, wird normalerweise nur mit einer lokalen Transaktion gearbeitet.

Eine Methode mit dem Transaktionsattribut *NotSupported* wird vom Client im Normalfall ohne globalen Transaktionskontext angesprochen. Sollte der Client jedoch eine Transaktion für den Aufruf verwenden, wird diese nicht in der Methode verwendet. Die Transaktion des Clients bleibt unbeeinflußt. Die Aktionen der Methode sind nicht an diese Transaktion gebunden. Hier sei nochmals darauf hingewiesen, daß das EJB-Konzept keine verschachtelten Transaktionen unterstützt.

Dieses Transaktionsattribut darf nicht von Beans verwendet werden, die das *SessionSynchronisation*-Interface implementieren (siehe auch Abschnitt 7.3.5, *Synchronisation*).

Die Konstante *NotSupported* kann im Deployment-Deskriptor ab der EJB-Version 1.1 verwendet werden. Für den serialisierten Deployment-Deskriptor der EJB-Version 1.0 heißt die entsprechende Java-Konstante *TX_NOT_SUPPORTED*.

Required

Methoden, die das Transaktionsattribut *Required* haben, werden immer in einer Transaktion ausgeführt.

Wenn die Methode vom Client mit einer globalen Transaktion aufgerufen wird, wird diese auch für die Ausführung der Methode verwendet. Falls der Aufruf ohne eine Transaktion geschieht, startet der EJB-Container automatisch eine Transaktion. Somit ist gewährleistet, daß die Methode immer in einer globalen Transaktion ausgeführt wird.

Der Zugriff auf andere Beans und transaktionale Systeme ist damit auch transaktionsgesichert, da der globale Transaktionskontext vererbt wird.

Bei der Verwendung des Transaktionsattributs *Required* sollte stets bedacht werden, daß globale Transaktionen teuer sind. Häufig besteht ein möglicher Weg, um die Performanz zu steigern, im teilweisen Verzicht auf globale Transaktionen.

Für die EJB-Version 1.0 heißt die entsprechende Konstante *TX_REQUIRED*.

Supports

Das Transaktionsattribut *Supports* bedeutet, daß eine Methode entweder mit oder ohne Transaktion ausgeführt werden kann.

Besteht bereits beim Aufruf eine Transaktion, so steht diese auch bei der Ausführung der Methode zur Verfügung. Wird die Methode ohne Transaktion aufgerufen, so steht auch bei der Ausführung keine Transaktion zur Verfügung.

Methoden, für die dieses Transaktionsattribut verwendet werden soll, müssen deshalb mit beiden Fällen umgehen können. Die Implementierung muß ihre Aufgabe mit und ohne Transaktionskontext erfüllen können.

Die Spezifikation sagt ausdrücklich, daß das Transaktionsattribut *Supports* anstelle von *Required* eingesetzt werden kann, um die Performanz zu verbessern. Wenn die genaue Realisierung der Methode nicht bekannt ist, ist beim Deployment beim Einsatz des Transaktionsattributs *Supports* Vorsicht geboten.

Dieses Transaktionsattribut darf nicht von Beans verwendet werden, die das *SessionSynchronisation*-Interface implementieren (siehe auch Abschnitt 7.3.5, *Synchronisation*).

Für die EJB-Version 1.0 heißt die entsprechende Konstante *TX_SUPPORTS*.

RequiresNew

Eine Methode mit dem Transaktionsattribut *RequiresNew* hat ihre private Transaktion. Vor dem Start der Methode wird vom EJB-Container immer eine neue, globale Transaktion gestartet. Nach dem Verlassen der Methode versucht der EJB-Container immer, die Transaktion mit einem Commit zu beenden.

Eine Transaktion, mit der der Client die Methode aufruft, bleibt vollständig isoliert. Die Aktionen der Methode sind nicht an diese Transaktion gebunden. Die neue Transaktion wird beim Zugriff auf andere Beans oder bei der Verwendung eines transaktionalen Systems wie bekannt vererbt.

Für die EJB-Version 1.0 heißt die entsprechende Konstante *TX_REQUIRES_NEW*.

Mandatory

Eine Methode mit dem Transaktionsattribut *Mandatory* muß immer vom Client mit einer globalen Transaktion aufgerufen werden. Existiert beim Aufruf keine Transaktion, führt dies zu einem Fehler (*TransactionRequiredException*).

Die Transaktion des Clients wird für die Ausführung der Methode verwendet und auch weitervererbt. Es ist sichergestellt, daß die Methode immer in einem globalen Transaktionskontext ausgeführt wird.

Für die EJB-Version 1.0 heißt die entsprechende Konstante *TX_MANDATORY*.

Never

Eine Methode mit dem Transaktionsattribut *Never* darf vom Client niemals in einem Transaktionskontext aufgerufen werden. Dies würde zu einem Fehler führen (*RemoteException*).

Die Methode wird stets ohne eine Transaktion ausgeführt. Für die Entwicklung gelten die Einschränkungen wie beim Transaktionsattribut *NotSupported*.

Dieses Transaktionsattribut darf nicht von Beans verwendet werden, die das *SessionSynchronisation*-Interface implementieren (siehe auch Abschnitt 7.3.5, *Synchronisation*).

Das Transaktionattribut *Never* wird erst seit der EJB-Version 1.1 unterstützt.

7.3.4 Transaktionsisolation

Die Ebene der Sichtenkonsistenz (engl. *isolation level*) von Transaktionen wurde zu Beginn dieses Kapitels beschrieben. Der Entwickler einer Bean kann bestimmen, mit welcher Konsistenzebene Operationen in den Transaktionen ausgeführt werden. Das Setzen der Konsistenzebene birgt ein großes Optimierungspotential.

Die Spezifikation der EJB-Version 1.1 definiert jedoch kein Interface dafür. Jedes transaktionale System kann ein eigenes Interface anbieten, das es dem Entwickler einer Bean ermöglicht, die Konsistenzebene zu wählen. Bei der impliziten Transaktionssteuerung soll der EJB-Container sicherstellen, daß die gewählten Konsistenzebenen in einer Transaktion zusammenpassen.

Das Setzen der Konsistenzebene erfordert detailliertes Expertenwissen über die betroffenen transaktionalen Systeme und das Verhalten des EJB-Containers. Der unerfahrene Entwickler kann hier leicht die Funktionsfähigkeit des gesamten

Systems gefährden. Außerdem sind die entstandenen Beans meist auf bestimmte EJB-Container, Datenbanken oder andere transaktionale Systeme festgelegt.

Die EJB-Version 2.0 wird voraussichtlich ein weiterführendes Konzept anbieten.

7.3.5 Synchronisation

Für die Synchronisation von Beans mit den Container-Transaktionen kann die Bean das Interface *javax.ejb.SessionSynchronisation* implementieren. Session-Beans, die ihre Transaktionen selbst verwalten, benötigen diesen Mechanismus nicht, da sie selbst die vollständige Kontrolle über die Transaktionen haben. Auch Entity-Beans benötigen dieses Interface nicht.

Das Interface besteht aus drei Methoden, die vom EJB-Container aufgerufen werden, wenn sich die Transaktion in bestimmten Zuständen befindet. Die Implementierung des Interface ist optional und nur in wenigen Fällen nötig.

Um sicherzustellen, daß die Methoden vom EJB-Container korrekt aufgerufen werden, gibt es Einschränkungen bezüglich der Transaktionsattribute. Beans, die das *SessionSynchronisation*-Interface implementieren, dürfen nur die Transaktionsattribute *Required, RequiresNew* und *Mandatory* verwenden.

```
public void afterBegin()
  throws EJBException,
         java.rmi.RemoteException;

public void beforeCompletion()
  throws EJBException,
         java.rmi.RemoteException;

public void afterCompletion(
         boolean committed)
  throws EJBException,
         java.rmi.RemoteException;
```

Listing 7-14 Definition des Inferface javax.ejb.SessionSynchronisation

Die Methode *afterBegin* wird aufgerufen, um der Bean mitzuteilen, daß die folgenden Methodenaufrufe in einer neuen Transaktion ausgeführt werden. Die Methode wird nicht unbedingt bei Beginn der Transaktion ausgeführt, sondern erst wenn dem EJB-Container bekannt wird, daß eine bestimmte Bean an einer Transaktion teilnehmen wird. Die Methode wurde eingeführt, um beispielsweise das Caching von Datenbankinhalten für einen performanten Zugriff zu ermöglichen.

Die Methode *beforeCompletion* wird aufgerufen, bevor eine Transaktion abgeschlossen wird. Zu diesem Zeitpunkt ist noch nicht bekannt, ob ein Rollback oder ein Commit ausgeführt wird. Auch kann in dieser Methode noch ein Rollback (Methode *setRollbackOnly*) erzwungen werden. Die Methode wird verwendet, um zwischengespeicherte Datenbankinhalte zurückzuschreiben oder zusätzliche Konsistenzbedingungen zu prüfen.

Die Methode *afterCompletion* wird nach dem Ende einer Transaktion aufgerufen, um der Bean mitzuteilen, ob die Transaktion mit Rollback oder Commit beendet wurde. Achtung: Beim Aufruf der Methode ist die Transaktion bereits beendet worden. Die Methode wird außerhalb jeder Transaktion ausgeführt. Eingesetzt wird diese Methode, um Ressourcen freizugeben, die speziell für die Transaktion benötigt wurden.

7.4 Explizite Transaktionssteuerung

7.4.1 Transaktionssteuerung im Client

Die explizite Transaktionssteuerung des Clients bedeutet, daß der Client selbst die Kontrolle über die Transaktionen übernimmt. Vor dem Aufruf von Beans startet er eine globale Transaktion. Mit einem Rollback oder Commit beendet er diese Transaktion wieder.

Die Transaktion des Clients wird beim Aufruf einer Bean auf den Server übertragen und vom EJB-Container verwendet. Abhängig von den Transaktionsattributen der Bean kann der EJB-Container unterschiedlich reagieren. Eine Möglichkeit besteht darin, daß er die Transaktion des Clients für die Ausführung ihrer Methoden verwendet. Im anderen Fall wird eine eigene Transaktion der Bean verwendet, die entweder zuvor vom EJB-Container gestartet wird oder bereits besteht.

Eine explizite Transaktionssteuerung des Clients steht somit nicht im Widerspruch zu der zuvor besprochenen impliziten Transaktionssteuerung. Die Konzepte sind miteinander verflochten und ergänzen sich.

Abbildung 7-6 zeigt ein schematisches Beispiel für die explizite Transaktionssteuerung des Clients. Es wird gezeigt, wie die Beans den Transaktionskontext des Clients verwenden und weiter vererben. Mögliche Transaktionsattribute für die Beans, die die Verwendung einer vom Client gestarteten Transaktion unterstützen, sind *Required*, *Supports* oder *Mandatory*.

Der Client ist für die Transaktionssteuerung verantwortlich. Er greift direkt über das *Java Transaction API* (JTA) auf den Transaktionsmonitor zu. Um dies zu ermöglichen, muß JTA dem Client als Service auf dem Server angeboten werden und im

Namensdienst eingetragen sein. Hier weisen die einzelnen EJB-Server leider Differenzen auf. Besonders der verwendete Name für den Namensdienst differiert. Die entsprechenden Informationen müssen der Dokumentation des jeweiligen Produkts entnommen werden.

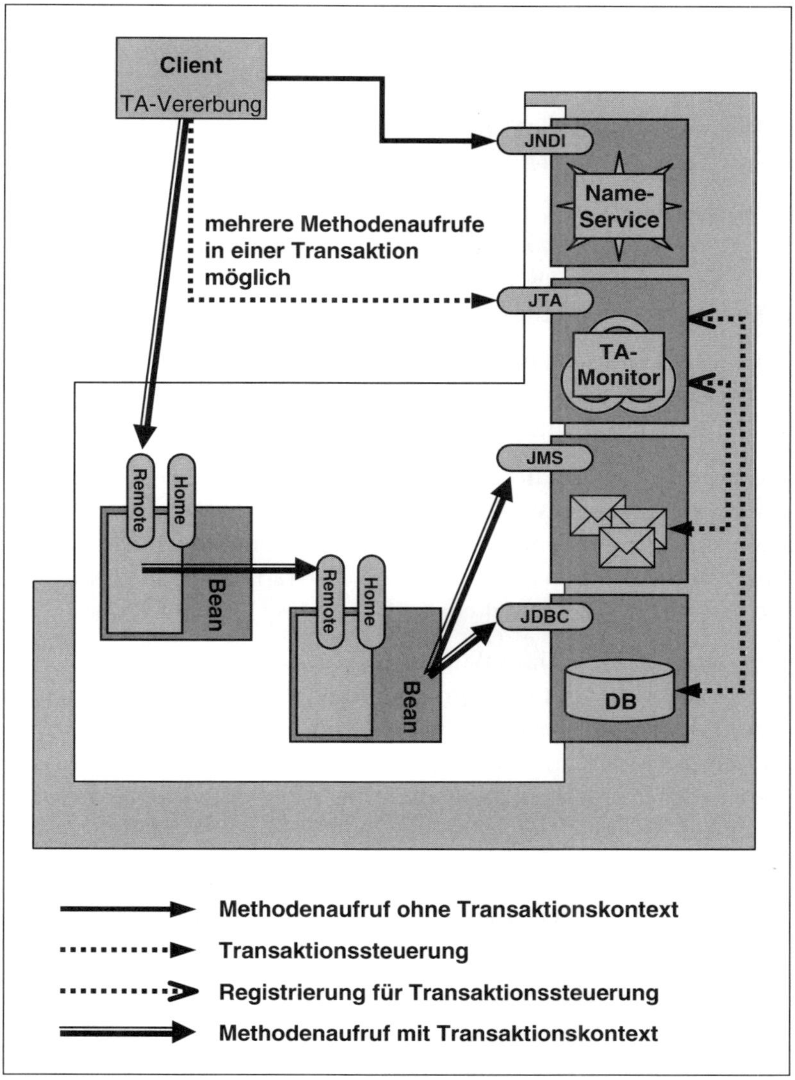

Abbildung 7-6 Beispiel für die Datenflüsse bei der expliziten Transaktionssteuerung des Clients

Nachdem sich der Client Zugriff auf das JTA verschafft hat, kann er eine globale Transaktion starten. Der Transaktionsmonitor wird mit dem *Java Transaction Service* (JTS) die Vererbung des Transaktionskontextes sicherstellen.

In der Transaktion kann der Client beliebig viele Methoden auch von unterschiedlichen Beans aufrufen. Nachdem alle Aktionen der Transaktion durchgeführt wurden, beendet der Client die Transaktion mit einem Commit oder Rollback.

In der Transaktion wird bei jedem Methodenaufruf einer Bean auf dem Server auch der Transaktionskontext vererbt. In unserem Beispiel verwendet die aufgerufene Bean die Transaktion des Clients für die Ausführung ihrer Methode.

Beim Aufruf von Methoden an weiteren Beans oder beim Zugriff auf transaktionale Systeme wird der Transaktionskontext stets vererbt. Somit werden alle Aktionen an die Transaktion des Clients gebunden und gemeinsam durchgeführt (Commit) oder gemeinsam rückgängig gemacht (Rollback).

Bei einem Fehler kann jede beteiligte Bean bestimmen, daß die Transaktion bei Abschluß rückgängig gemacht wird. Der Bean-Kontext bietet das entsprechende Interface. Der Entwickler einer Bean muß somit nicht auf JTA zugreifen.

Durch die explizite Transaktionssteuerung des Clients wird viel Programmlogik im Client-Programms realisiert. Dies muß kritisch betrachtet werden, da die Strukturierung der Applikation und die Wiederverwendbarkeit darunter leidet. Sie sollten immer überprüft, ob die deklarativen Transaktionen des EJB-Konzepts nicht eine bessere Lösung ermöglichen.

Der Vorteil der expliziten Transaktionssteuerung des Clients ist, daß eine Applikationsentwicklung nur mit einer Programmierung am Client möglich wird. Die Menge der existierenden Beans am Server wird einfach verwendet, ohne sie zu erweitern oder zu verändern. Im Gegensatz dazu ist es bei der impliziten Transaktionssteuerung erforderlich, eine neue Bean zu entwickeln, wenn mehrere Methodenaufrufe in einer Transaktion ausgeführt werden sollen.

Die explizite Transaktionssteuerung des Clients ermöglicht somit eine schnellere Entwicklung von Prototypen. Dieser Weg ist auch interessant, wenn der weitaus größte Teil der Applikationslogik aus zugekauften Beans besteht und es keine eigene Entwicklung von Beans gibt.

7.4.2 Beispiel *Producer*

Hier soll wieder das Beispiel *Producer* aufgegriffen werden, das schon bei der impliziten Transaktionssteuerung verwendet wurde.

Es soll die gleiche Logik realisiert werden, diesmal jedoch mit der Transaktionssteuerung im Client. Der Grund dafür könnte sein, daß nur die Entity-Bean *Stock* existiert und wir keine neue Bean schreiben wollen. Der Client wird die gleiche Funktionalität wie die Session-Bean *Producer* haben und zusätzlich die Transaktionssteuerung übernehmen.

Zuerst verschafft sich der Client Zugriff auf die Transaktionen. Vom Name-Service bekommt er einen Stub der Klasse *UserTransaction*, ein leichtgewichtiges Objekt, das das JTA-Interface am Client anbietet. *UserTransaction* ist ein zentraler Bestandteil des JTS (Package *javax.jts*) und wird zusätzlich im JTA (Package *javax.transaction*) für den regulären Applikationsentwickler veröffentlicht.

```
// Eines der folgenden Packages muß der
// EJB-Container zur Verfügung stellen:
// import javax.transaction.*;
// import javax.jts.*;

// Der folgende Name kann bei manchen
// EJB-Container abweichen:
static String nameUserTa =
  "java:comp/UserTransaction";
UserTransaction userTa = null;

...

try {
  Context ctx =
    getInitialContext();

  // Holen der UserTransaction mit JNDI
  userTa = (UserTransaction)
    javax.rmi.PortableRemoteObject.narrow(
    ctx.lookup(nameUserTa),
    UserTransaction.class);
}
catch(NamingException ne) {
  System.out.println(
    "Error using" +
    "Name Service");
}
```

Listing 7-15 Client.ClientTAs -Zugriff auf JTA

Wie bei der impliziten Transaktionssteuerung initialisiert der Client zwei Instanzen der Entity-Bean *Stock*. An dieser Stelle soll darauf hingewiesen werden, daß diese Aktionen ohne eine globale Transaktion ausgeführt werden. Durch das Transaktionsattribut *Mandatory* startet der EJB-Container automatisch eine Transaktion. Das zeigt, wie einfach sich die implizite und die explizite Transaktionssteuerung kombinieren lassen.

```
// hole StockHome
stockHome = (StockHome)
  javax.rmi.PortableRemoteObject.narrow(
  ctx.lookup(stockHomeName),
  StockHome.class);

// überprüfe Vorbedingungen
System.out.println("\nPreparation");
Stock stock[] = new Stock[3];

for(int i=0; i<listStockId.length; i++){
  // Lösche alte Testdaten
  try {
    stockHome.remove(
      new StockPK(listStockId[i]));
  }
  catch (RemoveException e) {
    System.out.println(
      "Stock"+listStockId[i]+
      "does not exist");
  }
  // erzeuge neues Lager
  System.out.println(
    "stock " + listStockId[i] +
    " with volume "+listVolume[i]+
    " created");

  stock[i]=stockHome.create(
    listStockId[i], 100, listVolume[i]);
}
```

Listing 7-16 Client.ClientTAs – Initialisierung von drei Instanzen der Entity-Bean Stock

Die eigentliche Funktionalität wird vom Client in einer globalen Transaktion ausgeführt. Für die Transaktionssteuerung wird das Interface *UserTransaction* eingesetzt. Drei Methoden werden für die Transaktionssteuerung gebraucht: *begin, commit* und *rollback*.

Mit *begin* startet der Client eine neue Transaktion. Hier sei nochmals darauf hingewiesen, daß keine verschachtelten Transaktionen unterstützt werden. Jede Transaktion in einem Thread muß beendet werden, bevor die nächste gestartet werden darf.

Das bedeutet allerdings nicht, daß ein Client mit einer eigenen Transaktion keine Methode einer Bean aufrufen darf, die eine eigene Transaktion verwendet. Das Client-Programm und die Bean-Methode werden in zwei unterschiedlichen Threads ausgeführt. Der EJB-Container vererbt die Transaktion nur, wenn zu der Methode entsprechende Transaktionsattribute definiert wurden. Somit werden auch in diesem Fall keine verschachtelten Transaktionen benötigt.

Mit *commit* signalisiert der Client, daß die Transaktion für ihn erfolgreich war und beendet werden soll. Die Transaktion wird nur mit einem Commit beendet, wenn keine an der Transaktion beteiligte Bean zuvor *setRollbackOnly* aufgerufen hat.

In der Transaktion kann es zu Fehlern kommen. Beispielsweise kann ein Lager das mögliche Fassungsvolumen überschreiten. Weil die Entity-Bean *Stock* im Fehlerfall nicht mit *setRollbackOnly* reagiert, sondern nur eine Exception auslöst, wäre es möglich, hier ein Verfahren für die Aufhebung dieser Fehlersituation zu realisieren. Das gegebene Beispiel reagiert jedoch einfach mit einem Rollback.

Trotzdem besteht das folgende Programmfragment hauptsächlich aus der Fehlerbehandlung. Es wird mit verschachtelten *try*-Blocks auf zwei Ebenen gearbeitet. Innen stehen drei Blocks zur Behandlung der auftretenden Exception beim Transaktionsbeginn, zur Ausführung der eigentlichen Funktionalität und zum Abschluß der Transaktion. Bei jeder Exception wird entschieden, ob der Fehler zu einem Rollback der gesamten Transaktion führen soll. In diesem Fall wird eine *ProcessingErrorException* ausgelöst. Der äußere *try*-Block fängt diese Exception ab und reagiert darauf mit einem Rollback der Transaktion.

```
try {
  try {
    userTa.begin();
  }
  catch(IllegalStateException e) {
    System.err.println(
      "The transaction is not in an "+
      "appropriate state.");
  }
  catch(Exception e) {
    System.err.println(
           "Unexpected Error Condition");
  }
```

```
try {
  System.out.println("Produce");
  stock[0].get(volume);
  stock[1].get(volume*2);
  stock[2].put(volume);
}
catch(ProcessingErrorException e) {
  System.out.println(
    "Error while processing");
  throw e;
}
catch(RemoteException e) {
  System.out.println(
    "Remote connection failed");
  throw new
    ProcessingErrorException();
}

try {
  userTa.commit();
}
catch(
  TransactionRolledbackException e) {
  System.err.println(
         "Transaction already rolled back"+
         "or mared for rollback"    );
}
catch(HeuristicMixedException e) {
  System.err.println(
         "A heuristic decision was made."+
         "Some participants have "+
    "rolledback, others have "+
    "commited." );
}
catch(HeuristicRollbackException e) {
  System.err.println(
         "A heuristic decision was made."+
         "All paricipants have rolledback."
    );
}
catch(SecurityException e) {
  System.err.println(
  "A security violation occured." );
}
catch(IllegalStateException e) {
```

```
      System.err.println(
        "The transaction is not active.");
    }
    catch(Exception e) {
      System.err.println(
        "Unexpected Error Condition");
    }
  }
  catch(ProcessingErrorException pee) {
    System.err.println(
      "Exception occured: "+
      "Rolling back transaction.");
    try{
      userTa.rollback();
    }
    catch(SecurityException e) {
      System.err.println(
        "A security violation occured." );
    }
    catch(IllegalStateException e) {
    System.err.println(
      "The transaction is not active.");
    }
    catch(Exception e) {
      System.err.println(
        "Unexpected Error Condition");
    }
  }
```

Listing 7-17 Client.ClientTAs – der Programmabschnitt, der die Produktion durchführt

Jetzt ist die Funktionalität des Clients vollständig. Im Vergleich zu einer impliziten Transaktionssteuerung hat der Client mit expliziter Transaktionssteuerung deutlich mehr Funktionalität. Wenn die Wahl zwischen beiden Lösungswegen besteht, sollte bei vergleichbarer Funktionalität die implizite Transaktionssteuerung bevorzugt werden. Der Aufwand für die Implementierung der betrachteten Funktionalität ist besser für die Entwicklung einer wiederverwendbaren Serverkomponente investiert.

7.4.3 Transaktionssteuerung in der Bean

Session-Beans können auch selbst die vollständige Kontrolle über die Transaktionen übernehmen (seit der EJB-1.1.-Spezifiktation ist dies für Entity-Beans nicht mehr möglich). Der Transaktionskontext des Clients wird vom EJB-Container nicht an die Bean weitergegeben. Der Transaktionskontext der Bean bleibt von diesem vollständig isoliert.

Die Bean hat die Möglichkeit, mit globalen oder lokalen Transaktionen zu arbeiten. Bei der Verwendung von globalen Transaktionen darf es immer nur eine aktive Transaktion zu einem Zeitpunkt geben. Das bedeutet, daß vor dem Start einer globalen Transaktion alle lokalen Transaktionen abgeschlossen sein müssen und auch die vorhergehende globale Transaktion beendet sein muß.

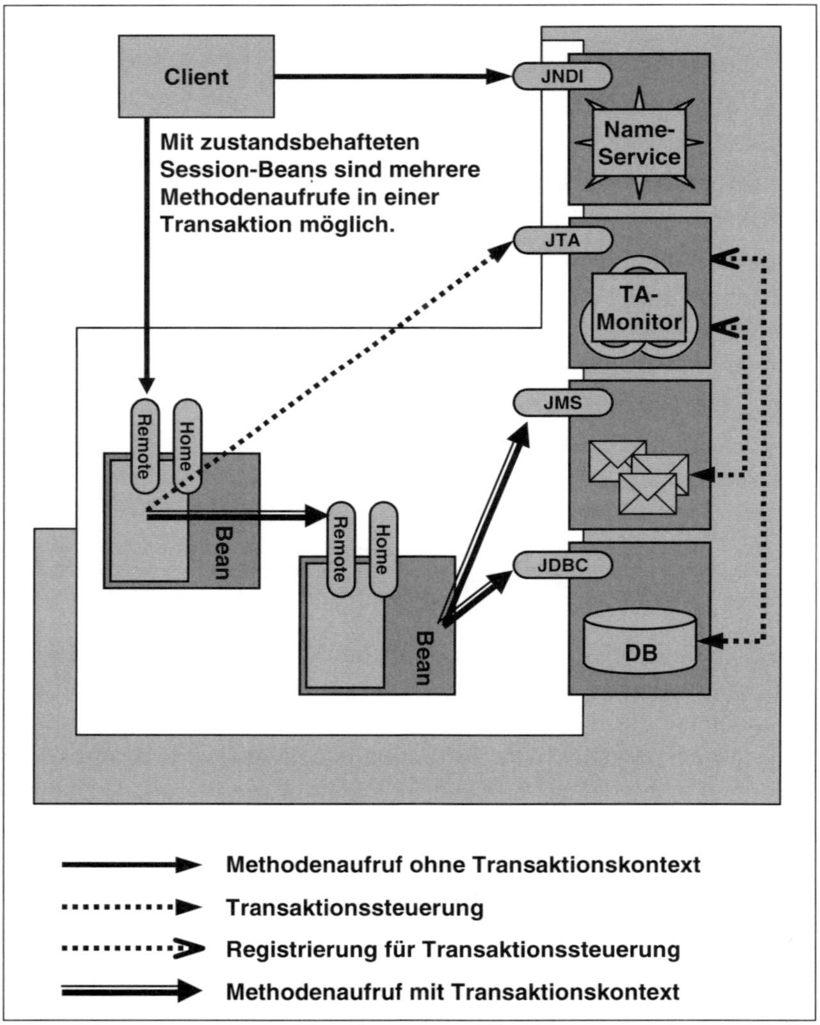

Abbildung 7-7 Beispiel für die Datenflüsse bei der expliziten Transaktionssteuerung der Bean mit einer globalen Transaktion

Abbildung 7-7 zeigt ein schematisches Beispiel für die explizite Transaktionssteuerung einer Bean, die mit einer globalen Transaktion arbeitet. Die Bean erbt nicht den Transaktionskontext des Clients, sondern startet ihre eigene globale Transaktion durch den direkten Zugriff auf den Transaktionsservice über JTS. Wie bekannt ist, wird die globale Transaktion vererbt, wenn die Bean andere Beans oder transaktionale Systeme verwendet.

Die Programmierung dieses Beispiels kann aus dem Beispiel für einen Client mit expliziter Transaktionssteuerung abgeleitet werden. Insbesondere der Zugriff auf JTA ist identisch.

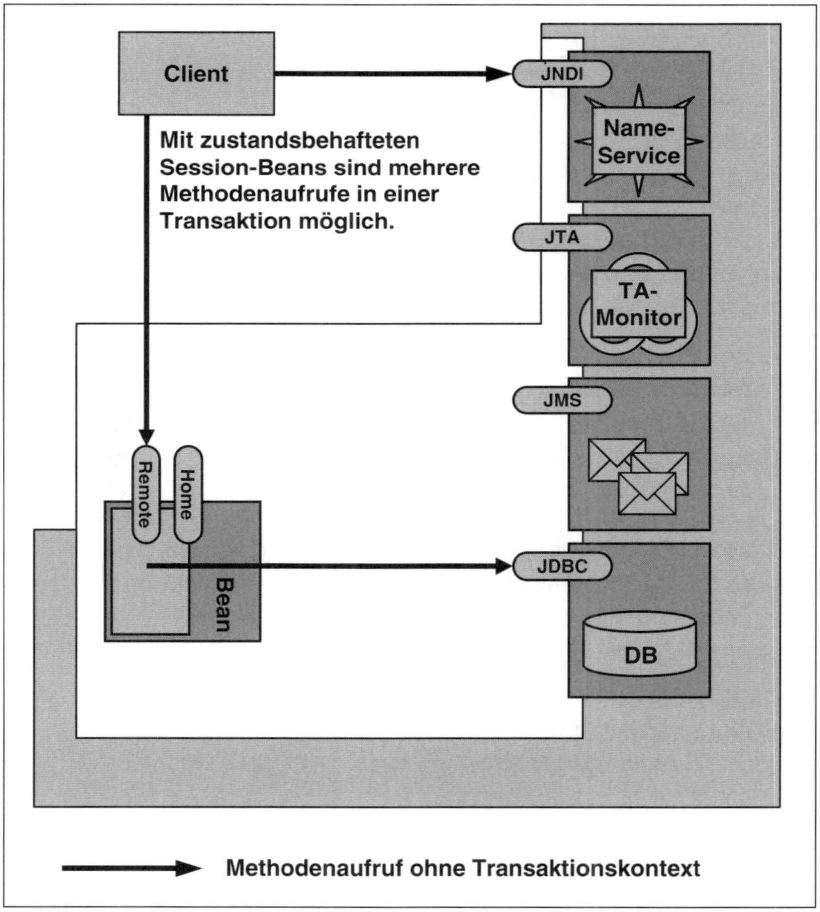

Abbildung 7-8 Beispiel für die Datenflüsse bei der expliziten Transaktionssteuerung der Bean mit einer lokalen Transaktion

Die Bean kann auch die gleiche Transaktion über mehrere Methodenaufrufe des Clients hinweg verwenden. Der EJB-Container verwaltet den Transaktionskontext für die Bean. Wenn die Bean eine globale Transaktion nicht vor dem Ende einer Methode abschließt, wird ein folgender Methodenaufruf automatisch mit dem gleichen Transaktionskontext assoziiert.

Die Transaktionssteuerung in der Bean muß jedoch nicht mit globalen Transaktionen arbeiten. Durch die Beschränkung auf lokale Transaktionen kann der Entwickler der Bean freier auf die Eigenarten der verwendeten Datenbanken oder anderen transaktionalen Systeme eingehen. Abbildung 7-8 zeigt ein schematisches Beispiel für die explizite Transaktionssteuerung einer Bean, die mit lokalen Transaktionen arbeitet.

Systeme, die an einer globalen Transaktion beteiligt sind, müssen die JTS-Interfaces anbieten oder vom EJB-Container speziell angesprochen werden. Beispielsweise unterstützt erst JDBC 2.0 die globalen Transaktionen des JTS. Ältere Datenbanksysteme können nur dadurch verwendet werden, daß die EJB-Container die älteren Schnittstellen berücksichtigen. Der ausschließliche Einsatz von lokalen Transaktionen in einer Bean ermöglicht es, beliebige transaktionale Systeme zu verwenden. Dabei verwendet die Bean die spezifischen Schnittstellen des jeweiligen Systems für die Steuerung einer lokalen Transaktion.

Im folgenden Abschnitt wird das Beispiel *Migration* den Umgang mit lokalen Transaktionen in der Bean verdeutlichen.

7.4.4 Beispiel *Migration*

Das folgende Beispiel zeigt, wie eine Bean die lokalen Transaktionen einer Datenbank explizit steuert. Das Programm könnte ebensogut als Beispiel für die Programmierung von JDBC dienen. Lokale Datenbanktransaktionen werden von Beans allein über JDBC gesteuert.

Das Beispiel Migration zeigt, wie die Währung in einer Datenbanktabelle von DM auf Euro umgestellt wird. Eine Session-Bean nimmt diese Umstellung in einer lokalen Transaktion vor.

Migration ist nur ein einfaches Beispiel. Die hier verwendeten lokalen Transaktionen würden der Bean jedoch weitergehende Freiheiten geben. Für vergleichbare Vorgänge könnten jedoch auch spezielle Langzeittransaktionen oder das Sperren ganzer Relationen nötig sein.

Zuerst soll ein Auszug aus dem Deployment-Deskriptor gezeigt werden. Beachten Sie, daß im Abschnitt *transaction-type* das Schlüsselwort *Bean* angegeben wird. Dies kennzeichnet, daß die Bean die explizite Transaktionssteuerung übernimmt. Gleichzeitig verbietet dieser Wert die Definition von Transaktionsattributen im Assembly-Deskriptor.

```
...
<enterprise-beans>
  <session>
    <ejb-name>ejb/Migration</ejb-name>
    <home>interfaces.MigrationHome</home>
    <remote>interfaces.Migration</remote>
    <ejb-class>
      server.MigrationBean
    </ejb-class>
    <session-type>Stateless</session-type >
    <transaction-type>
      Bean
    </transaction-type>
    <resource-ref>
      <description>
        Zu migrierende Datenbank
      </description>
      <res-ref-name>
        jdbc/Migration
      </res-ref-name>
      <res-type>
        javax.sql.DataSource
      </res-type>
      <res-auth>
        Container
      </res-auth>
    </resource-ref>
  </session>
</enterprise-beans>
...
```

Listing 7-18 Deployment-Deskriptor der Session-Bean Migration

Das Home- und das Remote-Interface zeigen die einfache Schnittstelle. Die Konvertierung wird durch den Aufruf der Methode *migrate* angestoßen. Die Ausnahme *MigrationErrorException* signalisiert einen Fehler bei der Ausführung.

```
public interface MigrationHome
  extends EJBHome
{
  public Migration create()
    throws CreateException, RemoteException;
}
```

Listing 7-19 interfaces.MigrationHome – das Home-Interface der Session-Bean Migration

```
public interface Migration
  extends EJBObject
{
  public void migrate() throws
    MigrationErrorException,
    RemoteException;
}
```

Listing 7-20 interfaces.Migration – das Remote-Interface der Session-Bean Migration

Bei dieser Bean wird die Datenbankverbindung so lange offen gehalten, wie die Bean aktiv im Speicher liegt:

```
void openRessources()
  throws RemoteException
{
  try{
  // open a database connection
  Context beanCtx =
    new InitialContext();
  javax.sql.DataSource ds =
    (javax.sql.DataSource)
    beanCtx.lookup(
    "java:comp/env/jdbc/Migration");
  dbCon = ds.getConnection();

  dbCon.setAutoCommit(false);
}
  catch(SQLException e){
    throw new RemoteException(
      "cannot get connection");
  }
  catch(NamingException e){
    throw new RemoteException(
      "DB-Ref not found");
  }
```

```
}

public void ejbCreate()
  throws RemoteException
{
  openRessources();
}
public void ejbActivate()
  throws RemoteException {
    openRessources();
}
```

Listing 7-21 server.MigrationBean – Öffnen einer dauerhaften Datenbankverbindung

Die folgenden Programmfragmente sind für das Schließen der Datenbankverbindung zuständig.

```
void closeRessources() {
  try {
    dbCon.close();
  }
  catch (Exception ignore) {}
}
public void ejbRemove() {
  closeRessources();
}
public void ejbPassivate() {
  closeRessources();
}
```

Listing 7-22 server.MigrationBean – Schließen der dauerhaften Datenbankverbindung

Wer mit der Programmierung von JDBC vertraut ist, wird an der Methode *migrate* nichts Neues entdecken. Die Methode konvertiert die Währungen mit einem einzelnen SQL-Befehl. Bei Erfolg wird die Transaktion mit *commit* abgeschlossen. Bei einem Fehler wird *rollback* ausgeführt. Die Methode basiert allein auf der Programmierung von JDBC.

```
public void migrate()
  throws MigrationErrorException
{
  PreparedStatement ps = null;
  if(dbCon == null) {
    throw new
      MigrationErrorException();
```

```
  }
  try {
    ps = dbCon.prepareStatement(
      "update invoice set "+
      "amount = amount / ?, "+
      "currency = 'EU' "+
      "where currency = 'DM'");
    ps.setFloat(1, EXCHANGE_RATE);
   ps.executeUpdate();
   dbCon.commit();
  }
  catch (SQLException e) {
    System.err.println(
      "Error executing SQL statement.");

    try{
     dbCon.rollback();
    }
    catch(SQLException ignore) {}

    throw new
      MigrationErrorException(
        e.getMessage());
  }
}
```

Listing 7-23 server.Migration.migrate() – Umwandlung der Währung DM in Euro

Zusammenfassend kann gesagt werden, daß eine Session-Bean mit expliziter Transaktionssteuerung wie ein regulärer Datenbank-Client programmiert wird, wenn sie mit lokalen Transaktionen arbeitet. Wird mit globalen Transaktionen gearbeitet, ist die Programmierung mit einem EJB-Client mit expliziter Transaktionsteuerung vergleichbar (siehe Abschnitt 7.4.2, *Beispiel Producer*, mit expliziten Transaktionen des Clients).

7.5 Transaktionen im Deployment-Deskriptor

Die transaktionalen Eigenschaften einer Bean werden in drei Schritten definiert:

Erster Schritt

Im ersten Schritt definiert der Bean-Provider, ob die Transaktionen vom EJB-Container oder von der Bean gesteuert werden. Der Bean-Provider macht ausschließlich Angaben bei der Strukturinformation der Bean.

Bei expliziter Transaktionssteuerung der Bean definiert der Bean-Provider den Transaktionstyp *Bean* in der Strukturinformation der Bean im Abschnitt *enterprise-beans*:

```
<transaction-type>Bean</transaction-type>
```

Bei deklarativer Transaktionssteuerung wird bei der Strukturinformation der Bean keine Angabe zu den transaktionalen Eigenschaften gemacht. Diese werden erst in den folgenden Schritten mit den Transaktionsattributen festgelegt.

Zweiter Schritt

Im zweiten Schritt definiert der Application-Assembler die Transaktionsattribute. Der Application-Assembler macht ausschließlich Angaben über die Zusammenstellung der Bean im Abschnitt *assembly-descriptor*.

Zu jeder erlaubten Methode kann ein eigenes Transaktionsattribut angegeben werden. Dieses definiert das transaktionale Verhalten der Beans mit impliziter Transaktionssteuerung durch den EJB-Container.

Die EJB-Spezifikation macht genaue Angaben, zu welchen Methoden aus Home- und Remote-Interface ein Transaktionsattribut vergeben werden darf:

- Bei Session-Beans nur für die definierten Business-Methoden
- Bei Entity-Beans für die definierten Business-Methoden und zusätzlich für die Methoden *find*, *create* und *remove* aus dem Home-Interface

Die EJB-Spezifikation gibt drei unterschiedliche Schreibweisen an, um die Definition im Deployment-Deskriptor einfach und verständlich zu halten:

1. Für alle Methoden einer Bean wird das gleiche Transaktionsattribut vergeben.

```
<method>
   <ejb-name>Stock</ejb-name>
   <method-name>*</method-name>
</method>
```

2. Ein Transaktionsattribut wird für einen Methodennamen vergeben. Falls es mehrere Methoden mit demselben Namen, aber unterschiedlichen Parametern gibt, wird das Transaktionsattribut all diesen Methoden zugewiesen.

```
<method>
   <ejb-name>Stock</ejb-name>
   <method-name>get</method-name>
</method>
```

3. Ein Transaktionsattribut wird an genau eine Methode vergeben. Die Methode wird vollständig durch ihren Namen und die Parametertypen spezifiziert.

```
<method>
  <ejb-name>Stock</ejb-name>
  <method-name>get</method-name>
  <method-param>int</method-param>
</method>
```

   Es ist möglich, daß im Home- und Remote-Interface Methoden mit einer identischen Signatur existieren. Mit dem zusätzlichen Attribut *method-intf* kann zwischen *Home* und *Remote* differenziert werden.

```
<method>
  <ejb-name>Stock</ejb-name>
  <method-intf>Home</method-intf>
  <method-name>create</method-name>
  <method-param>
    java.lang.String
  </method-param>
  <method-param>int</method-param>
  <method-param>int</method-param>
</method>
```

Die drei Schreibweisen können auch gleichzeitig verwendet werden. Dabei hat immer die präzisere Definition Vorrang vor der weniger genauen.

Dritter Schritt

Im dritten Schritt kann der Deployer die Angaben des Application-Assemblers verändern und ergänzen. Der Deployer muß sicherstellen, daß für jede Bean mit impliziter Transaktionssteuerung ein eindeutiges Transaktionsattribut für jede Methode definiert ist.

8 Aspekte der praktischen Anwendung

In diesem Kapitel wollen wir Themen aufgreifen, die von der Spezifikation in der Version 1.1 gar nicht oder nur oberflächlich behandelt werden. Oft sind gerade diese Gesichtspunkte für die Entwicklung praxistauglicher Systeme unverzichtbar. Das soll nicht bedeuten, daß wir die Spezifikation für unvollständig oder lückenhaft halten. Sie läßt dem Entwickler bei manchen Themen Raum für eigene Ideen und bietet so die Chance, Systeme und Implementierungen voneinander abgrenzen zu können. Ziel dieses Kapitels ist es, Anregungen für Implementierungen zu ausgewählten Themen in beispielhafter Form zu geben und diese zu diskutieren.

8.1 Performanz

Wie bereits in Kapitel 2 angesprochen, leidet die Programmiersprache Java unter dem Ruf einer schlechten Performanz. Gerade im Bereich Geschäftsanwendungen, zweifelsohne dem Fokus von Enterprise JavaBeans, ist dies ein kritischer Gesichtspunkt. Zu langsame Anwendungen verursachen für eine Firma Kosten, da die Mitarbeiter weniger effizient arbeiten können. Systembedingte Wartezeiten sind für die Arbeitsmotivation nicht förderlich. Der Arbeitsfluss des Mitarbeiters wird gehemmt und er wird in seiner Konzentration gestört. Deshalb ist die Akzeptanz langsamer Anwendungen bei den Benutzern geringer.

Dieser Abschnitt hat sich zur Aufgabe gesetzt, dem Leser die Eigenheiten der Architektur von Enterprise JavaBeans noch einmal vor Augen zu führen, um ein performanzbezogenes Bewußtsein beim Umgang mit EJB zu schaffen. Zu diesem Zweck wollen wir die Abläufe, die sich innerhalb des EJB-Containers abspielen, etwas genauer betrachten als in Kapitel 3.

Am Beispiel einer einfachen Session- und einer einfachen Entity-Bean sollen die beteiligten Objekte sowie die Abläufe und Zusammenhänge unter ihnen durchleuchtet werden. Die folgenden Ausführungen mögen nicht im Detail für jede Server- bzw. Containerimplementierung zutreffen, das Prinzip – und darauf kommt es an – ist bei allen Implementierungen gleich.

Beispiel: Währungsumrechnung

Die Entity-Bean (wir wollen von container-managed Persistence ausgehen) soll den Wechselkurs einer bestimmten Währung gegenüber der D-Mark repräsentieren. Die Session-Bean soll einen DM-Betrag anhand eines Wechselkurses in eine andere Währung umrechnen können. Die beiden Beans, die der Bean-Provider entwickelt, deklarieren jeweils ein Home- und ein Remote-Interface (*Wechselkurs-*

Home, WechselkursRemote, UmrechnungHome und *UmrechnungRemote*) und stellen jeweils eine Bean-Klasse mit der eigentlichen Implementierung zur Verfügung (*WechselkursBean* und *UmrechnungBean*). Beide Beans benutzen deklarative Transaktionen. Die Entity-Bean (*WechselkursBean*) hat zwei Attribute: die Währung als *String*- und den Wechselkurs gegenüber der D-Mark als *Float*-Variable. Die Währung dient dabei als Primärschlüssel (representiert durch die Klasse *WechselkursPK*). Die Bean bietet eine Methode *wechselkursAlsFloat()* an, um auf den Wechselkurs als *Float*-Wert für Berechnungen zugreifen zu können. Die Session-Bean (*UmrechnungBean*) weist in ihrem Remote-Interface eine Methode *umrechnen()* auf. Diese Methode erwartet als Paramter den DM-Betrag und den Wechselkurs in Form eines *Float*-Wertes und liefert als Ergebnis den Betrag in der entsprechenden Zielwährung.

Bei der Installation beider Beans in einem EJB-Container werden durch die Deployment-Tools des Container-Providers weitere Klassen erzeugt. Für die Home- und Remote-Interfaces werden jeweils aus den Angaben im Deployment-Deskriptor Implementierungsklassen generiert (die wir *WechselkursHomeImpl, WechselkursRemoteImpl, UmrechnungHomeImpl* und *UmrechnungRemoteImpl* nennen und bereits als *EJBHome*- und *EJBObjekt*-Klasse in Kapitel 3 kennengelernt haben). Da die Implementierungsklassen des Home-und des Remote-Interfaces zur Laufzeit als Remote-Objekte über RMI ansprechbar sein müssen, sind dafür entsprechende RMI-Klassen zu generieren (für jede Implementierungsklasse jeweils eine Stub- und eine Skeletonklasse). Um diese zwei primitven Beans in einem Server zu installieren sind demnach 15 Klassen und 4 Interfaces notwendig. Die 4 Interfaces und die beiden Bean-Klassen werden durch den Bean-Provider erstellt, die restlichen Klassen werden durch die Tools des Container-Providers generiert (wobei die tatsächliche Anzahl der generierten Klassen letzten Endes von der jeweiligen Container- bzw. Serverimplementierung abhängt).

Der Client-Code für die Benutzung der beiden Beans könnte vereinfacht wiefolgt aussehen (ein fixer Betrag von 100 DM soll in US-Dollar umgerechnet werden):

```
...
InitialContext ctx = new InitialContext();
///////////
//Schritt 1 : Der Client erfrägt den passenden Wechselkurs
Object o = ctx.lookup("Wechselkurs");
WechselkursHome wh = (WechselkursHome)
       PortableRemoteObject.narrow(o, WechselkursHome.class);
//Suchen des Wechselkurses
WechselkursPK pk = new WechselkursPK(”US-Dollar”);
WechselkursRemote wr = (WechselkursRemote)
```

```
                        wh.findByPrimaryKey(pk);
//Auslesen des Wechselkurses
Float wechselkurs = wr.wechselkursAlsFloat();
////////////
//Schritt 2 : Umrechnen des Betrags in die gewünschte Währung
Object o1 = ctx.lookup("Umrechnung");
UmrechrechnungHome uh = (UmrechnungHome)
       PortableRemoteObject.narrow(o1, UmrechnungHome.class);
//Erzeugen der Session-Bean
UmrechnungRemote ur = (UmrechnungRemote)uh.create();
//Umrechnen von 100 DM in die Zielwährung
ur.umrechnen(100, wechselkurs);
...
```

Listing 8-1 Client-Code Währungsumrechnung

Im folgenden wird betrachtet, welche Mechanismen durch diese wenigen Code-Zeilen des Client-Programms zur Laufzeit auf dem Server (bzw. im Container) in Gang gesetzt werden und welche Objekte daran beteiligt sind.

Bereits beim Starten des Servers werden für die installierten Beans die Implementierungen der Home-Interfaces instantiiert und die dazugehörigen Stub-Objekte im Naming-Service zur Verfügung gestellt.

Schritt 1: Der Client erfragt den passenden Wechselkurs

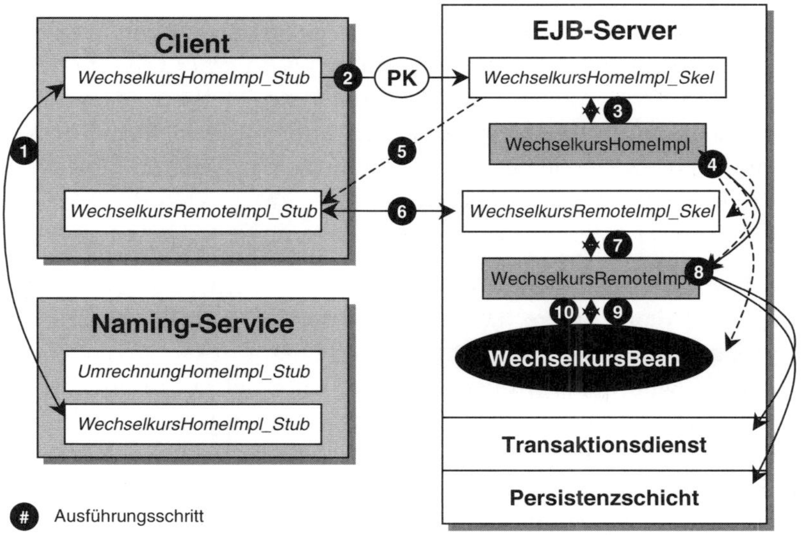

Abbildung 8-1 Beispiel: Erfragen des Wechselkurses

Ausführungs-schritt	Stichwortartige Erläuterung zu Abbildung 8-1
1	JNDI-Lookup auf das Home-Interface der Wechselkurs-Bean (Netzwerkzugriff erforderlich).
2	Erzeugen eines *PrimaryKey*-Objektes und Aufruf der *findByPrimaryKey*-Methode (Netzwerkzugriff erforderlich).
3	Aufruf der *findByPrimaryKey*-Methode bei der zum Skeleton gehörigen Instanz der Home-Interface-Implementierung.
4	Erzeugen der Bean- und Remote-Interface-Instanz bzw. Rückgriff auf gepoolte Instanzen, Initialisierung der Instanzen.
5	Remote-Interface-Stub wird als Ergebnis des *findByPrimaryKey*-Aufrufes an den Client geliefert.
6	Client ruft die Methode *wechselkursAlsFloat()* auf um den Wechselkurs zu erfragen (Netzwerkzugriff erforderlich).
7	Aufruf von *wechselkursAlsFloat()* bei der zum Skeleton gehörigen Remote-Interface – Implementierung
8	Öffnen einer Transaktion, persistente Daten holen, setzen der Daten bei der Bean-Instanz, Schliessen der Transaktion.
9	Aufruf von *ejbLoad()* und *ejbActivate()* bei der Bean-Instanz
10	Aufruf der Methode *wechselkursAlsFloat()* bei der Bean-Instanz und Rückgabe des Ergebnisses an den Client

Über einen JNDI-Lookup holt sich der Client ein Stub-Objekt der Home-Interface-Implementierung in seinen Prozeßraum. Um den gewünschten Wechselkurs zu finden, instantiiert und initialisiert der Client ein *PrimaryKey*-Objekt und übergibt es als Parameter beim Aufruf der *findByPrimaryKey*-Methode. Das *PrimaryKey*-Objekt wird dazu im Stub-Objekt serialisiert und mit dem RMI-Protokoll über Netz an das zugehörige Skeleton-Objekt geschickt. Das Skeleton-Objekt deserialisiert die Daten, wertet sie aus und veranlaßt einen entsprechenden Methodenaufruf beim Objekt der Home-Interface-Implementierung.

Die Home-Interface-Implementierung überprüft zunächst, ob ein Datensatz mit dem entsprechenden Primärschlüssel vorhanden ist. Dieser Vorgang erfordert einen Zugriff auf die Persistenzschicht. Danach überprüft sie, ob sich eine verfügbare Instanz der Bean-Klasse im Pool befindet. Falls nicht wird eine neue Instanz erzeugt. Anschliessend instantiiert sie ein Objekt der Remote-Interface-Implementierungsklasse. Die Bean-Instanz wird mit einem *EntityKontext*-Objekt versorgt. Als Ergebnis der Operation wird die *RemoteInterface*-Instanz an das Skeleton-Objekt der Wechselkurs-Home-Interface-Implementierung zurückgeliefert. Dort wird es serialisiert und per RMI-Protokoll übers Netz als Rückgabewert an den Client geliefert (wobei er das entsprechende Stub-Objekt erhält).

Um den Wechselkurs in Form einer Float-Variable zu bekommen, ruft der Client eine entsprechende Methode des soeben erhaltenen Remote-Interfaces der Wechselkurs-Bean auf (*wechselkursAlsFloat()*). Der Aufruf geht wiederum über Netz per RMI-Protokoll vom Stub an das zugehörigen Skeleton-Objekt auf dem Server, das seinerseits den Aufruf an die Remote-Interface-Implementierung weitergibt. Bevor der Aufruf vom Objekt der Remote-Interface-Implementierung an eine Bean-Instanz weitergegeben werden kann muß geklärt werden, ob eine Bean-Instanz mit der passenden Bean-Identität bereits aktiviert ist. Falls ja, verwendet der EJB-Container einfach diese Instanz. Steht keine Bean-Instanz mit der passenden Identität im Zustand Ready zur Verfügung wird eine Instanz aus dem Pool verwendet und mit der gefragten Bean-Identität initialisiert. Dann liest der EJB-Container die persitenten Daten aus der Persistenzschicht und initialisiert die Attribute der Bean-Instanz. Abschließend ruft der EJB-Container die Methode *ejbActivate* der Bean-Instanz auf, um sie über den Wechsel in den Zustand Ready zu informieren. Steht im Pool keine freie Instanz mehr zur Verfügung, dann muß erst eine aktive Bean-Instanz passiviert werden oder der EJB-Container erzeugt eine neue Instanz. Erst wenn eine Bean-Instanz mit der richtigen Bean-Identität im Zustand Ready bereit steht, kann der EJB-Container den Methodenaufruf an diese weiterleiten.

Für die Betrachtung der Performanzaspekte wollen wir davon ausgehen, daß die Transaktionsattribute und der Transaktionskontext des Clients so geartet sind, daß der EJB-Container eine neue Transaktion starten und nach Abarbeitung der Methode wieder beenden muß. Normalerweise verwendet der EJB-Container immer globale Transaktionen. Das bedeutet, daß immer ein Transaktionsservice die Transaktionen koordiniert. Der EJB-Container greift über das Interface *UserTransaktion* auf den Transaktionsservice zu und steuert dadurch die Transaktion. Die Kommunikation des EJB-Containers mit dem Transaktionsservice kann unterschiedliche Ausprägungen haben. Eine typische Konstellation ist, daß der Transaktionsservice zum Lieferumfang des EJB-Servers gehört und auf dem gleichen Rechner in einem eigenen Prozeß arbeitet. Bei einem großen System treten jedoch die Aspekte der Skalierung in den Vordergrund. Greifen mehrere EJB-Server auf die gleichen Daten zu, so benötigen sie einen zentralen Transaktionsservice. In diesem Fall arbeitet der Transaktionsservice meist auf einer getrennten Server-Maschine. Jeder Zugriff eines EJB-Servers auf den Transaktionsservie geht dann über eine Netzwerkstrecke.

Zuerst startet der EJB-Container eine globale Transaktion durch Aufruf der Methode *begin* im Interface *UserTransaction*. Jetzt besitzt der Thread einen Transaktionskontext. Jedes System, das an der Transaktion beteiligt ist, muß diesen Kontext mitgeteilt bekommen, damit es sich beim Transaktionsservice anmelden kann. Nur bei Aufrufen innerhalb des Threads wird der Context automatisch weitergegeben. Soll der Transaktionskontext auch bei Aufrufen über das Netz weitergegeben werden, muß ein spezieller Stub dies gewährleisten.

Wird innerhalb einer Transaktion beispielsweise auf die Datenbank zugegriffen, so überträgt der JDBC-Treiber (auch eine Art Stub) den Transaktionkontext an den Datenbankservice. Der Datenbankservice meldet sich mit der Transaktions-ID aus dem Kontext beim Transaktionsservice an. Dann wird eine lokale Transaktion in der Datenbank begonnen, die mit dem Transaktionskontext assoziiert ist. Wenn die globale Transaktion zu einem späteren Zeitpunkt beispielsweise mit commit abgeschlossen wird, wird der Datenbankservice vom Transaktionsservice darüber benachrichtigt. Der verwendete Zwei-Phasen-Commit benötigt dabei mindestens zwei Aufrufe.

Dieses Vorgehen ist für alle globalen Transaktionen identisch, unabhängig davon, ob die Bean oder der EJB-Container auf die Datenbank zugreift. Wenn wir davon ausgehen, daß Applikationsserver, Datenbank und Transaktionsservice auf eigenen Server-Maschinen laufen, entstehen durch eine Transaktion mindestens vier zusätzliche Aufrufe (begin, Registrierung, 2 mal commit) über eine Netzwerkstrecke.

In unserem Beispiel wird nach dem *begin* der eigentliche Methodenaufruf an die Bean-Instanz weitergegeben. Nach der Ausführung der Methode beendet der EJB-Container die Transaktion wieder mit commit oder rollback, abhängig vom Auftreten eines Fehlers in der Methode. Dann wird das Ergebnis der Methode in Form des Rückgabewertes zurück an den Skeleton gereicht. Dort wird – wie bei *findByPrimaryKey* – das Ergebnis für die Netzwerkübertragung serialisiert und zurück an den Client-Stub gesendet. Dieser deserialisiert die Daten und stellt sie dem aufrufenden Objekt in Form des Rückgabewertes zur Verfügung.

Schritt 2 : Umrechnen des Betrages in die gewünschte Währung

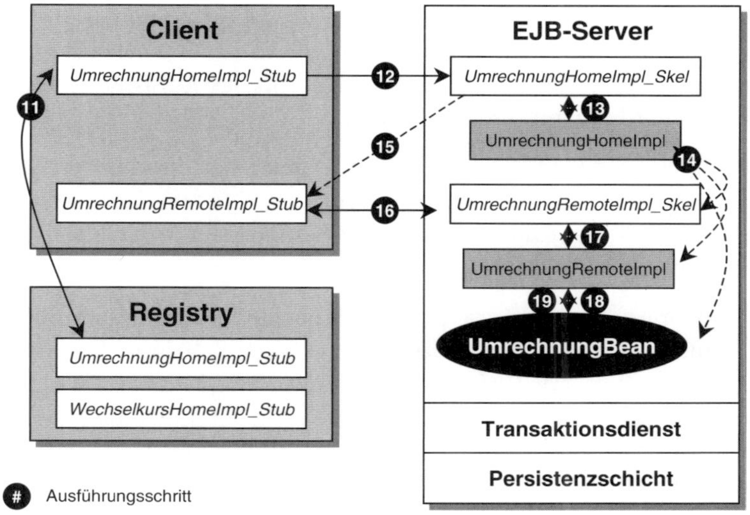

Abbildung 8-2 Beispiel: Umrechnen in die Zielwährung

Ausführungs-schritt	Stichwortartige Erläuterung zu Abbildung 8-2
11	JNDI-Lookup auf das Home-Interface der Umrechnung-Bean.
12	Aufruf der *create*-Methode (RMI).
13	Aufruf der *create*-Methode bei der zum Skeleton gehörigen Implementierung des Home-Interfaces der Umrechnung-Bean.
14	Erzeugen der Bean- und Remote-Interface-Instanz bzw. Rückgriff auf Instanzen im Pool, Initialisierung der Instanzen.
15	Remote-Interface-Stub wird als Ergebnis des *create*-Aufrufes an den Client geliefert.
16	Client ruft die Methode *umrechnen()* auf, um den Betrag in die Zielwährung umzurechnen (RMI).
17	Aufruf von *umrechnen()* bei der zum Skeleton gehörigen Remote-Interface – Implementierung.
18	Evtl. Öffnen einer Transsaktion, Rückgriff auf Bean-Instanz im Pool.
19	Aufruf der Methode *umrechnen()* bei der Bean-Instanz und Rückgabe des Ergebnisses an den Client.

Bei diesem Schritt wiederholt sich im wesentlich das, was bereits im ersten Schritt detailliert dargestellt wurde. Anstatt eines *findByPrimaryKey*-Aufrufs findet nun ein *create*-Aufruf statt (da es sich um eine Session-Bean handelt). Ausserdem fehlen die persistenzbezogenen Operationen. Unter Umständen kann je nach Server-Implementierung die Behandlung von Entity- und Session-Beans bezüglich des Poolings unterschiedlich ausfallen.

Die sehr detaillierte Darstellung der Abläufe in den Containerklassen in unserem Beispiel dürfte zu erkennen gegeben haben, daß Operationen auf Enterprise-Beans relativ aufwendig sind. Bei einem Komponentenmodell wie Enterprise JavaBeans ist ein gewisser Overhead nicht zu vermeiden.

Die Kommunikation über RMI ist für den Entwickler zwar einfach und bequem, allerdings geht die Bequemlichkeit zu Lasten der Ausführungsgeschwindigkeit. Der je Bean-Typ entstehende Container-Code kann nicht – oder nur in sehr geringem Umfang – unter den verschiedenen Bean-Typen geteilt werden, da er aus den spezifischen Angaben des Deployment-Deskriptors einer Enterprise JavaBean generiert wird. Pro Bean-Typ ist eine Laufzeitinstanz der Home-Interface-Implementierung erforderlich (gilt für Entity- und Session-Beans). Bei Entity-Beans ist für jede Bean im Zustand Ready eine Laufzeitinstanz der Remote-Interface-Implementierung nötig. Bei Session-Beans ist eine je Bean-Typ und verbundenem Client erforderlich.

Der Umfang des Container-Overheads (sprich Umfang der zur Laufzeit vorhandenen Container-Objekte) ist direkt-proportional zur Anzahl der installierten und genutzten Beans (bei Session-Beans spielt dabei auch die Anzahl der zum Server verbundenen Clients eine Rolle). Der Umfang der Bean selbst hat relativ wenig mit dem generierten Container-Code zu tun. Eine Bean mit einem kleinen Home- bzw. Remote-Interface hat nicht wesentlich weniger Container-Code (bzw. Laufzeitobjekte) als eine Bean mit einem umfangreichen Home- bzw. Remote-Interface.

Konsequenzen

Ein wichtiger Aspekt beim Umgang mit Enterprise JavaBeans im Hinblick auf eine gute Performanz ist das Design der Netzwerkschnittstelle. Damit sind die Home-vor allem aber die Remote-Interfaces der Beans gemeint. Ziel ist es, möglichst wenig Methoden anzubieten, die möglichst viel Funktionalität enthalten und den Austausch möglichst großer Datenmengen erlauben. Wie obige Ausführungen zeigen, sind Aufrufe von Bean-Methoden aufwendige Operationen. Daher lohnt es sich im Hinblick auf die Optimierung der Verarbeitungsgeschwindigkeit bereits zum Designzeitpunkt an dieser Stelle anzusetzen. Feingranulare Operationen (wie z.B. das Abfragen des Wechselkurses in unserem Beispiel) sind durch ein gewisses

Missverhältnis zwischen dem Umfang der Funktionalität und dem Container-Overhead gekennzeichnet. Sie wirken sich negativ auf die Performanz des Anwendungssytems aus.

Eine nicht minder große Rolle spielt das Design des Datenmodells. Entity-Beans sind schwergewichtige Konglomerate aus Laufzeitobjekten. Feingranulare Entitäten, d.h. Datensätze mit wenigen Datenfeldern, die in grosser Anzahl vorkommen, sind nach Möglichkeit zu vermeiden. Ein Negativbeispiel wäre die Entität Wechselkurs wie sie in diesem Abschnitt verwendet wird. Wie bei der Netzwerkschnittstelle lohnt es sich grobgranulare Entitäten zu definieren. Ziel dabei ist es die Anzahl der Entity-Bean- und Containerklassen-Instanzen möglichst gering zu halten. Die Definition grobgranularer Entitäten und die Modellierung von Methoden, die viel Funtkionalität anbieten und den Transfer großer Datenmengen erlauben, veringert zudem die Anzahl der notwendigen Netzwerkzugriffe.

Das Performanzverhalten unterscheidet sich generell nach Art der Bean. Bei Session-Beans sind aus der performanzorientierten Sicht stateless gegenüber stateful Session-Beans zu bevorzugen. Der EJB-Container kann durch Pooling stateless Session-Beans sehr viel effizienter Verwalten als stateful Session-Beans. Bei letzteren wirkt sich die Objekt-Serialisierung durch den Aktivierungs- bzw. Passivierungsmechanismus zusätzlich negativ auf die Ausführungsgeschwindigkeit aus. Bei Entity-Beans spielt die gewählte Form des Persistenzmechanismus eine Rolle. Bei der Verwendung von container-managed Persistence ist man – was die Performanz der Datenspeicherungsroutinen angeht – von der Implementierung der Containerklassen abhängig. Der Containerprovider muß generische Routinen zur Verfügung stellen, die gegenüber speziell auf einem bestimmten Datenmodell beruhenden Algorithmen immer im Nachteil sind (für den Fall der bean-managed Persistence). So kann es in bestimmten Fällen notwendig sein auf die Bequemlichkeit von container-managed Persistence zugunsten der Ausführungsgeschwindigkeit zu verzichten. Dies ist insbesondere dann der Fall, wenn der Container keine oder nur sehr einfache Mapping-Möglichkeiten von Java- auf Datenbankobjekte bietet. Container-managed Persistence bedeutet in so einem Fall immer feingranulare Entitäten definieren zu müssen (da z.B. die Membervariablen einer Bean auf nur eine Datenbanktabelle abgebildet werden können). Die Konsequenz sind viele Laufzeitobjekte, viele Netzwerkzugriffe und eine hohe Anzahl von Indirektionen.

Auch Transaktionen sind für die Performanz eines Anwendungssystems eine Belastung. Sollte es nicht möglich sein ohne Transaktionen auskommen zu können, so ist es ratsam, die Benutzung globaler Transaktionen zu vermeiden. Da bei globalen Transaktionen sehr viel Kommunikation über Netz erforderlich ist, sind lokale Transaktionen sehr viel performanter. Globale Transaktionen können vermieden werden, indem man z.B. nicht mehrere Entity-Beans in eine Transaktion einbezieht. Eine globale Transaktion ist beispielsweise auch dann erforderlich, wenn eine Entity-Bean auf mehrere Datenbanken zugreift.

Ein interessanter Aspekt bezüglich der Performanz ist die Fähigkeit des Containers zu erkennen, ob sich der Client, der auf Bean-Methoden zugreift, im gleichen Prozeß befindet. Das wird dann der Fall sein, wenn eine Enterprise-Bean zur Bewerkstelligung ihrer Aufgaben eine andere Bean benutzt. Macht der Container keine Unterscheidung, ob der Client in einem entfernten Prozeß existiert (was für den herkömmlichen Client in der Regel zutrifft) oder ob er sich im gleichen Prozeß befindet, läuft die gesamte Kommunikation nach oben beschriebenem Muster ab. Sie läuft über RMI inklusive der aufwendigen Serialisierung und Deserialsierung von Methodenaufrufen und deren Parametern bzw. Rückgabewerten, obwohl sich Client- und Server-Objekt im gleichen Prozeß befinden. Hätte der Container diese Fähigkeit (mit welchen Mechanismen auch immer sie bewerkstelligt ist), so könnte er dem Client statt eines RMI-Stub-Objektes der Remote-Interface-Implementierung eine direkte Referenz auf eine Instanz der Remote-Interface-Implementierung übergeben. Unter Umständen müßte der Container zwei Implementierungsklassen für das Remote-Objekt der Bean generieren: eine für die entfernte und eine für die lokale Kommunikation. Das Ergebnis ist für den Client in beiden Fällen das Gleiche: er bekommt eine Instanz, die ihm das Remote-Interface der Enterprise-Bean zur Verfügung stellt. Da die Methodenaufrufe aber nicht mehr über RMI gehen, sondern es sich um herkömmliche Objekt-Kommunikation innerhalb eines Prozeßes handelt, wäre der Gewinn an Ausführungsgeschwindigkeit enorm. Die Interkommunikation von Enterprise-Beans dürfte wohl eher der Regelfall denn die Ausnahme sein. Die Möglichkeit zur Kombination mehrerer Enterprise-Beans zu Aggregaten im Deployment-Deskriptor unterstreicht diese Tatsache. Ein Container, der derartige Fähigkeiten unterstützt, dürfte ein entscheidendes Verkaufsargument auf seiner Seite haben.

Abschließend sei angemerkt, daß sich die Beispiele dieses Buches nicht immer mit den in diesem Abschnitt beschriebenen Sachverhalten decken. Die Beispiele der übrigen Abschnitte und Kapitel haben das Verständnis EJB-bezogener Sachverhalte zum Ziel, nicht jedoch die Performanzoptimierung.

8.2 Prozesse, Objekte und Dienste

Die architektonische Gestaltung von Anwendungen, wie komplex sie auch sein mögen, stellt Softwaredesigner immer wieder vor neue Herausforderungen. Mit jedem weiteren Schritt in Richtung einer neuen Technologie und mit jeder neuen Anforderung, die aus dem Bereich der Wirtschaft an die IT-Abteilungen herangetragen wird, wächst der Aspekt Design um eine neue Dimension. Enterprise Java-Beans nimmt dem Softwareentwickler durch das Komponentenmodell bereits einige Designentscheidungen ab. Für Probleme wie Verteilung, Skalierung, Persistenz etc. findet man in der Spezifikation entsprechende Antworten, und man endeckt bei genauerer Betrachtung das ein oder andere bekannte Design-Pattern (z.B. entspricht das EJBObject einer Kombination aus Proxy- und Decorator-Pattern, das Home-Interface dem Factory-Pattern [Gamma, 1996]). Oft ist der Entwickler jedoch auf der Suche nach Antworten auf Fragen wie z.B.

- Für welche Aufgaben verwendet man Entity-Beans?
- Für welche Aufgaben verwendet man Session-Beans?
- Kommuniziert der Client mit allen Komponenten oder nur mit bestimmten?
- Kommunizieren Komponenten untereinander ?
- Wie kooperieren Komponenten?

Das Ziel dieses Abschnittes ist es, einige Anregungen in bezug auf den Einsatz von Entity- und Session-Beans zu geben.

Um Geschäftsvorfälle und Geschäftsabläufe besser und leichter handhaben zu können, bildet man sie auf computergestützte Systeme ab. Dabei versucht man sich in der Regel an den realen Gegebenheiten zu orientieren. Die Realität im täglichen Geschäftsleben begegnet uns in Form von Prozessen, Objekten und Diensten. Was wir unter Prozessen, Objekten und Diensten verstehen und wie sie auf Enterprise JavaBeans abgebildet werden können, verdeutlichen die folgenden Ausführungen.

Objekte

Mit Objekten sind hier reale Gegenstände oder Dinge eines konkreten Anwendungsbereichs gemeint (also nicht etwa Laufzeitinstanzen objektorientierter Programmiersprachen). Beispiele wären aus dem kaufmännischen Bereich etwa ein Kunde, ein Lieferant oder eine Rechnung, aus dem technischen Bereich etwa eine Maschine, eine Stückliste oder eine Fertigungsanweisung. Der unmittelbare Bezug dieser Objekte zur Geschäftswelt wird mit dem Begriff *Geschäftsobjekt* oder *Business-Objekt* untermauert. Wesentlich bei Business-Objekten ist, daß sie durch ihre

Daten repräsentiert und wiedererkannt werden. So hat ein Kunde einen Namen, eine Lieferanschrift, eine Rechnungsanschrift etc. In einem EDV-System wird ihm zur eindeutigen Identifikation eine Kundennummer zugeteilt. Gleiches gilt etwa für Lieferanten. Zukaufteile werden duch die Daten ihrer technischen Eigenschaften repräsentiert und durch eindeutige Teilenummern identifiziert. All diese Eigenschaften sprechen dafür, derartige Business-Objekte auf Entity-Beans abzubilden (vgl. dazu Kapitel 6). Entity-Beans sind persistente Objekte und können über einen eindeutigen Schlüssel identifiziert bzw. wiedergefunden werden. Geschäftsobjekte sind nicht isoliert zu betrachten, sondern stehen in gewissen Beziehungen zueinander. Ein Fertigungsauftrag bezieht sich in der Regel auf eine Bestellung (vertikale Beziehung), eine Stückliste setzt sich aus mehreren Modulen zusammen, die wiederum in einzelne Teile gegliedert sind (horizontale Beziehung). Business-Objekte spiegeln damit die *aufbauorganisatorischen Aspekte* einer Organisationsform wider.

Prozesse

Prozesse repräsentieren die *ablauforganisatorischen Aspekte* einer Organisation. Unter Prozessen verstehen wir eine fest definierte Abfolge von Einzeloperationen. Der Prozeß befindet sich je nach Fortschritt in verschiedenen Zuständen, die es erlauben, die Prozeßdurchführung zu kontrollieren und zu steuern. Die Zustandsübergänge sind ebenfalls fest definiert. Die Einzeloperationen von Prozessen werden auf den Daten der Business-Objekte durchgeführt (d.h. sie werden benutzt und/oder verändert). Als Beispiel eines Prozesses ließe sich hier das Erfassen einer eingegangenen Bestellung anführen (Tabelle 8-1).

Prozeßschritt	Zustand
Eingang des Bestelldokuments	Anstoß des Prozesses
Überprüfung der Bestelldaten	Wird geprüft
Übernahme in den Bestand unbearbeiteter Bestellungen	In Bearbeitung
Vervollständigen der Bestelldaten	In Bearbeitung
Freigabe der Bestellung	Freigegeben

Tabelle 8-1 Erfassen einer eingegangenen Bestellung

In diesen Prozeß könnten (je nach Geschäftsfeld) die Business-Objekte *Kunde* (der Besteller), *Endprodukt* (der Gegenstand der Bestellung), *Rohmaterial* (für die Bestandskontrolle zwecks Lieferzusage) und *Bestellung* einbezogen sein.

Prozesse lassen sich ideal auf Session-Beans abbilden (vgl. dazu auch Kapitel 5). Session-Beans sind transient und stehen einem Client exklusiv für eine Sitzung zur Verfügung. Da Prozesse zustandsbehaftet sind, muß es sich demnach um zustandsbehaftete Session-Beans handeln (stateful Session-Beans).

Dienste

Mit Diensten sind alle Operationen gemeint, die nicht eindeutig zu einem Business-Objekt oder zu einem Business-Prozeß gehören. Derartige Operationen haben eine unterstützende Funktion. Sie lassen sich objekt- oder prozeßbezogen gruppieren. Dienste lassen sich auf zustandlose Objekte abbilden. Im Fall von Enterprise JavaBeans kommen hier nur zustandslose Session-Beans in Frage (stateless Session-Beans).

Die beiden folgenden Beispiele sollen die Abbildung von Geschäftsvorgängen auf Objekte, Prozesse und Dienste verdeutlichen.

Beispiel: Buchungssystem

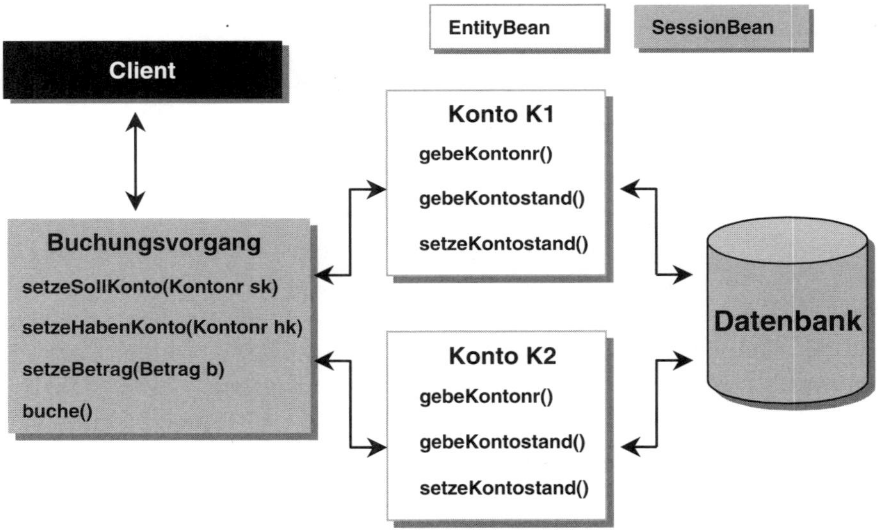

Abbildung 8-3 Beispiel Buchungssystem

Die Session-Bean *Buchungsvorgang* enthält die Logik für die Durchführung einer doppelten Buchung. Sie kann die Durchführungsreihenfolge der Einzelschritte erzwingen (z.B durch Auslösen einer Ausnahme – in Java *Exception* genannt – im Fall eines Verstoßes gegen die vorgebene Reihenfolge) und so für einen geregelten Ablauf des Prozesses sorgen. *SetzeSollKonto()* initialisiert einen neuen Buchungsvorgang und überprüft durch einen *findByPrimaryKey*-Aufruf, ob für die übergebene Kontonummer ein Konto existiert. Es könnte auch geprüft werden, ob der Benutzer die notwendigen Berechtigungen zum Durchführen einer Buchung hat. Zugleich beschafft sich die Session-Bean damit eine Referenz auf eine Entity-Bean, um die Buchung auf diesem Konto später durchführen zu können. Gleiches gilt für *setzeHabenKonto()*. Beim Aufruf von *setzeBetrag()* kann die Session-Bean verschiedene Bedingungen überprüfen, z.B ob ein Konto überzogen wird. Der Aufruf von *buche()* wird einen Transaktionskontext öffnen, der die beteiligten Konten einbezieht, und wird die Buchung über *setzeKontostand()* ausführen. Ein Konto wird entsprechend den obigen Ausführungen durch eine Entity-Bean repräsentiert, da ein Konto ein Objekt mit einem dauerhaften Zustand ist. Die Komponente bietet eine entsprechende Schnittstelle an, um den Zustand des Kontos modifizieren zu können.

Der Vorgang für eine doppelte Buchung kann über die Session-Bean von jedem Client genutzt werden. Die Logik ist im gesamten System einmal an zentraler Stelle vorhanden. Ferner kommuniziert der Client ausschließlich über die Session-Bean. Für die Buchung ist es nicht notwendig, direkt mit den Entity-Beans zu kommunizieren.

Eine Mindestanforderung an ein noch so primitives Buchhaltungssystem ist die Führung eines Buchungsjournals, in dem alle Buchungsvorgänge protokolliert werden und mit dessen Hilfe somit Kontostände nachvollzogen werden können. Die Protokollierung von Einzelbuchungen ist insbesondere dann wichtig, wenn Buchungen zu einem späteren Zeitpunkt storniert werden müssen. Das Buchungsjournal setzt sich aus einzelnen Einträgen zusammen. Ein Eintrag besteht im Minimalfall aus einer eindeutigen Buchungsnummer, aus dem Soll- und dem Habenkonto, dem Buchungsbetrag, dem Buchungsdatum, der Uhrzeit der Buchung sowie dem Benutzer, der die Buchung durchgeführt hat. Das Anfügen eines Journaleintrags sowie das Abfragen von Informationen aus dem Journal ist kein Prozeß, sondern eine zustandslose Aneinanderreihung von Einzeloperationen. Das Buchungsjournal ist auch nicht als typisches Business-Objekt einzustufen. Da das Buchungsjournal gigantische Größen annehmen kann, wäre die Abbildung als Entität unter Performanzgesichtspunkten ohnehin kritisch. Das Buchungsjournal ist in unserem Sinne als klassischer Dienst zu verstehen, der das Protokollieren von Buchungsvorgängen und die Recherche in dem dadurch entstandenen Datenbestand anbietet.

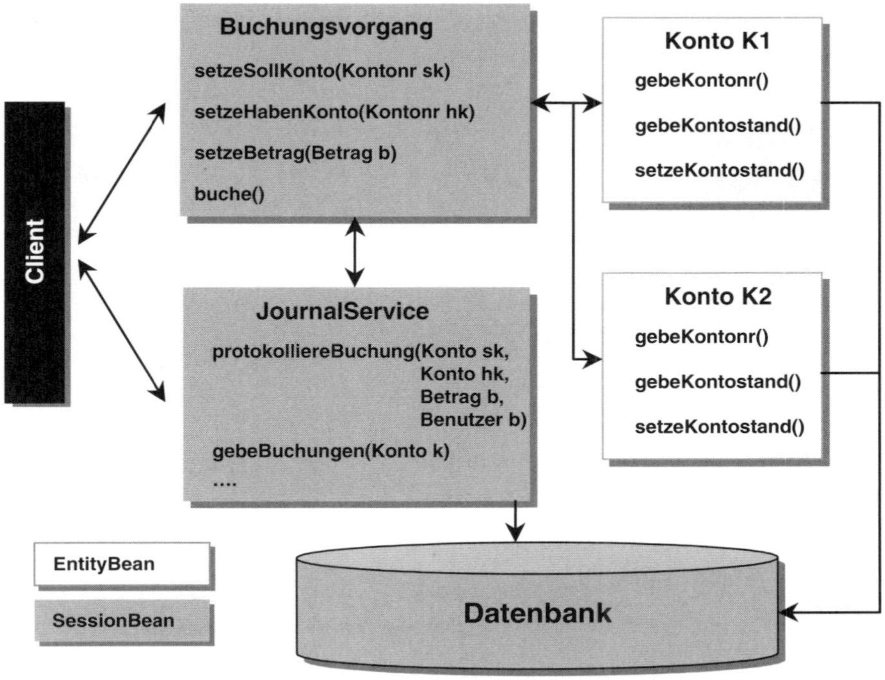

Abbildung 8-4 Beispiel Buchungsvorgang mit Erweiterung

Die Session-Bean *JournalService* (vgl Abbildung 8-4) stellt eine Schnittstelle zum Buchungsjournal zur Verfügung (das in unserem Beispiel in der Datenbank abgelegt ist; ebenso wäre die Ablage in einem Archivsystem denkbar). Mittels *protokolliereBuchung()* kann eine Buchung aufgezeichnet werden. Um Daten im Buchungsjournal zu recherchieren, könnte zum einen eine begrenzte Anzahl von Methoden mit fester Funktionalität vorgegeben werden (wie der Einfachheit halber in obigem Bild angedeutet ist), zum anderen wäre auch die Entwicklung einer primitiven Abfragesprache denkbar.

Beispiel: Fertigungsüberwachung

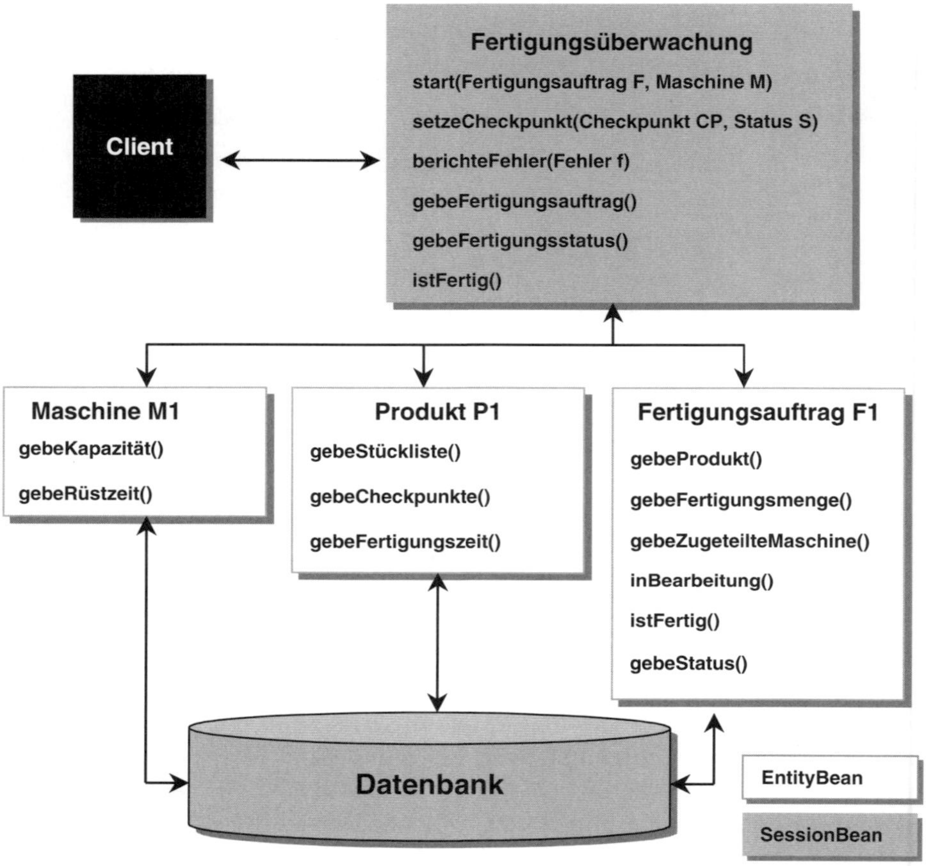

Abbildung 8-5 Beispiel Fertigungsüberwachung

Die Session-Bean *Fertigungüberwachung* enthält die Logik für die Überwachung des Fertigungsprozesses eines Produkts, das von einer einzigen Maschine gefertigt wird. Der Client ist in diesem Beispiel eine (real existierende) Maschine, die das Produkt P1 fertigen kann und direkt an das System angebunden ist (z.B. über eine Java- oder CORBA-Schnittstelle). Mit in den Prozeß einbezogen werden die Business-Objekte *Maschine* (die logische Representanz der Maschine im System), *Produkt* (welches von der Maschine gefertigt wird, ebenfalls in Form der logischen Repräsentanz) und *Fertigungsauftrag* (der sich auf das Produkt bezieht und detailliert vorgibt, welche Stückzahl in welchem Zeitraum von welcher Maschine zu bearbeiten ist).

Über einen Service beispielsweise bekommt die (reale) Maschine alle Fertigungsaufträge, die ihr durch einen Optimierungsprozeß zugeteilt wurden. Dadurch weiß sie, welches Produkt in welcher Stückzahl gefertigt werden muß. Jeder Fertigungsauftrag wird von der (realen) Maschine unter Benutzung der Session-Bean *Fertigungsüberwachung* abgearbeitet. Die Session-Bean kann zunächst beim Aufruf der Methode *start()* überprüfen, ob die (reale) Maschine mit der im Fertigungsauftrag zugeteilten (logischen) Maschine übereinstimmt. Im Verlauf des Fertigungsprozesses werden von der (realen) Maschine über *setzeCheckpunkt()* Meldepunkte gesetzt (z.B. kann nach jedem Prozessschritt, nach der Fertigstellung eines Stücks oder nach der Fertigstellung einer bestimmten Losgröße ein Checkpunkt gesetzt werden). Die Session-Bean vergleicht die gesetzten Meldepunkte mit der durch das Produkt P1 vorgegebenen Liste von Meldepunkten (*Produkt.gebeCheckpunkte()*). Die vorgegebenen Meldepunkte ergeben sich aus der technischen Spezifikation des Produktes und werden von Technikern in das System bzw. in die Maschinenkonfiguration eingepflegt. Für den Fall, daß die Meldepunkte nicht zusammenpassen oder sonstige Produktionsstörungen vorliegen (die von der realen Maschine über *berichteFehler()* gemeldet werden), kann die Session-Bean entsprechende Benachrichtigungsmechanismen in Gang setzen (z.B. kann über Pager ein Techniker informiert werden). Nachdem die entsprechende Stückzahl abgearbeitet ist, wird der Fertigungsauftrag als *fertig* zurückgemeldet. Somit kann von anderer Seite aus der Fortschritt des gesamten Fertigungsprozesses überwacht werden.

Beispiel: Deployment-Deskriptor

Die Abhängigkeiten, die sich unter den Beans aus der Aufteilung in Prozesse, Geschäftsobjekte und Dienste ergeben, werden im Deployment-Deskriptor dokumentiert. Die Enterprise-Bean hat zur Laufzeit die Möglichkeit, auf diese Informationen zuzugreifen. Im Beispiel »Buchungssystem« würde dies für die Session-Bean *Buchungsvorgang* folgendermaßen aussehen:

```
<!DOCTYPE ejb-jar PUBLIC -//Sun Microsystems Inc.//
DTD Enterprise JavaBeans 1.1//EN>
<ejb-jar>
  <description>
    Dieses Jar-File beinhaltet alle Komponenten,
    die für die Anwendung Buchhaltung benötigt werden.
  </description>

    <enterprise-beans>
      <session>
        <description>
```

```
      Die Session-Bean Buchungsvorgang stellt
      eine Implementierung für die Durchführung
      einer doppelten Buchung zur Verfügung.
    </description>
    <ejb-name>Buchungsvorgang</ejb-name>
    ...
    <!-- Dieser Abschnitt dokumentiert die Abhängigkeit
         zu anderen Enterprise-Beans -->
    <ejb-ref>
      <ejb-ref-name>ejb/JournalService</ejb-ref-name>
      <ejb-ref-type>Session</ejb-ref-type>
      <home>ejb.beispiel.JournalServiceHome</home>
      <remote>ejb.beispiel.JournalService</remote>
      <ejb-link>JournalService</ejb-link>
    </ejb-ref>
      <ejb-ref-name>ejb/Konto</ejb-ref-name>
      <ejb-ref-type>Entity</ejb-ref-type>
      <home>ejb.beispiel.KontoHome</home>
      <remote>ejb.beispiel.Konto</remote>
      <ejb-link>Konto</ejb-link>
    </ejb-ref>
    ...
  </session>
  ...
 </enterprise-beans>
</ejb-jar>
```

Listing 8-2 Beispiel Deployment Deskriptor

Nicht in jedem Sachverhalt eines bestimmten Geschäftsfeldes lassen sich immer Prozesse (abbildbar über stateful Session-Beans), Business-Objekte (abbildbar über Entity-Beans) oder Services (abbildbar über stateless Session-Beans) definieren. Ebensowenig ist jede Entity-Bean automatisch ein Business-Objekt, eine zustandsbehaftete Session-Bean ein Prozess oder eine zustandslose Session-Bean ein Dienst. Die Abbildung eines Problems auf Enterprise JavaBeans dürfte jedoch erheblich leichter fallen, wenn man bei der Problem-Analyse stets die Semantik dieser drei Einheiten im Hinterkopf behält.

8.3 Anwendungsorientierte Frameworks

Die Thematik, die wir in diesem Abschnitt ansprechen wollen, bezieht sich auf die (mitunter laufzeitdynamische) Kopplung von Enterprise-Beans bzw. die Schaffung eines Kooperationsrahmens für Enterprise-Bean-Komponenten auf der *Serverseite.*

Eine (statische) Kopplung der Komponenten ist möglich, indem sie sich gemäß des Client-Kontrakts benutzen. Im Abschnitt *ejb-ref* des Deployment-Deskriptors werden Informationen über den Typ derjenigen Enterprise-Beans hinterlegt, die von der zu installierenden Bean über den Client-Kontrakt benutzt werden. Durch das Feld *ejb-link* bindet der Application-Assembler diese Referenzen an konkrete, installierte Implementierungen dieser Bean-Typen.

Für eine laufzeitdynamischen Kopplung bietet die Spezifikation der Enterprise JavaBeans die Metadaten-Schnittstelle des Client-Kontrakts an. In Kombination mit der Java-Reflection-API besteht die Möglichkeit dynamische Methodenaufrufe an Enterprise-Beans zu programmieren. Eine derartige Kopplung ist sehr generisch und relativ Aufwendig in der Programmierung. Für die Ausführungsgeschwindigkeit ist der Einsatz der Java-Reflection-API stets kritisch. Man wünscht sich oft einen weniger generischen, aber dafür performanteren Weg, um Enterprise-Beans zur Laufzeit dynamisch koppeln zu können.

Eine gängige Art der dynamischen Kopplung von Komponenten sind beispielsweise Events bzw. Nachrichten. Keiner der beiden Mechanismen wird jedoch zur Zeit von der Spezifikation vorgesehen.

Der Application-Assembler könnte eine Kopplung der Beans mit den Mitteln der Spezifikation ermöglichen, indem er eine neue Enterprise-Bean programmiert. Der Client würde die Enterprise-Bean des Application-Assemblers benutzen, welche ihrerseits andere Beans für die Erfüllung der gewünschten Aufgaben benutzt beziehungsweise deren Kooperation ermöglicht.

Wir wollen eine Alternative für die Kopplung von Enterprise-Beans und die Schaffung eines Kooperationsrahmens zeigen, die nicht in der Spezifikation vorgesehen ist. Durch ein serverseitiges, *anwendungsbezogenes* Framework kann ein Kooperationsrahmen geschaffen werden, der es ermöglicht, Enterprise-Beans dynamisch zu verbinden und gegebenenfalls auszutauschen, ohne daß andere Beans davon betroffen sind.

Zur Veranschaulichung soll ein anwendungsbezogenes Framework für eine einfache Buchungsanwendung entwickelt werden. Dieses anwendungsorientierte Framework (das die fachlichen Aspekte bedient) setzt auf das systemtechnisch orientierte Framework Enterprise JavaBeans (das die technischen Belange abdeckt) auf und bietet die Möglichkeit zur losen und laufzeitdynamischen Kopplung von Enterprise-Beans (ohne dafür eine neue Bean programmieren zu müssen). Dazu verwenden wir das Beispiel des Buchungsvorgangs aus Abschnitt 2 dieses Kapitels.

Zunächst soll die herkömmliche Art der Implementierung dargestellt werden, um die Unterschiede zur Verwendung eines Frameworks (die im Anschluss gezeigt wird) deutlich zu machen.

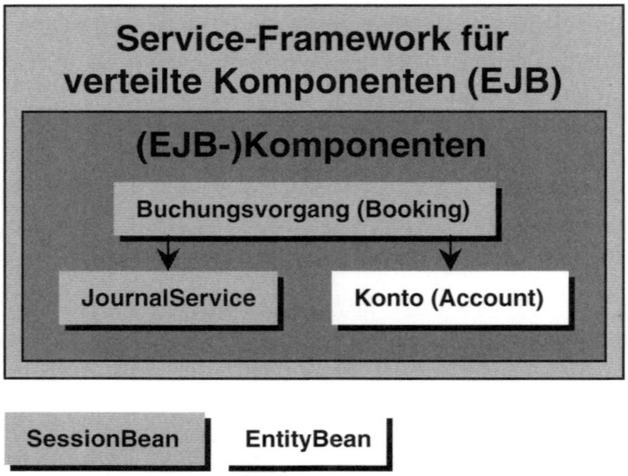

Abbildung 8-6 Beispiel Buchungsvorgang

Abbildung 8-6 zeigt die Session-Bean *Buchungsvorgang*, die dem Client eine Schnittstelle für die Durchführung einer doppelten Buchung zur Verfügung stellt. Sie benötigt die Entity-Bean *Konto* und die Session-Bean *JournalService*, um die Buchung auszuführen.

Der Code eines herkömmlichen Client-Programms könnte folgendermaßen aussehen:

```
...
InitialContext ctx = new InitialContext();
//Holen des Home-Interfaces der Session-Bean Booking
final String BOOKING = "java:comp/env/ejb/Booking";
Object o = ctx.lookup(BOOKING);
BookingHome bh = (BookingHome)
        PortableRemoteObject.narrow(o, BookingHome.class);
//Erzeugen der BookingBean und Holen des Remote-Interfaces
Booking b = bh.create();
```

```
//Durchführen der Buchung
b.setDebitAccount("0815");
b.setCreditAccount("0915");
b.setAmount(100);
b.book();
...
```

Listing 8-3 Beispiel herkömmlicher Client-Code

Die Implementierung der entsprechenden Methoden des Remote-Interfaces in der *BookingBean*-Klasse sähe nach der herkömmlichen Vorgehensweise etwa so aus:

```
...
private Account            debitAccount;
private Account            creditAccount;
private AccountHome        accountHome;
private JournalServiceHome journalHome;
...
public void ejbCreate()
  throws RemoteException, CreateException
{
 final String ACCHOME = "java:comp/env/ejb/Account";
 final String JHOME   = "java:comp/env/ejb/JournalService";
 ...
 try {
  //Holen der Home-Interfaces der Entity-Bean Konto und
  //der Session-Bean JournalService
  Context ctx = new InitialContext();
  Object o = ctx.lookup(ACCHOME);
  accountHome = (AccountHome)
      PortableRemoteObject.narrow(o, AccountHome.class);
  o = ctx.lookup(JHOME);
  journalHome = (JournalServiceHome)
      PortableRemoteObject.narrow
                (o,JournalServiceHome.class);
 }
 ...

...
public void setDebitAccount(String accno)
  throws RemoteException, BookingException
{
 ... //Prüfroutinen
 //Erzeugen eines PrimaryKey-Objekts
```

```
  AccountPK pk = new AccountPK(accno);
  try {
   //Suchen des Soll-Kontos
   debitAccount = accountHome.findByPrimaryKey(pk);
  }
  ... //Fehlerbehandlung
 }

 public void setCreditAccount(String accno)
   throws RemoteException, BookingException
 {
  ... //Prüfroutinen
  //Erzeugen eines PrimaryKey-Objekts
  AccountPK pk = new AccountPK(accno);
  try {
   //Suchen des Haben-Kontos
   creditAccount = accountHome.findByPrimaryKey(pk);
  }
  ... //Fehlerbehandlung
 }
 ...
 public void setAmount(float amount)
   throws RemoteException, BookingException
 {
  ... //Prüfroutinen
  try {
   //Überprüfung, ob die Buchung des Betrages zulässig ist.
   debitAccount.checkAmount(amount * (-1));
   creditAccount.checkAmount(amount);
  }
  ... //Fehlerbehandlung
 }
 ...
 public void book()
   throws RemoteException, BookingException
 {
  ... //Prüfroutinen
  //Buchung des Betrages durch Verändern der Kontostände
  debitAccount.setBalance(debitAccount.getBalance()-
                              theAmount);
  creditAccount.setBalance(creditAccount.getBalance()+
                              theAmount);
  ... //Fehlerbehandlung
  //Protokollieren des Vorgangs im Journal
  JournalService js = journalHome.create();
```

```
    js.record(debitAccount,
              creditAccount,
              theAmount,
              theContext.getCallerPrincipal());
    ... //Fehlerbehandlung
  }
  ...
```

Listing 8-4 Beispiel herkömmliche Session-Bean Implementierung

Die Abhängigkeit der Session-Bean *Buchungsvorgang* (*Booking*) von der Entity-Bean *Konto* (*Account*) und der Session-Bean *JournalService* dokumentiert sich im Deployment-Deskriptor.

```
<!DOCTYPE ejb-jar PUBLIC -//Sun Microsystems Inc.//
DTD Enterprise JavaBeans 1.1//EN>
<ejb-jar>
  <description>
    Dieses Jar-File beinhaltet alle Komponenten,
    die für die Anwendung Buchhaltung benötigt werden.
  </description>

    <enterprise-beans>
      <session>
        <description>
          Die Session-Bean Buchungsvorgang stellt
          eine Implementierung für die Durchführung
          einer doppelten Buchung zur Verfügung.
        </description>
        <ejb-name>Booking</ejb-name>
        ...
        <ejb-ref>
          <ejb-ref-name>ejb/JournalService</ejb-ref-name>
          <ejb-ref-type>Session</ejb-ref-type>
          <home>ejb.beispiel.JournalServiceHome</home>
          <remote>ejb.beispiel.JournalService</remote>
          <ejb-link>JournalService</ejb-link>
        </ejb-ref>
          <ejb-ref-name>ejb/Konto</ejb-ref-name>
          <ejb-ref-type>Entity</ejb-ref-type>
          <home>ejb.beispiel.KontoHome</home>
          <remote>ejb.beispiel.Konto</remote>
          <ejb-link>Account</ejb-link>
        </ejb-ref>
```

```
        ...
      </session>
        ...
    </enterprise-beans>
</ejb-jar>
```

Listing 8-5 Beispiel herkömmlicher Deployment-Deskriptor

Wie man aus den Codefragmenten ersehen kann, arbeitet die Session-Bean *Buchungsvorgang* direkt mit den anderen Beans zusammen. Auch im Deployment-Deskriptor ist der Typ der verwendeten Beans fest definiert und muß mit dem verwendeten Typ der Implementierung übereinstimmen. Falls nun die Notwendigkeit besteht, z.B. die *Konto*-Bean aufgrund mangelnder Fähigkeiten durch eine Bean anderen Typs zu ersetzen oder je nach Bedarf verschiedene Typen eines Kontos (die ebenfalls als Komponenten zur Verfügung stehen) zu benutzen, wäre das nur über eine Änderung des Codes der Session-Bean *Buchungsvorgang* möglich. Über das *ejb-link*-Element des Deployment-Deskriptors bestünde noch die Möglichkeit, die Bean-Referenz an eine Andere Implementierung des gleichen Typs zu binden. Allerdings wäre dann eine Neuinstallation der Session-Bean *Buchungsvorgang* notwendig.

Um die starre Bindung der Beans untereinander aufzuheben, werden sie in ein anwendungsspezifisches Framework eingebettet, über das sie auf abstrakter Ebene zusammenarbeiten können (vgl. Abbildung 8-7).

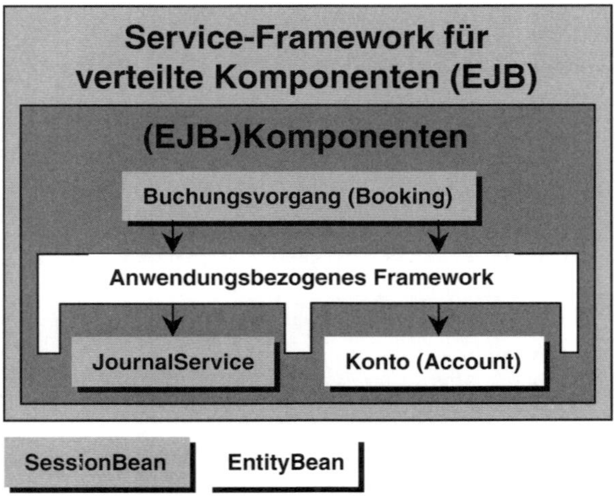

Abbildung 8-7 Buchungsvorgang mit Framework

Die Session-Bean *Buchungsvorgang* ist der Geschäftsprozeß, den der Client bedienen will, und bleibt somit der Einstieg in den Server. Die Benutzung der *Journal-Service*-Bean und der *Konto*-Bean soll über die abstrakten Schnittstellen eines Frameworks erfolgen, das dem Buchungsvorgang die Einbeziehung von Konten und eines Journal-Services erlaubt.

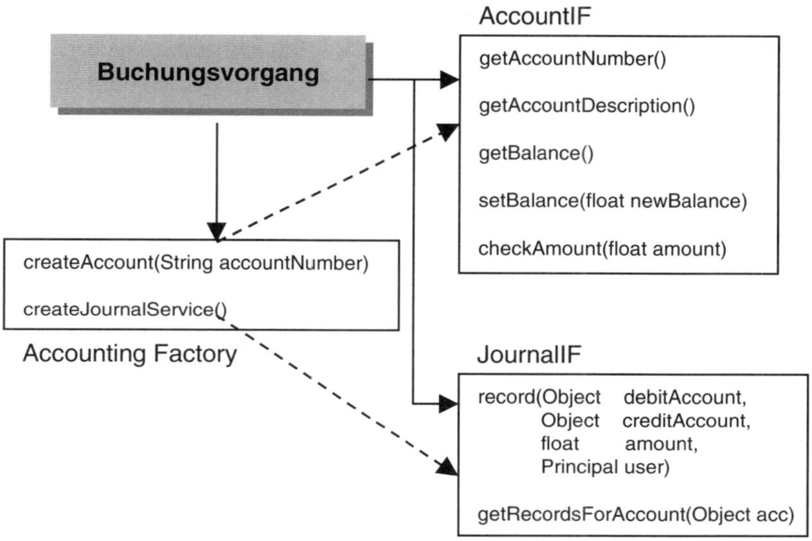

Abbildung 8-8 Anwendungsbezogenes Kooperationsframework

Das Framework, wie es Abbildung 8-8 darstellt, besteht in unserem Beispiel lediglich aus den drei gezeigten Interfaces. Konkretisiert und anwendbar wird das Framework durch die Implementierung dieser Interfaces in Java-Klassen. Die Funktionalität, die wir von einem Konto und einem Journal-Service erwarten, steckt bereits in den Beans. Um die Brücke zwischen der Frameworkimplementierung und den Beans zu schlagen, bedienen wir uns des Bridge-Patterns (siehe [Gamma, 1996]).

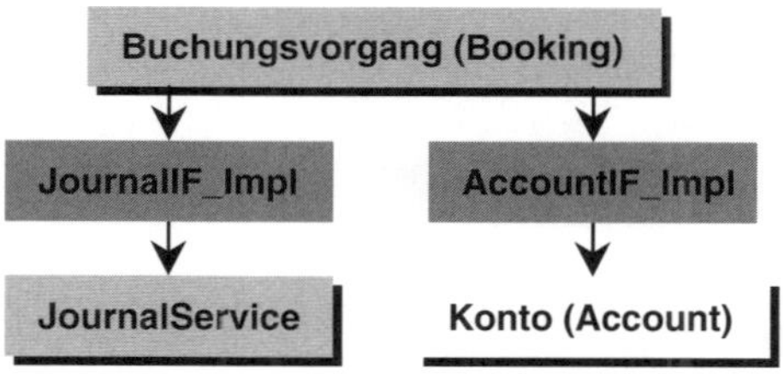

Abbildung 8-9 Beispielkooperation im Framework

Abbildung 8-9 zeigt die Klassen *JounalIF_Impl* und *AccountIF_Impl*. Sie werden auf Inititative der Session-Bean *Buchungsvorgang* durch die Implementierung des Interfaces *AccountingFactory* erzeugt und für die notwendigen Operationen benutzt. Die Implementierungsklassen delegieren die jeweiligen Methodenaufrufe an andere Enterprise-Beans (in unserem Fall an die *JournalService*-Bean und die *Konto*-Bean). Damit sind die Beans *JournalService* und *Konto* völlig von der Komponente *Buchungsvorgang* entkoppelt. Von den Bridge-Klassen hängt es letzten Endes ab, welche Enterprise-Beans tatsächlich benutzt werden. Vor allem kann (durch eine entsprechende Implementierung) diese Entscheidung zur Laufzeit unter Beachtung der momentanen Umstände getroffen werden.

Die Referenzen auf die *Konto*- und die *JournalService*-Bean müssen *nicht* mehr im Deployment-Deskriptor der Session-Bean *Buchungsvorgang* als Bean-Referenz angegeben werden. Der Zugriff auf die beiden Beans von der Session-Bean *Buchungsvorgang* aus erfolgt nicht mehr über JNDI, sondern über das Framework. Empfehlenswert ist jedoch, im Deployment-Deskriptor zu vermerken, daß die Session-Bean die Implementierungsklassen des Frameworks nutzt. Der Deployment-Deskriptor sollte auf jeden Fall in seiner Eigenschaft als zentrale Installationsanweisung genutzt werden. Der sich daraus ergebende Dokumentationscharakter ist von großem Nutzen. Leider gibt es in den Abschnitten des Deployment-Deskriptors keinen Ort, an dem sich die Factory-Klasse (die der Einstieg in das Framework ist) eintragen ließe. Von den Konfigurationsmöglichkeiten her wäre ein Eintrag als Resource-Factory-Reference (vgl. [Sun Microsystems, 1999]) am besten geeignet. Die Implementierungsklasse des AccountingFactory-Interfaces und unser Framework entspricht jedoch in keinster Weise dem, was die Spezifikation unter einer Resource-Factory und einer Resource versteht. Wir werden uns deshalb auf einen Hinweis im Beschreibungsfeld der Session-Bean Buchungsvorgang beschränken.

```
<!DOCTYPE ejb-jar PUBLIC -//Sun Microsystems Inc.//
DTD Enterprise JavaBeans 1.1//EN>
<ejb-jar>
  <description>
    Dieses Jar-File beinhaltet alle Komponenten,
    die für die Anwendung Buchhaltung benötigt werden.
  </description>

    <enterprise-beans>
      <session>
        <description>
          Die Session-Bean Buchungsvorgang stellt
          eine Implementierung für die Durchführung
```

```
        einer doppelten Buchung zur Verfügung.
        HINWEIS : Diese Bean nutzt das
        Accounting-Framework !
      </description>
      <ejb-name>Booking</ejb-name>
      ...
    </session>
    ...
  </enterprise-beans>
</ejb-jar>
```

Listing 8-6 Beispiel Deployment-Deskriptor mit Framework

Die Implementierungsklasse des *AccountingFactory*-Interfaces (*FactoryImpl*) wird als Singleton (vgl. [Gamma et al., 1996]) implementiert (sie wird im Anschluss an die geänderte Implementierung der *Buchungsvorgang*-Klasse behandelt). Dadurch wird die Erzeugung einer Instanz durch die Bean-Klasse vermieden und die Verwaltung der Frameworkklassen kann an zentraler Stelle im Prozeß vollzogen werden. Die Implementierung in der Bean-Klasse *Buchungsvorgang* würde sich folgendermaßen ändern:

```
...
  private AccountFactory   theFactory;
  private AccountIF        debitAccount;
  private AccountIF        creditAccount;
  ...
  public void ejbCreate()
    throws RemoteException, CreateException
  {
    ...
    //Holen der FactoryImplementierung
    theFactory = FactoryImpl.getFactory();
    ...
  }
...
  public void setDebitAccount(String accno)
    throws RemoteException, BookingException
  {
   ... //Prüfroutinen
   try {
    //Suchen des Soll-Kontos
    debitAccount = theFactory.createAccount(accno);
   }
   ... //Fehlerbehandlung
```

```
}

public void setCreditAccount(String accno)
  throws RemoteException, BookingException
{
 ... //Prüfroutinen
 try {
  //Suchen des Haben-Kontos
  creditAccount = theFactory.createAccount(accno);
 }
 ... //Fehlerbehandlung
}
...
public void setAmount(float amount)
  throws RemoteException, BookingException
{
  //Keine Änderungen
 ...
}
...
public void book()
  throws RemoteException, BookingException
{
 ...
 //Keine Änderungen
 ...
 //Protokollieren des Vorgangs im Journal
 JournalIF js = theFactory.createJournalService();
 js.record(debitAccount,
           creditAccount,
           theAmount,
           theContext.getCallerPrincipal());
 ...
}
...
```

Listing 8-7 Beispiel Session-Bean mit Framework

Die Implementierung des *AccountingFactory*-Interfaces wird in Listing 8.8 dargestellt.

```
public class FactoryImpl
implements AccountingFactory,
           java.io.Serializable {
```

```
    private static AccountingFactory theFactory = null;

    private FactoryImpl() {}

    public static AccountingFactory getFactory() {
        if(theFactory == null) {
            theFactory = new FactoryImpl()
        }
        return theFactory;
    }

    public AccountIF createAccount(String accountNumber)
        throws AccountException
    {
        return new AccountIF_Impl(accountNumber);
    }

    public JournalIF createJournalService()
        throws JournalException
    {
        return new JournalIF_Impl();
    }
}
```

Listing 8-8 Beispiel Factory-Interface-Implementierung

Die Implementierung des Interfaces *java.io.Serializable* ist notwendig, damit Probleme bei der Passivierung von zustandsbehafteten Session-Beans, die eine Referenz auf ein Objekt dieser Klasse in einer Member-Variable speichern, vermieden werden.

Die Klassen *AccountIF_Impl* und *JournalIF_Impl* implementieren die jeweiligen Interfaces (inklusive des Interfaces *java.io.Serializable*) und delegieren die Aufrufe an die entsprechenden Beans. Zur Veranschaulichung zeigen wir den Konstruktor und eine Methode der Klasse *AccountIF_Impl*:

```
public class AccountIF_Impl
implements AccountIF,
           java.io.Serializable {
    //Das Remote-Interface der Account-Bean
    Account theAccount;

    public AccountIF_Impl(String accountNumber)
        throws AccountException
    {
```

```
        final String ACCHOME = "java:comp/env/ejb/Account";

        AccountPK pk = new AccountPK(accountNumber);
        //An dieser Stelle kann zur Laufzeit entschiden
        //werden, welche Bean benutzt werden soll
        try {
            AccountHome home;
            InitialContext ctx = new InitialContext();
            Object o = ctx.lookup(ACCHOME);
            home = (AccountHome)
                      PortableRemoteObject.narrow
                          (o, AccountHome.class);
            theAccount = home.findByPrimaryKey(pk);
        }
        catch(NamingException nex) {
            throw new AccountException(nex.getMessage());
        }
        catch(FinderException fex) {
            throw new AccountException(fex.getMessage());
        }
        catch(RemoteException rex) {
            throw new AccountException(rex.getMessage());
        }
    }
...
    public String getAccountNumber()
        throws AccountException
    {
        String ret;
        try {
            ret = theAccount.getAccountNumber();
        }
        catch(RemoteException rex) {
            throw new AccountException(rex.getMessage());
        }
        return ret;
    }

    public String getAccountDescription()
        throws AccountException
    {
        String ret;
        try {
            ret = theAccount.getAccountDescription();
        }
```

```
        catch(RemoteException rex) {
            throw new AccountException(rex.getMessage());
        }
        return ret;
    }
  ...
}
```

Listing 8-9 Beispiel Interface-Implementierung

Der verlängerte Arm unseres Frameworks auf der *Clientseite* könnte zum Beispiel eine (sichtbare oder unsichtbare) JavaBean sein. Sie könnte dem Client-Entwickler eine geeignete Schnittstelle für die Benutzung des Buchungsservices bieten und dabei gleichzeitig von der Benutzung der Enterprise-JavaBean-Technologie abstrahieren. Unser Beispiel zeigt eine unsichtbare, primitive JavaBean:

```
public class BookingBean {

    private Booking theBookingEJB;

    public BookingBean()
        throws BookingException
    {
        final String BOOKING = "java:comp/env/ejb/Booking";
        try {
            InitialContext ctx = new InitialContext();
            Object o = ctx.lookup(BOOKING)
            BookingHome bh = (BookingHome)
                       PortableRemoteObject.narrow
                                 (o, BookingHome.class);
            theBookingEJB = bh.create();
        }
        catch(Exception ex) {
            throw new BookingException(ex.getMessage());
        }
    }

    public void setDebitAccount(String accountNumber)
        throws BookingException
    {
        try {
            theBookingEJB.setDebitAccount(accountNumber);
        }
        catch(RemoteException rex) {
            throw new BookingException(rex.getMessage());
```

```
        }
    }

    public void setCreditAccount(String accountNumber)
        throws BookingException
    {
        try {
            theBookingEJB.setCreditAccount(accountNumber);
        }
        catch(RemoteException rex) {
            throw new BookingException(rex.getMessage());
        }
    }

    public void setAmount(float amount)
        throws BookingException
    {
        try {
            theBookingEJB.setAmount(amount);
        }
        catch(RemoteException rex) {
            throw new BookingException(rex.getMessage());
        }
    }

    public void book()
        throws BookingException
    {
        try {
            theBookingEJB.book();
        }
        catch(RemoteException rex) {
            throw new BookingException(rex.getMessage());
        }
    }
}
```

Listing 8-10 Beispiel JavaBean

Der Code des Client-Programms würde sich unter Verwendung der JavaBean folgendermaßen ändern :

```
...
BookingBean b = new BookingBean();
b.setDebitAccount("0815");
b.setCreditAccount("0915");
b.setAmount(100);
b.book();
...
```

Listing 8-11 Beispiel Client-Code mit Framework

Zusammenfassung

Der Einsatz eines anwendungsbezogenen Frameworks auf der Client-Seite bietet z.B. den Vorteil, daß von der Technologie der Enterprise JavaBeans abstrahiert wird. Eine sichtbare, etwas komplexere JavaBean könnte von einem Anwendungsentwickler direkt in ein Programm mit graphischer Benutzeroberfläche integriert werden. Damit müßte er sich nicht mehr um die Interaktion mit dem Server kümmern. Darüber hinaus könnten in der clientseitigen Bean bereits Plausibilitätsprüfungen stattfinden bzw. die Daten einer Operation könnten zunächst in der Client-Bean gesammelt werden, um sie dann als Ganzes auf den Server zu übertragen (im Beispiel: statt bei jedem set-Aufruf die Daten sofort an die Bean weiterzugeben, könnten sie gesammelt beim Aufruf der Methode *book()* übertragen werden). Dadurch würden Netzwerkzugriffe und Enterprise-Bean-Aufrufe gespart, was positive Auswirkungen auf die Systemperformanz hätte.

Auf der Serverseite bietet ein anwendungsbezogenes Framework die Möglichkeit, Enterprise-Beans lose und laufzeitdynamisch zu koppeln. Es läßt sich ein anwendungsbezogener Kooperationsrahmen schaffen. Darüber hinaus ist es dem Application-Assembler möglich, zusätzlichen, für die korrekte Kopplung der Enterprise-Beans notwendigen Code (sogenannten *Glue-Code*) einzubringen. Diese Möglichkeit besteht für ihn auch dann, wenn er zu Zwecken der Kopplung eine eigene Enterprise-Bean entwickelt. Die Beans bleiben dank des anwendungsbezogenen Frameworks (auch nach dem Deployment) austauschbar, ohne den Deployment-Vorgang wiederholen oder den Code einer Enterprise-Bean ändern zu müssen. Zur Laufzeit kann entschieden werden, welche Komponenten benutzt werden. Dies wäre beispielsweise für den Fall sinnvoll, wenn es nicht eine *Konto*-Bean gibt, sondern mehrere und anhand des Nummernkreises der Kontonummer entschieden werden muß, welcher Bean-Typ verwendet wird (z.B. Devisenkonto oder Wertpapierkonto). Die Handhabung unterschiedelicher Konto-Typen bliebe damit ebenfalls vor der Session-Bean verborgen.

Das Framework müßte in unserem Fall vom Provider der Session-Bean *Buchungsvorgang* (*Booking*) geliefert werden (da er direkt gegen dessen Schnittstellen programmiert). Der Application-Assembler würde die Interfaces des Frameworks entsprechend implementieren und die durch die Implementierungsklassen verwendeten Beans ebenfalls im Server installieren. Empfehlenswert ist es, in den Beschreibungsfeldern der Beans zu vermerken, daß sie von den Frameworkklassen benutzt werden, um die zentrale Dokumentationsfunktion des Deployment-Deskriptors aufrecht zu erhalten. Der Application-Assembler entscheidet durch seine Implementierung auch, welche Beans als Konten bzw. Journal-Service benutzt werden, und kann weiteren, für die Anwendung notwendigen Code dort unterbringen.

8.4 Vererbung

Vererbung spielt in der objektorientierten Programmierung eine große Rolle. Der Nutzen liegt im wesentlichen in der Möglichkeit zur Wiederverwendung von bestehendem Code sowie in der (durch Vererbung entstehenden) Polymorphie von Objekten. Ein weiterer Vorteil besteht in der Möglichkeit, hierarchische Klassen-Strukturen aufbauen zu können. Auch bei diesem Thema treffen wir, wie beim Komponentenparadigma, erneut auf den Aspekt der Wiederverwendung. Während die Enterprise-JavaBeans-Spezifikation 1.0 das Thema Vererbung an sich gar nicht behandelt, ist ihm in der Version 1.1 ein Absatz des Anhangs gewidmet. Dort wird erwähnt, daß das Konzept der Vererbung bei Komponenten nicht beschrieben wird. Dem Bean-Entwickler wird jedoch erlaubt, die Standardmechanismen der Sprache Java zu benutzen, nämlich die Vererbung von Interfaces und Klassen (vgl. [Sun Microsystems, 1999]).

Führt man sich die wesentlichen Aspekte einer Komponente vor Augen (siehe Kapitel 2), so drängt sich die Frage auf, welchen Sinn die Vererbung von Komponenten hat. Komponenten sind in sich geschlossene Bausteine, die eine bestimmte Funktionalität zur Verfügung stellen und deren Verhalten nur innerhalb eines gewissen Rahmens über Konfiguration von außen anpaßbar sein soll. Die Komponente verbirgt ihr Inneres und repräsentiert sich anderen gegenüber nur durch ihre Schnittstelle (sog. Black-Box). Ein Framework z.B. ist typischerweise ein sogenannter White-Box-Ansatz, d.h. man kann sich Einblick verschaffen, man sieht die Architektur und die beteiligten Klassen, und es ist sogar notwendig, durch Vererbung eine Spezialisierung vorzunehmen, um nutzbare Funktionalität aus dem Framework zu gewinnen. Bei der Implementierung einer Komponente ist es sicherlich gängige Praxis, auf die Klassen- und Interfacevererbung zurückzugreifen. Wie aber sieht es, wenn die obige Sinnfrage positiv beantwortet wird, mit der Vererbung bezogen auf Komponenten (bzw. in unserem Fall Enterprise-Beans) selbst aus?

Wir wollen die Thematik anhand des Beispiels eines Kontos diskutieren (an dieser Stelle sei auch auf die Ausführungen zur Bean-Vererbung in [IBM, 1999] hingewiesen). Vielleicht noch genauer in Form eines Bankkontos (zugegebenermaßen ein sehr beliebtes Beispiel, von daher für jedermann leicht verständlich und für unsere Zwecke passend). Dieses gibt es z.B. in den Ausprägungen Girokonto, Sparkonto und Devisenkonto. Alle Arten haben gemeinsame Eigenschaften (sie alle besitzen eine Kontonummer und einen Kontostand) und allen ist eine gewisse Funktionalität gemeinsam (man kann den aktuellen Bestand abfragen, man kann Beträge zu- oder abbuchen etc.).

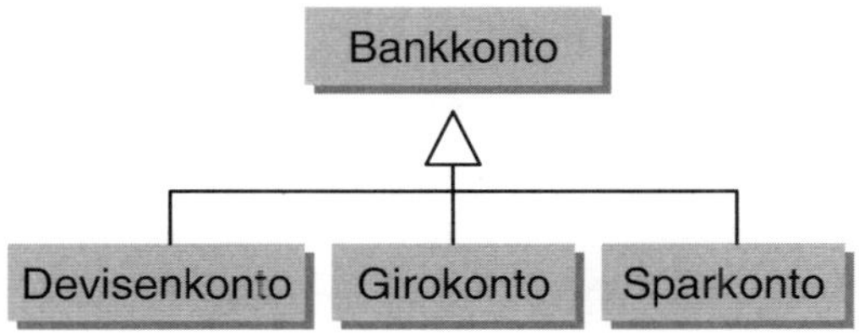

Abbildung 8-10 Beispiel Vererbung: Bankkonto

Abbildung 8-10 zeigt die Klasse *Bankkonto*, welche die Basisfunktionalität zur Verfügung stellt. Die davon abgeleiteten Klassen verändern gegebenenfalls bestehende Funktionalität (z.B. darf beim Girokonto bei einer Abbuchung der Kontostand ein gewisses Limit nicht unterschreiten). Sie erweitern sie durch zusätzliche Eigenschaften (z.B. einen Haben-Zinssatz beim Sparkonto, einen Soll-Zinssatz beim Girokonto) und bringen zusätzliche Funktionalität mit ein (z.B. das Berechnen der Verzinsung am Ende eines Abrechungszeitraums).

So weit, so gut im Falle rein objektorientierter Programmierung. Was aber, wenn ein Bankkonto in Form einer Enterprise-Bean zur Verfügung steht bzw. stehen soll? Wenig sinnvoll erscheint die Vorgehensweise, in unserem Beispiel drei Komponenten zu entwickeln, die die redundante Implementierung der Basisfunktionalität aufweisen.

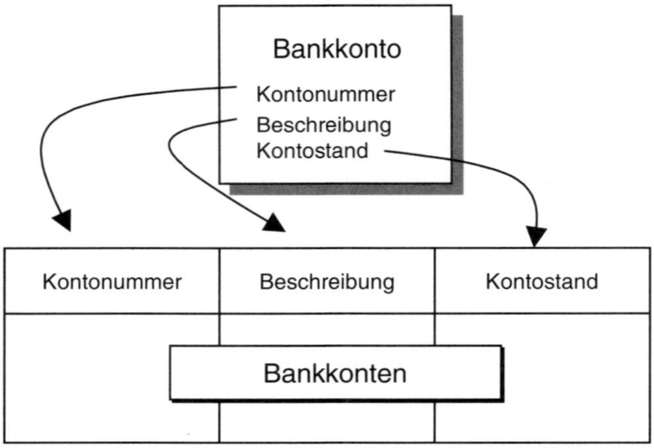

Abbildung 8-11 Beispiel: Bankkonto-Bean

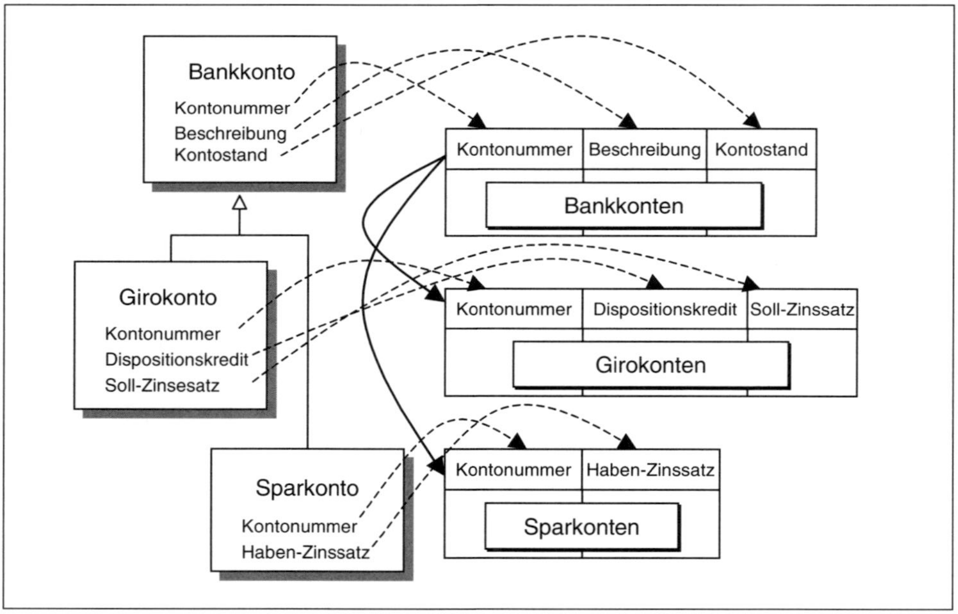

Abbildung 8-12 Beispiel: Abgeleitete Bankkonto-Beans

Die Bean hat die Attribute *Kontonummer, Beschreibung* und *Kontostand,* die auf eine entsprechende Datenbanktabelle abgebildet werden (siehe Abbildung 8-11). Sie soll nun zu einer *Girokonto-* und einer *Sparkonto-*Bean spezialisiert werden. Die *Girokonto-*Bean hat als zusätzliche Attribute die maximale Höhe des Dispositionskredits und einen Soll-Zinssatz, die *Sparkonto-*Bean einen Haben-Zinssatz. Die Frage, die sich nun als erste stellt, lautet: Auf welche Tabelle sollen die zusätzlichen Attribute abgebildet werden? Eine problematische, im ersten Moment vielleicht naheliegende Lösung wäre, die bestehende Tabelle um zusätzliche Spalten zu erweitern. Das würde bedeuten, daß jede zusätzliche Spezialisierung eine Änderung der Datenbanktabelle zur Folge hätte. Darüber hinaus würden pro Tabelleneintrag in Abhängigkeit vom Kontotyp nur bestimmte Spalten in Anspruch genommen. Eine flexiblere Lösung ist das Anlegen einer eigenen Tabelle für jede abgeleitete Bankkonto-Bean (vgl. Abbildung 8-12).

Die zusätzlichen Attribute der spezialisierten Beans werden nun auf eigene Tabellen abgebildet. Sie stehen über die Kontonummer, die als eindeutiger Schlüssel dient, zueinander in Relation. Somit benutzen auch alle Beans die gleiche Primärschlüssel-Klasse. Die *Girokonto-* von der *Bankkonto-*Bean abzuleiten fördert einige Probleme zu Tage. Im Falle von *Bean-Managed-Persistence* müssen die persistenzbezogenen Methoden der Oberklasse überschrieben werden *(ejbCreate(), ejbRemove(), ejbFind...(), ejbLoad()* und *ejbStore()*). Da es sich bei Beans (und damit bei Komponenten) um Black-Boxes handelt, empfielt es sich, mittels des *super-*Operators zunächst die Implementierung der Oberklasse aufzurufen, um nicht Gefahr zu laufen, Prüfroutinen der Basis-Bean, die in diesen Methoden implementiert sind, auszuschalten. Die abgeleitete Bean kümmert sich damit auch nur um die Persistenz der Daten, die sie zusätzlich ins Spiel bringt. Zu berücksichtigen ist auf jeden Fall die Tatsache, daß die Daten in zwei verschiedenen Tabellen zu speichern sind. Im Fall von *Container-Managed-Persistence* stoßen wir auf das Problem, daß man von keinem Deployment-Tool eines Container-Providers erwarten kann, ein Mapping von Bean-Attributen auf mehrere Datenbanktabellen zu unterstützen (laut Spezifikation ist der Container-Provider dazu nicht verpflichtet). Deshalb muß man sich bei der Implementierung der abgeleiteten Bean mit einem Workaround behelfen (nachfolgende Ausführungen beziehen sich auf den Fall der Container-Managed-Persistence). Die *Sparkonto-*Bean würde zum Beispiel das gleiche Business-Interface anbieten wie die *Bankkonto-*Bean, zuzüglich der Methoden, die durch die Spezialisierung notwendig sind (z.B. das Setzen des Haben-Zinssatzes oder das Berechnen der Verzinsung am Ende eines Abrechnungszeitraums). Die *Sparkonto-*Bean wird nicht von der *Bankkonto-*Bean abgeleitet. Sie besitzt lediglich das zusätzliche Attribut *Habenzinssatz.* Die Kontonummer muß ebenfalls als Attribut vorhanden sein, damit sie vom Container mit in der

Sparkonto-Tabelle gespeichert wird und so die relationale Verknüpfung zu den Daten der Basis-Bean erhalten bleibt. Alle Zugriffe auf Methoden, die aus dem Interface der *Bankkonto*-Bean übernommen wurden, werden an eine Instanz derselben delegiert, die die »abgeleitete« Bean verwaltet. So wird im Fall der Bean-Managed-Persistence die Integrität der Basis-Bean gewahrt, da keine Methoden überschrieben werden müssen. Im Fall der Container-Managed-Persistence benötigt der Container keine besonderen Mappingfähigkeiten. Der wesentliche Nachteil dabei ist, daß – obwohl der Client nur mit einer Komponente arbeitet – tatsächlich zwei Instanzen zuzüglich des Container-Overheads notwendig sind.

Beim Home-Interface kann noch keine Vererbung eingesetzt werden. Jeder Typ eines Bankkontos braucht sein eigenes Home-Interface, da z.B. ein *create*-Aufruf immer den richtigen Typ liefern muß. Das Remote-Interface hingegen ist vom Remote-Interface der Basis-Bean abzuleiten. Der Client operiert auf den Business-Methoden ausschliesslich über das Remote-Interface und kann somit die dadurch entstehende Polymorphie nutzen (d.h. er kann mit einem Sparkonto arbeiten, wo ein Bankkonto erwartet wird). Damit wären die primären Ziele der Wiederverwendung von bestehendem Code und der Polymorphie erreicht.

Durch das folgende Codebeispiel (»Sparkonto erbt von Bankkonto«) werden wir die Ausführungen von eben verdeutlichen. Wir gehen davon aus, daß von der Bankkonto-Bean nur das Remote- und das Home-Interface bekannt sind, nicht die Implementierung.

```
...
public interface BankAccountHome extends EJBHome {
    //Erzeugen eines neuen Kontos
    public BankAccount create(String accNo,
                              String accDescription,
                              float  initialBalance)
        throws CreateException, RemoteException;
    //Finden eines bestimmten Kontos
    public BankAccount findByPrimaryKey(BankAccountPK accPK)
        throws FinderException, RemoteException;
    //Finden aller Konten mit negativem Bestand
    public Enumeration findNegativeBalances()
        throws FinderException, RemoteException;
}
```

Listing 8-12 Home-Interface Bankkonto-Bean

```
...
public interface BankAccount extends EJBObject {

    public String getAccountNumber()
        throws RemoteException;

    public String getAccountDescription()
        throws RemoteException;

    public float getBalance()
        throws RemoteException;

    public void setBalance(float newBalance)
        throws RemoteException;

}
```

Listing 8-13 Remote-Interface der Bankkonto-Bean

Die *Bankkonto*-Bean benutzt folgende *PrimaryKey*-Klasse, welche von der abgeleiteten *Sparkonto*-Bean ebenfalls benuzt werden muß.

```
...
public class BankAccountPK implements java.io.Serializable {

    public String accountNumber;

    public BankAccountPK(String accNo) {
        accountNumber = accNo;
    }

    public BankAccountPK() {
        accountNumber = new String();
    }

    public int hashCode() {
        return accountNumber.hashCode();
    }

    public boolean equals(Object obj) {
        return accountNumber.equals(obj);
    }

    public String toString() {
```

```
        return accountNumber;
    }
}
```

Listing 8-14 Primary-Key-Klasse der Bankkonto-Bean

Die *Sparkonto*-Bean definiert ihr eigenes Home-Interface.

```
...
public interface SavingsAccountHome extends EJBHome {

    //Erzeugen eines Kontos; als zusätzlicher
    //Parameter wird der Haben-Zinssatz angegeben
    public SavingsAccount create(String accNo,
                                 String accDescription,
                                 float  initialBalance,
                                 float  debit_interest)
        throws CreateException, RemoteException;

    //Finden eines bestimmten Kontos; es wird die gleiche
    //Primärschlüsselklasse wie bei der "Basiskomponente"
    //benutzt
    public SavingsAccount findByPrimaryKey(BankAccountPK aPK)
        throws FinderException, RemoteException;
}
```

Listing 8-15 Home-Interface der Sparkonto-Bean

Das Remote-Interface der *Sparkonto*-Bean wird von Remote-Interface der *Bankkonto*-Bean abgeleitet. Da der Client nur mit dem Remote-Interface arbeitet, ist er in der Lage, Polymorphie zu nutzen.

```
...
public interface SavingsAccount extends BankAccount {

    //Auslesen des Haben-Zinssatzes
    public float getInterest()
        throws RemoteException;

}
```

Listing 8-16 Remote-Interface der Sparkonto-Bean

Zu guter Letzt folgt die eigentliche Implementierung der *Sparkonto*-Bean. Auch sie muß ohne Vererbung auskommen. Sie hält eine Referenz auf die Basis-Bean und delegiert die Aufrufe derjenigen Methoden, die aus dem Remote-Interface der Basis-Bean übernommen wurden, an diese Instanz.

```
...
public class SavingsAccountBean implements EntityBean {

    public String accountNumber;
    public float  debitInterest;
    private final String BANKACC =
                       "java:comp/env/ejb/BankAccount";
    private BankAccountHome bankHome = null;
    private BankAccount     bankAccount = null;
    private EntityContext   theContext;

    //Die create-Methode
    public BankAccountPK ejbCreate(String accNo,
                                   String accDescription,
                                   float  initialBalance,
                                   float  debit_interest)
        throws CreateException, RemoteException
    {
        accountNumber = accNo;
        debitInterest = debit_interest;
        InitialContext ctx;
        try {
            ctx = new InitialContext();
            Object o = ctx.lookup(BANKACC)
            bankHome = (BankAccountHome)
                        PortableRemoteObject.narrow
                            (o, BankAccountHome.class);
        }
        catch(NamingException nex) {
            throw new CreateException(" ... ");
        }
        //Der create-Aufruf wird an die "Basis-
        //komponente" delegiert; Die Referenz auf die
        //"Basiskomponente" wird gespeichert.
        bankAccount = bankHome.create(accNo,
                                      accDescription,
                                      initialBalance);
        return null;
    }
```

```
//Die Methoden des Remote-Interfaces der "Basis-
//komponente"; Alle Aufrufe werden weiterdelegiert

public String getAccountNumber()
    throws RemoteException
{
    return bankAccount.getAccountNumber();
}

public String getAccountDescription()
    throws RemoteException
{
    return bankAccount.getAccountDescription();
}

public float getBalance()
    throws RemoteException
{
    return bankAccount.getBalance();
}

public void setBalance(float newBalance)
    throws RemoteException
{
    //Zusätzliche Funktionalität :
    //Der Kontostand eines Sparkontos darf nicht
    //negativ sein.
    if(newBalance < 0) {
        throw new IllegalArgumentException(" ... ");
    }
    bankAccount.setBalance(newBalance);
}

//Durch die Spezialisierung hinzugekommene
//Methode; Aufrufe können ohne Delegation
//behandelt werden.

public float getInterest()
    throws RemoteException
{
    return debitInterest;
}

//Das EntityBean-Interface
```

```
public void setEntityContext(EntityContext ctx)
    throws RemoteException
{
    theContext = ctx;
}

public void unsetEntityContext()
    throws RemoteException
{
    theContext = null;
}

public void ejbRemove()
    throws RemoteException, RemoveException
{
    bankAccount.remove();
    bankHome    = null;
    bankAccount = null;
}

public void ejbActivate()
    throws RemoteException
{
    InitialContext ctx;
    try {
        ctx = new InitialContext();
        Object o = ctx.lookup(BANKACC)
        bankHome = (BankAccountHome)
                   PortableRemoteObject.narrow
                        (o, BankAccountHome.class);
        bankAccount = bankHome.findByPrimaryKey
            ((BankAccountPK)theContext.getPrimaryKey());
    }
    catch(NamingException nex) {
        throw new RemoteException("Naming: ... ");
    }
    catch(FinderException nex) {
        throw new RemoteException("Find: ... ");
    }
}

public void ejbPassivate()
    throws RemoteException
{
    bankHome    = null;
```

```
        bankAccount = null;
    }

    public void ejbLoad()
        throws RemoteException
    {}

    public void ejbStore()
        throws RemoteException
    {}
}
```

Listing 8-17 Die Sparkonto-Bean

Der »abgeleiteten« Bean muß im Deployment-Deskriptor die Referenz auf die beerbte Bean zur Verfügung gestellt werden.

```
...
        <ejb-ref>
          <ejb-ref-name>ejb/BankAccount</ejb-ref-name>
          <ejb-ref-type>Entity</ejb-ref-type>
          <home>ejb.samples.accounts.BankAccountHome</home>
          <remote>ejb.samples.accounts.BankAccount</remote>
          <ejb-link>BankAccount</ejb-link>
        </ejb-ref>
...
```

Listing 8-18 Deployment-Deskriptor Sparkonto-Bean

Durch *ejbCreate()* oder *ejbActivate()* wird eine Entity-Bean in den Zustand *ready* versetzt. Diese beiden Methoden sind demnach der richtige Ort, um das Erzeugen bzw. das Suchen der »Vater«-Bean zu implementieren. In der Methode *ejbCreate()* wird eine *Bankkonto*-Bean miterzeugt. Falls jedoch eine existierende Sparkonto-Bean z.B. per *find*-Methode aktiviert wird, so erfolgt das Finden der zugehörigen *Bankkonto*-Bean in der Methode *ejbActivate()*. Laut Spezifikation kann der Bean-Entwickler davon ausgehen, daß der Primärschlüsssel und das zur Bean gehörige *EJBObject* zum Zeitpunkt des Aufrufs von *ejbActivate()* über den Bean-Kontext zur Verfügung stehen. Im Kapitel über Entity-Beans wurde bereits ausdrücklich darauf hingewiesen, daß die Identität einer Bean wegen des Pooling-Mechanismuses des Containers nach der Aktivierung der Bean-Instanz eine andere sein kann als vor deren Passivierung.

Ohne Unterstützung der Enterprise-Bean-Vererbung durch den Container wird der Bean-Entwickler wohl mit einer unüberwindbaren Hürde leben müssen: den find-Methoden des Home-Interfaces. Führt man in unserem Beispiel auf dem Home-Interface der Bankkonto-Bean eine find-Methode aus, so können in der Ergebnismenge durchaus Spar- oder Girokonten enthalten sein. Nur ist es nicht möglich, deren zusätzliche Funktionalität und Eigenschaften zu nutzen. Als Beispiel soll nach allen Konten gesucht werden, deren Kontostand negativ ist, um eine Mahnliste erstellen zu können. Handelt es sich dabei um ein Girokonto, sollen zusätzlich noch Dispositionszinsen berechnet werden. Dazu würde nun auf dem Home-Interface der Bankkonto-Bean die Methode *findNegativeBalances()* aufgerufen werden. Das Ergebnis ist für den Client eine Menge von Remote-Interface-Objekten des Typs Bankkonto, die den entsprechenden Suchkriterien genügen. Wie aber kann der Client erkennen, ob es sich bei einem bestimmten Konto der Treffermenge um ein Spar- oder Girokonto handelt? Der Container, der für die Implementierung der finder-Methoden bei Beans mit container-managed Persistence sowie für das Instantiieren der Bean und der Remote-Interface-Implementierung verantwortlich ist, weiß nichts von der Ableitung. Er instantiiert konsequent für jedes Element der Treffermenge die Remote-Interface-Implementierung des Typs *Bankkonto*, da die find-Methode auf dem Home-Interface der Bankkonto-Bean aufgerufen wurde. Damit entfällt die Nutzung des *instanceof*-Operators zur Feststellung des konkreten Typs. Der Client muß in die Lage versetzt werden, anhand des Primärschlüssels (den er sich vom Remote-Interface-Objekt über die Methode *getPrimaryKey()* holen kann) zu erkennen, um welchen Kontotyp es sich handelt. Mit dem Primärschlüssel müßte er dann auf dem Home-Interface des *passenden* Typs mittels eines *findByPrimaryKey()*-Aufrufs die richtige Instanz erzeugen, um Zugriff auf die erweiterte Funktionalität zu bekommen. Zur Identifizierung des Typs könnte man dem Client einen Dienst in Form einer Session-Bean zur Verfügung stellen. Eine weitere Alternative wäre eine Typkennung in den Primärschlüssel mit aufzunehmen (z.B. GK4584930, wobei GK die Kennung für ein Girokonto wäre, die, ergänzt durch die Kontonummer, den Primärschlüssel darstellt).

Als Alternative zur Vererbung bei Entity-Beans wäre eine parametrisierbare Komponente denkbar. Man hätte eine Komponente *Bankkonto*, die sich durch Parametrisierung zum Beispiel wie ein Sparkonto verhält. Ein Nachteil dabei ist, daß die Bandbreite der zur Verfügung stehenden Kontotypen eingeschränkt ist und nur durch das Verändern des Bean-Codes erweitert werden kann.

Bei der Ableitung von Session-Beans wird der Entwickler zwar nicht mit dem Problem der Persistenz und den *find*-Methoden konfrontiert, es bleibt jedoch das ungute Gefühl, von einem Softwarebaustein abzuleiten, dessen Implementierung (in den meisten Fällen) unbekannt ist. Darüber hinaus weiß man nicht, was die nächste Version der Spezifikation der Enterprise JavaBeans zu diesem Thema beinhalten wird.

An dieser Stelle möchten wir noch auf die Ausführungen zur Verwendung von Vererbung im Komponentenumfeld in [Szyperski, 1998] und [Griffel, 1998] hinweisen.

8.5 Enterprise JavaBeans und Events

Events sind eingetretene Ereignisse, die als Objekte bestimmter Ereignisklassen erfaßt werden (im weiteren Verlauf dieses Abschnitts werden die Begriffe Ereignis und Event synonym verwendet). Events können benutzt werden, um über das Eintreten bestimmter Zustände oder das Ausführen bestimmter Aktionen zu informieren. Das Java-AWT (Abstract Windowing Toolkit) z.B. erzeugt Objekte vom Typ *MouseEvent*, wenn ein Benutzer mit der Maus auf der Oberfläche Aktionen durchführt (z.B. Maustaste klicken, Maus bewegen). Beim Modell der JavaBeans wird von einer Bean ein *PropertyChangeEvent*-Objekt erzeugt, wenn ein Attribut der Bean verändert wird. Diese Event-Objekte werden an andere Objekte weitergegeben, die an derartigen Ereignissen interessiert sind. Diese Art von Ereignisbehandlung nennt man *Delegation-Event-Model*. Eine Ereignisquelle bietet Interessenten (Listenern) die Möglichkeit, sich für bestimmte Ereignisse zu registrieren. Tritt dann ein solches Ereignis ein, wird von der Ereignisquelle ein Event-Objekt erzeugt und an alle registrierten Interessenten weitergegeben. Die Ereignisquelle behandelt also das Ereignis nicht selbst, sondern delegiert die Behandlung dieses Events an die Listener-Objekte.

Events werden von der Enterprise-JavaBeans-Spezifikation nicht behandelt. Gegenüber der Spezifikation 1.0 wird nun bei der Version 1.1 ein Serverhersteller verpflichtet, für einen 1.1-konformen Server das Java-Mail-API zum verschicken von E-Mails bereitzustellen. Dieser Ansatz stellt jedoch keinen Ersatz für Events dar. Vermutlich geht der Weg der Enterprise-JavaBeans-Spezifikation eher in Richtung eines Messaging-Dienstes.

Was bei der Entwicklung von EJB-basierten Anwendung häufig vermißt wird, ist die Möglichkeit, Nachrichten (genauer gesagt Ereignisse) vom Server aus an den Client zu übermitteln. Beispielsweise möchte eine Buchhaltungsanwendung, die parallel auf mehreren Client-Rechnern benutzt wird, über das Anlegen oder Löschen von Konten informiert werden, um den Benutzer darauf hinzuweisen oder um ihre Ansichten zu aktualisieren. Für diese Fälle braucht man einen besonderen Event-Mechanismus, nämlich einen verteilten. Da die Enterprise-Beans in einem anderen Prozeß agieren als die Objekte der Client-Anwendung, muss das Ereignis (das Event-Objekt) über Prozeßgrenzen hinweg transportiert werden.

Wir werden in diesem Abschnitt ein Konzept für verteilte Events vorstellen, bei dem sich clientseitige Objekte als Interessenten (Listener) anmelden und über den Enterprise-Beans Event-Objekte verschicken können, wann immer ein bestimmtes Ereignis eintritt. Wir wollen dabei von folgenden Voraussetzungen ausgehen :

- Die Lösung muß einfach und durchschaubar sein (damit sie den Rahmen dieses Abschnitts nicht sprengt) und soll Anregungen für weitere Verbesserungen liefern.
- Die Lösung soll das Verschicken von Events über Prozeßgrenzen hinweg ermöglichen.
- Das Ereignis soll in Form eines leichtgewichtigen Java-Objekts weitergegeben werden.
- Die Qualität der Nachrichtenübermittlung bei diesem Event-Mechanismus soll niedrig sein, d.h. der Absender eines Events bekommt keine Garantie und keine Bestätigung dafür, daß das Ereignis-Objekt bei den Empfängern angekommen ist (die Wichtigkeit dieser Annahme wird gegen Ende dieses Abschnitts deutlich gemacht)
- Eine gesendete Nachricht wird an alle registrierten Interessenten geschickt, die Reihenfolge der Ereignis-Zustellung ist rein zufällig.
- Der Zustand des Event-Dienstes (die registrierten Listener) soll nach Möglichkeit nicht in der Bean selbst gespeichert werden, da es dadurch zu Konflikten mit der Spezifikation oder mit Pooling-Mechanismen des Containers kommen kann.

Wie Abbildung 8-13 darstellt, steht jedem Java-Prozeß ein Event-Service-Objekt zur Verfügung, das Interessenten die Möglichkeit bietet, sich für Events zu registrieren, und einer Ereignissquelle das Verschicken von Events erlaubt. Die Kommunikation der Event-Service-Objekte untereinander findet über RMI und die RMI-Registry statt. Wenn also ein Objekt den Event-Service benutzt um eine Nachricht zu versenden, ermittelt dieser über die Registry die anderen Event-Services, bei denen sich Objekte als Interessenten für Nachrichten registriert haben. Danach wird allen in der Registry vermerkten Event-Service-Objekten das von der Ereignisquelle erzeugte Event-Objekt übergeben. Jedes Event-Service-Objekt gibt seinerseits dieses Event-Objekt an die bei ihm registrierten Listener weiter (vgl. Abbildung 8-14). Ein Event-Service-Objekt registriert sich erstmals bei der RMI-Registry, wenn sich ein Objekt bei ihm als Listener anmeldet.

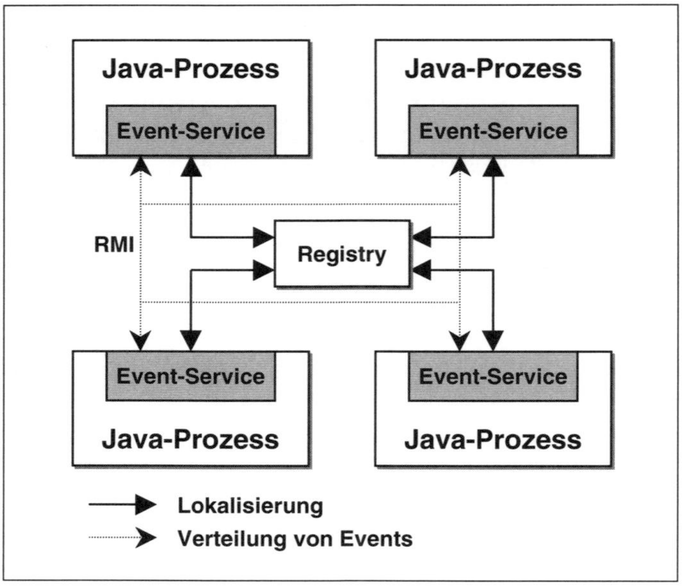

Abbildung 8-13 Einfacher verteilter Event-Service

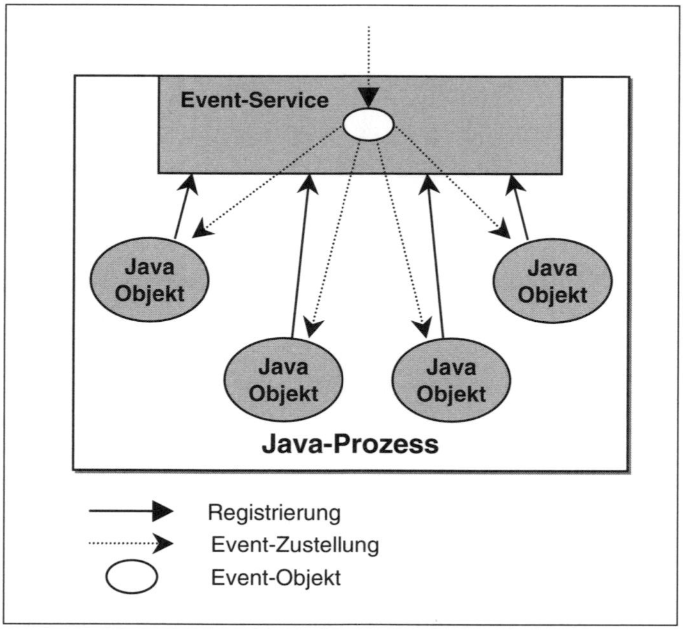

Abbildung 8-14 Prozeßinterne Kommunikation

Aus dem soeben beschriebenen Sachverhalt lassen sich folgende Teilnehmer und Implementierungen für einen einfachen, verteilten Event-Service (Simple-Distributed-Event-Service, kurz SDEService) ableiten:

Der Event

```
package de.sdeservice;

public class SDEEvent implements java.io.Serializable {

    protected int eventID;

    public SDEEvent() {
        eventID = 0;
    }

    public SDEEvent(int eventID) {
        this.eventID = eventID;
    }

    public int getEventID() {
        return eventID;
    }
}
```

Listing 8-19 SDEEvent-Klasse

Die Klasse *SDEEvent* repräsentiert eingetretene Ereignisse. Über das Attribut *eventID* läßt sich das Ereignis identifizieren. Diese Klasse wurde bewußt nicht von *java.util.EventObjekt* abgeleitet (diese Klasse ist quasi die Basisklasse aller Event-Klassen in Java), da die Event-Klasse zum einen so leichtgewichtig wie möglich bleiben soll. Zum anderen erwartet der Konstruktor von *java.util.EventObjekt* als Parameter dasjenige Objekt, welches das Ereignis ausgelöst hat. Wir gehen mit diesem Modell davon aus, daß hauptsächlich Enterprise-Beans der Auslöser und Clients die Interessenten für solche Events sind. Welches Objekt soll aber dann als Event-Source übergeben werden? Die Enterprise-Bean selbst kann und darf nicht übergeben werden. Die Bean-Klasse ist nicht serialisierbar, die Bean-Instanz selbst darf nicht weitergegeben werden, da sonst die Kapselung durch den Container durchbrochen wird. Ferner ist die Bean-Instanz auf die Services des Containers bzw. des Servers angewiesen und von daher im Client-Prozeß nicht lebensfähig. Korrekt wäre es, als Auslöser für den Event den Stub des Remote-Interfaces der Bean zu übergeben (den müßte sich die Bean-Instanz allerdings zuerst über den JNDI-Kontext beschaffen). Man könnte sich auch vorstellen als Event-Source ein

String-Objekt zu übergeben, das den Namen der Bean im JNDI enthält. Somit hätte der Client die Möglichkeit, über diesen im String-Objekt enthaltenen Namen auf den Auslöser dieses Events über den JNDI-Kontext zuzugreifen. Diesen Punkt wollen wir jedoch als Ansatz für individuelle Erweiterungen offenhalten.

Der Interessent für Ereignisse (Listener)

```
package de.sdeservice;

public interface SDEEventListener {

    public void eventNotification(SDEEvent event);

}
```

Listing 8-20 Interface SDEEventListener

Die Klasse eines Objekts, das sich für Events interessiert, muß dieses Interface implementiert haben, um sich beim Event-Service als Listener registrieren zu können. Tritt ein Ereignis ein, wird auf einem registrierten Objekt die Methode *eventNotification()* aufgerufen und das Ereignis-Objekt als Parameter übergeben.

Der Auslöser von Ereignissen

Die Ereignisquelle kann jedes beliebige Objekt sein, das Zugriff auf die Klassen des Event-Services besitzt.

Der Event-Service

Für den Fall, daß eine Ereignisquelle ein Ereignis auslöst, ermittelt das Event-Service-Objekt zunächst alle in der Registry verzeichneten Event-Service-Objekte, um ihnen das Ereignis-Objekt übergeben zu können. Das Event-Service-Objekt muß also ein Remote-Objekt im Sinne der Remote Method Invocation (RMI) sein. Dazu muß es von *java.rmi.server.UnicastRemoteObject* abgeleitet sein. Ferner muß ein entsprechendes Remote-Interface deklariert (siehe nachfolgendes Listing) und von der Event-Service-Klasse implementiert werden (Implentierung der Event-Service-Klasse siehe unten).

```
package de.sdeservice;

import java.rmi.Remote;
import java.rmi.RemoteException;

public interface SDEServiceIF extends Remote {
```

```
    public void processEvent(SDEEvent event)
        throws RemoteException;
}
```

Listing 8-21 Interface SDEServiceIF

Ähnlich wie im Fall des Beispiel-Frameworks in Abschnitt 10.3 treffen wir an dieser Stelle auf die Frage, wie der Event-Service einer Bean zugänglich gemacht wird (bevor wir auf die eigentliche Implementierung des Event-Services eingehen). Auch hier läßt sich keine geeignete Stelle im Deployment-Deskriptor finden, an der die Benutzung des Event-Services durch eine bestimmte Bean dokumentiert werden kann (für unseren Event-Service treffen die Eigenschaften einer Resource-Reference ebensowenig zu wie für das Framework; vgl. dazu auch Abschnitt 10.3). Empfehlenswert ist wiederum ein Vermerk im Beschreibungsfeld (*description*) der Bean.

Für das Erzeugen und den Zugang zu einem Event-Service-Objekt wollen wir eine Factory-Klasse zur Verfügung stellen (vgl. [Gamma et al., 1996]), deren Implementierung im folgenden Listing gezeigt wird.

```
package de.sdeservice;

import java.rmi.RemoteException;

public final class SDEServiceFactory {

  private static SDEService eventService = null;

  private SDEServiceFactory() {
  }

  public static synchronized
  SDEService createEventService(String registryHost,
                                int    registryPort )
    throws SDEException
  {
    if(eventService == null) {
      try {
        eventService = new SDEService
                         (registryHost, registryPort);
      }
      catch(RemoteException rex) {
        throw new SDEException
                     (SDEException.REMOTE_ACCESS_FAILED,
```

```
                    rex.getMessage());
      }
      return eventService;
    }
    throw new SDEException
              (SDEException.SERVICE_ALREADY_CREATED,
               "Use getEventService() !");
  }

  public static boolean isCreated() {
    if(eventService != null) {
      return true;
    }
    return false;
  }

  public static SDEService getEventService()
    throws SDEException
  {
    if(eventService == null) {
      throw new SDEException
                (SDEException.SERVICE_NOT_YET_CREATED,
                 "Use createEventService() first !");
    }
    return eventService;
  }
}
```

Listing 8-22 Klasse SDEServiceFactory

Der Event-Service ist nach dem Singleton-Pattern (siehe [Gamma et al., 1996]) implementiert. Durch dieses Pattern wird sichergestellt, daß es innerhalb eines Java-Prozesses nur eine Instanz dieser Klasse geben kann. In unserem Fall wird dies durch die Klasse *SDEEventServiceFactory* sichergestellt. Die Klasse *SDEService* (sie wird im Anschluß an diese Ausführungen beschrieben) kann nicht direkt instantiiert werden, da der Konstruktor nicht mit dem Attribut *public* versehen ist (er ist "package-local"). Die Anwendung des Singleton-Patterns ist notwendig, um eine Überfüllung der Registry mit SDEService-Objekten zu verhindern und kostbare Netzwerkressourcen zu schonen. Die statische Methode *createEventService* erzeugt ein *SDEService*-Objekt, das ein Registry-Objekt auf einem bestimmten Server benutzt. Diese Methode kann nur einmal pro Java-Prozeß aufgerufen werden. Würde man den mehrfachen Aufruf von *createEventService* zulassen, müßte man eine Verwaltung von *SDEService*-Objekten in Abhängigkeit vom Registry-Server unterstützen. Nach dem Erzeugen eines Objekts kann dieses jederzeit über die statische Methode *getEventService* angefordert werden. Bei der Benutzung des SDEServices empfielt es sich, eine zentrale Komponente mit der Erzeugung desselben über die Klasse *SDEEventServiceFactory* zu beauftragen.

Es folgt nun die Implementierung der Event-Service-Klasse:

```
package de.sdeservice;

import java.util.Enumeration;
import java.util.Vector;
import java.util.StringTokenizer;
import java.rmi.*;
import java.rmi.registry.*;
import java.rmi.server.UnicastRemoteObject;

public final class SDEService
extends UnicastRemoteObject
implements SDEServiceIF {

  private static SDEService eventService = null;
  private final String PREFIX = "SDEService.";

  private Vector   mListeners;
  private String   mListenerName;
  private Registry mRegistry;

  SDEService(String host, int port)
    throws RemoteException, UnknownHostException
  {
    super();
    mListeners    = null;
    mListenerName = null;
    mRegistry     = null;
    try {
      System.setSecurityManager(new RMISecurityManager());
    }
    catch(SecurityException sex) {
      //Security-Manager existiert schon ...
    }
    if(host != null) {
      mRegistry = LocateRegistry.getRegistry(host, port);
    }
    else {
      mRegistry = LocateRegistry.getRegistry(port);
```

```
    }
  }

  public synchronized
  void addSDEEventListener(SDEEventListener esl)
    throws SDEException
  {
    if(mListeners == null) {
      mListeners = new Vector();
      long l = System.currentTimeMillis();
      mListenerName = Long.toString(l);
      try {
        mRegistry.bind(PREFIX + mListenerName, eventService);
      }
      catch(Exception ex) {
        throw new SDEException(SDEException.BIND_FAILED,
                               ex.getMessage());
      }
    }
    mListeners.addElement(esl);
  }

  public synchronized
  void removeSDEEventListener(SDEEventListener esl)
    throws SDEException
  {
    mListeners.removeElement(esl);
    checkEmpty();
  }

  public void processEvent(SDEEvent event) {
    Thread t;
    SDEEventListener listener;
    Enumeration e = mListeners.elements();
    while(e.hasMoreElements()) {
      listener = (SDEEventListener)e.nextElement();
      t = new Thread(
              new ProcessEventRunner(listener, event));
      t.start();
    }
  }

  public void fireEvent(SDEEvent event)
    throws SDEException
  {
```

```
    try {
      String[] names;
      Thread t;
      names = mRegistry.list();
      for(int i=0; i<names.length; i++) {
        if(names[i].startsWith(PREFIX)) {
          t = new Thread(
              new FireEventRunner(names[i], event));
          t.start();
        }
      }
    }
    catch(RemoteException rex) {
      throw new SDEException
              (SDEException.REMOTE_ACCESS_FAILED,
               rex.getMessage());
    }
  }

  private void checkEmpty()
    throws SDEException
  {
    if(mListeners != null && mListeners.isEmpty()) {
      synchronized(mListeners) {
        mListeners = null;
      }
      try {
        mRegistry.unbind(mListenerName);
      }
      catch(Exception ex) {
        throw new SDEException(SDEException.UNBIND_FAILED,
                               ex.getMessage());
      }
    }
  }

  protected void finalize() throws Throwable {
    mListeners.removeAllElements();
    checkEmpty();
  }

  class FireEventRunner implements Runnable {
    private String   mName;
    private SDEEvent mEvent;
```

```
    public FireEventRunner(String name, SDEEvent event) {
      mName  = name;
      mEvent = event;
    }

    public void run() {
      SDEServiceIF es = null;
      try {
        es = (SDEServiceIF)mRegistry.lookup(mName);
      }
      catch(Exception ex) {
        ex.printStackTrace();
      }
      if(es != null) {
        try {
          es.processEvent(mEvent);
        }
        catch(RemoteException rex) {
          rex.printStackTrace();
        }
      }
    }
  }

  class ProcessEventRunner implements Runnable {
    private SDEEventListener mListener;
    private SDEEvent         mEvent;

    public ProcessEventRunner(SDEEventListener listener,
                              SDEEvent         event) {
      mListener = listener;
      mEvent    = event;
    }

    public void run() {
      mListener.eventNotification(mEvent);
    }
  }
}
```

Listing 8-23 Klasse SDEService

Per *addSDEEventListener()* und *removeSDEEventListener()* können Objekte, die sich für SDEEvents interessieren, an- bzw. abgemeldet werden (vorausgesetzt, sie implementieren das Interface *SDEEventListener*). Sobald sich das erste Objekt als Listener registriert, meldet sich das *SDEService*-Objekt seinerseits beim Registry-Objekt auf dem in *createEventService()* übergebenen Server an. Sind dem Event-Service-Objekt nach einem Aufruf von *removeSDEEventListener()* keine weiteren Listener-Objekte mehr bekannt, deregistriert es sich bei der Registry. Die Methode *processEvent()* stammt aus dem oben beschriebenen Remote-Interface und wird von einem anderen *SDEService*-Objekt aufgerufen, um ein Event-Objekt zu übergeben, das dann an die registrierten Listener weitergegeben werden soll. Eine Ereignisquelle benutzt die Methode *fireEvent()*, um ein Ereignis auszulösen. Dadurch werden alle in der Registry eingetragenen *SDEService*-Objekte über den Aufruf von *processEvent()* aufgefordert, das Ereignis-Objekt an die registrierten Listener weiterzugeben.

Um eine möglichst schnelle Abwicklung der Event-Zustellung zu erreichen, wird sowohl für das Auslösen als auch für die Zustellung eines Ereignisses ein eigener Thread benutzt (asynchrone Ereigniszustellung). Weder der Auslöser eines Ereignisses noch das *SDEService*-Objekt werden bei der Weitergabe des Event-Objekts an andere *SDEService*-Instanzen und deren Listener blockiert (dieser Thematik werden wir uns gegen Ende dieses Abschnitts noch genauer widmen).

Für die Fehlerbehandlung wird eine eigene Exception-Klasse *SDEException* benutzt, die mit Hilfe eines Attributes die eigentliche Fehlerursache anzeigt.

```
package de.sdeservice;

public class SDEException extends java.lang.Throwable {
    public static final int SERVICE_ALREADY_CREATED = 0;
    public static final int SERVICE_NOT_YET_CREATED = 1;
    public static final int REMOTE_ACCESS_FAILED    = 2;
    public static final int BIND_FAILED             = 3;
    public static final int UNBIND_FAILED           = 4;

    private int mType;

    public SDEException(int type) {
        super();
        mType = type;
    }

    public SDEException(int type, String message) {
        super(message);
```

```
        mType = type;
    }

    public int getType() {
        return mType;
    }

    public String toString() {
        return "SDEException: ErrorCode " + mType;
    }
}
```

Listing 8-24 Klasse SDEException

Benutzung des SDEService

Eine bestimmte Enterprise-Bean könnte für das Erzeugen des Event-Services im Server-Prozeß verantwortlich sein. Dazu müßte sie folgende Implementierung aufweisen :

```
...
  final String RMIHOST = "java:comp/env/rmi-host";
  final String RMIPORT = "java:comp/env/rmi-port";
  Context initCtx = null;
  String  rmihost = null;
  Integer rmiport = null;
  try {
      initCtx    = new InitialContext();
      rmihost    = (String)initCtx.lookup(RMIHOST);
      rmiport    = (Integer)initCtx.lookup(RMIPORT);
  }
  catch(NamingException nex) {
      // Fehlerbehandlung
  }
  try {
    SDEServiceFactory.createEventService(rmihost,
                                   rmiport.intValue());
  }
  catch(SDEException sdex) {
    //Fehlerbehandlung
  }
...
```

Listing 8-25 Beispiel Benutzung des SDEService

Im Deployment-Deskriptor dieser Bean müßten für obigen Code folgende Eintragungen gemacht werden:

```
...
  <env-entry>
    <description>
    Der Server auf dem die Registry läuft. Diese Info wird
    Für das Benutzen des EventServices benötigt !
    </description>
    <env-entry-name>rmi-host</env-entry-name>
    <env-entry-type>java.lang.String</env-entry-type>
    <env-entry-value>rmi.host.com</env-entry-value>
  </env-entry>
  <env-entry>
    <description>
    Die Port-Nummer der Registry
    </description>
    <env-entry-name>rmi-port</env-entry-name>
    <env-entry-type>java.lang.Integer</env-entry-type>
    <env-entry-value>1099</env-entry-value>
  </env-entry>
...
```

Listing 8-26 SDEService im Deployment-Deskriptor

Eine *Konto*-Bean, die im gleichen Server-Prozeß läuft, wird für den Fall, daß ein neues Konto angelegt wird, ein Ereignis auslösen. Dazu könnte folgende Ereignisklasse definiert werden:

```
...
import de.sdeservice.SDEEvent;

public class NewAccountEvent extends SDEEvent {
    private String theAccno;

    public NewAccountEvent(String accno) {
        super();
        theAccno = accno;
    }

    public String getAccountNumber() {
        return theAccno;
    }
}
```

Listing 8-27 Klasse NewAccountEvent

Die Ereignisklasse muß von der Klasse *SDEEvent* abgeleitet sein, um sie mittels des EventServices verteilen zu können. Mit ihrer Hilfe kann dem Client die Kontonummer des neuen Kontos mitgeteilt werden. Die Konto-Bean (die Ereignisquelle) könnte nun zur Benachrichtigung des Clients in einer ihrer *ejbCreate*-Methoden folgenden Code implementieren:

```
...
    if(SDEServiceFactory.isCreated()) {
      try {
        SDEService es = SDEServiceFactory.getEventService();
        NewAccountEvent event = new NewAccountEvent(accNo);
        es.fireEvent(event);
      }
      catch(SDEException sdex) {
        // Fehlerbehandlung
      }
    }
...
```

Listing 8-28 Beispiel Auslösen eines SDEEvents

Der Buchungsclient muß – damit er über das Ereignis »Anlegen eines neuen Kontos« informiert wird – das *SDEEventListener*-Interface implementieren und sich beim *SDEService*-Objekt als Interessent registrieren (vorausgesetzt ein Event-Service-Objekt ist im Client-Prozeß bereits erzeugt und zum gleichen Registry-Server verbunden worden).

```
...
    if(SDEServiceFactory.isCreated()) {
      try {
        SDEService se = SDEServiceFactory.getEventService();
        se.addSDEEventListener(this);
      }
      catch(SDEException sdex) {
        // Fehlerbehandlung
      }
    }
...
  //Methode des SDEEventListener-Interfaces
  public void eventNotification(SDEEvent event) {
    if(event instanceof NewAccountEvent) {
      // Behandlung des Ereignisses "Neues Konto wurde
      // angelegt".
```

```
    }
  }
...
```

Listing 8-29 Reagieren auf einen SDEEvent

Als zusätzliche Erweiterung könnte die Klasse *SDESErvice* verschiedene Kategorien von Ereignissen und Listenern einführen. Damit könnte die Zustellung von Event-Objekten besser kanalisiert werden (z.B. durch einen Event-Verteiler, auch *Dispatcher* genannt) und nicht jeder registrierte Listener würde jeden Event zugestellt bekommen. Durch die Erweiterung der *SDEEvent*-Klasse (etwa in Form von Subklassen) kann der Informationsgehalt eines Ereignisses erweitert werden.

Abschliessend wollen wir zwei kritische Aspekte im Zusammenhang mit unserer Implementierung diskutieren, ohne jedoch deren Nützlichkeit in Frage zu stellen. Die Spezifikation der Enterprise JavaBeans verbietet einer Bean ausdrücklich den Umgang mit Threads (vgl. dazu Kapitel 18.1.2 in [Sun Microsystems, 1999] sowie Kapitel 3.7 dieses Buches). Die Handhabung von Threads ist dem Container-Provider überlassen. Die Begründung dafür ist, daß es für die Container-Implementierung zu Problemen bei der Steuerung des Lebenszyklus einer Bean (Erzeugen, Aktivieren, Passivieren etc.) kommen kann, wenn diese Threads verwendet. In unserem Beispiel taucht im Code einer Bean nirgendwo der explizite Umgang mit Threads auf. Der Umgang mit Threads wird in der Klasse *SDEService* programmiert. Da diese Klasse keine Bean-Klasse ist, liegt augenscheinlich kein Verstoß gegen die Spezifikation vor. Nichtsdestotrotz startet die Bean in ihrem Thread durch das Auslösen eines Events einen neuen Thread (ob wissentlich oder unwissentlich spielt dabei keine Rolle). Sicherlich wäre es eine Möglichkeit gewesen, einen synchronen Event-Mechanismus zu entwickeln. Die Praxistauglichkeit einer solchen Variante wäre jedoch durch Performanzaspekte in Frage gestellt (je mehr Ereignis-Interessenten in einem System registriert sind, desto länger wird der Client beim Aufruf einer Bean-Methode und nicht zuletzt die Bean selbst blockiert). Zudem ist die Möglichkeit einer *asynchronen* Benachrichtigung vom Server an den Client in vielen Fällen von großem Nutzen. Die in diesem Abschnitt vorgestellte Implementierung ist insofern gegenüber der Spezifikation vertretbar, als die Bean die neu erzeugten Threads nicht steuern kann (stoppen, synchronisieren, zerstören). Der erzeugte Thread hat auch keine Möglichkeit Methoden der Bean aufzurufen, weder um Feedback über die Ausführung zu geben noch um Fehlermeldungen weiterzureichen. Er wird erzeugt, verrichtet seine Aufgabe (ruft eine einzelne Methode auf, die nicht die Methode einer Bean ist) und wird wieder zerstört. Diesem Umstand wurde bereits Eingangs bei der Formulierung der Voraussetzung für einen Event-Service Rechnung getragen (Stichwort: geringe Qualität der Nachrichtenübermittlung). Durch den Betrieb eines Messaging-Servers oder die Eigenentwicklung eines Event-Service-*Servers* (der eine Netzwerkschnittstelle zur Benachrichtigung der Clients anbietet, und die neuen Threads somit in einem anderen Prozeß gestartet werden) könnten derartige Streifzüge durch die Grauzonen der Spezifikation vermieden werden.

Ein weiterer kritischer Punkt ist, eine Bean-Instanz als Listener für einen Event zu registrieren. Durch das Lebenszyklus-Management des Containers kann nicht sichergestellt werden, daß die Instanz beim Eintreten eines Ereignisses verfügbar ist (wenn sie z.B. passiviert wurde oder sich im Zustand *pooled* befindet). Zudem wäre die Kapselung der Bean-Instanz verletzt (was ein sehr schwerwiegender Verstoß gegen die Spezifikation ist). Nur der Container darf Methoden direkt an der Bean-Instanz aufrufen. Die in diesem Abschnitt vorgestellte Implementierung ist auch ausdrücklich für die Kommunikation von der Bean zum Client gedacht. Um zu verhindern, daß sich eine Bean-Instanz als Listener für Ereignisse registriert, könnte in der Methode *addSDEEventListener()* ein Sperre eingebaut werden. Mit Hilfe des *instanceof*-Operators könnte Eingangs dieser Methode geprüft werden, ob es sich bei dem übergebenen Objekt um eine Instanz der Interfaces *javax.ejb.SessionBean* oder *javax.ejb.EntityBean* handelt. Nur diejenigen Instanzen werden registriert, die keine Bean-Instanzen sind. Der Versuch eine Bean-Instanz zu registrieren sollte dann im Werfen einer Exception enden.

8.6 Internet-Anbindung

Dieser Abschnitt behandelt den Sonderfall eines Clients im Umfeld von Enterprise JavaBeans, nämlich den webbasierten EJB-Client. Wir wollen zwei konzeptuell stark unterschiedliche Ansätze betrachten, ohne dabei näher auf Implementierungsdetails einzugehen. Hierfür fehlt der direkte Bezug zu Enterprise JavaBeans, da es sich lediglich um eine spezielle Form des Client-Views handelt, der bereits ausgiebig dargestellt wurde. Uns erscheint es jedoch wichtig, zum einen die Notwendigkeit eines Webclients, zum anderen die damit verbundenen Konsequenzen zu diskutieren.

Anwendungen ins Internet zu bringen gewinnt immer mehr an Relevanz, da das Internet ein sich rasant entwickelnder Markt ist. Es sprengt Kommunikationsgrenzen, macht die Welt zum globalen Dorf und erhöht Markt- und Preistransparenz. Mittels Internet ist es ein leichtes, Preise und Leistungen auf nationaler sowie internationaler Ebene zu vergleichen. Für viele Firmen ist demnach die Repräsentanz im Internet ein klarer Wettbewerbsvorteil, für andere sogar von existentieller Bedeutung. Nicht nur, daß sich der potentielle Kundenstamm vergrößert, durch den Direktverkauf von Waren und Dienstleistungen über das Internet an den Endkunden werden Vertriebskosten gespart. Derartige Einsparungen können in Form von Preisvorteilen an den Kunden weitergegeben werden. Zudem kann die Dienstleistung gegenüber dem Kunden verbessert werden, indem er z.B. die Möglichkeit hat, 24 Stunden an 7 Tagen die Woche zu bestellen, indem er Zugriff auf Online-Servicesysteme bekommt, indem er Produktkataloge abrufen kann etc.

Wurden ursprünglich triviale Dienste über Internet angeboten (E-Mail, FTP, HTML-Publishing), wickelt man heute über dieses Medium komplexe Transaktionen ab (z.B. beim Internet-Banking). Sicherheit in diversen Ausprägungen (Zugriffssicherheit, Datenkonsistenz etc.) spielt dabei eine maßgebliche Rolle. Der Entwickler von web-basierten Anwendungen wird mit einer Vielzahl von unterschiedlichen Techniken konfrontiert.

Als Basis für die Kommunikation steht nach wie vor das (im Vergleich zu anderen Protokollen primitive) HTTP-Protokoll (HyperText Transfer Protocol) zur Verfügung, über das die Kommunikation eines Browsers mit einem HTTP-Server abgewickelt wird. Es ist zustandslos und unterstützt nur eine sehr begrenzte Anzahl von Operationen. Es gibt keinerlei Unterstützung für die Kommunikation höherer Anwendungsschichten. Einem (Standard-)HTTP-Server fehlen eine Persistenzschnittstelle, ein Anwendungsframework oder ein Transaktionsmonitor. Auch zurecht, denn HTTP ist nicht als Kommunikationsbasis transaktionsorientierter, webbasierter Anwendungssysteme entwickelt worden, sondern für den Transfer von HyperText-Dateien (sprich Dateien, die HTML-Seiten beinhalten).

Die Techniken für die Implementierung von Anwendungen reichen serverseitig von C-Programmen, Pearl-, Python- und Unix-Shell-Skripten (die über das CGI-Interface eines HTTP-Servers angepsprochen werden) bis hin zu proprietären HTTP-Server-Erweiterungen (wie z.B. der NSAPI für den Netscape-HTTP-Server oder der ISAPI für den Internet-Information-Server von Microsoft). Dazu kommen Servlets (»CGI für Java«) und Techniken für die serverseitige, dynamische Generierung von HTML-Seiten (Active-Server-Pages von Microsoft und Java-Server-Pages von SUN). Viele Anbieter von Datenbanken stellen für ihre Produkte HTTP-Schnittstellen zur Verfügung, womit der Datenbankserver direkt als Webserver dienen kann und ebenfalls über proprietäre APIs aus den Datenbeständen dynamisch Webseiten für die Darstellung und Modifikation der entsprechenden Daten generiert werden können. Auf der Clientseite können reines HTML, dynamisches HTML (Javascript), Java-Applets sowie proprietäre Browserschnittstellen und Bibliotheken genutzt werden. Die Möglichkeiten zur Wiederverwendung, Wartung oder problemlosen Einbindung in andere Systemlandschaften sind bei den oben aufzählten Techniken sehr beschränkt.

Als Plattform für Webanwendungen bietet sich demnach die Kombination eines HTTP-Servers mit einem EJB-fähigen Applikationsserver an. Letzterer bietet all die Fähigkeiten, die heute von einer zuverlässigen Anwendungsplattform erwartet werden, die einem (Standard-)HTTP-Server jedoch fehlen. Zudem fixiert man sich damit auf die Programmiersprache Java und setzt dem Entwickler von webbasierten Anwendungen gewisse Grenzen bei der Auswahl des Technologie-Portfolios. Gerade im Internet-Umfeld sind die Sicherheitsmechanismen der Programmiersprache Java (vgl. dazu auch Kapitel 2) von Vorteil. In den Kapiteln 2 und 3 wurde bereits besprochen, daß Sun Mircrosystems diesen Tatsachen durch die Java-2-Plattform, Enterprise Edition, Rechnung trägt. Diese Plattform sieht die Kombination von EJB- und Web-Komponenten vor.

Häufig werden native Clients eines Anwendungssystems durch Web-Clients ergänzt (evtl. auch ersetzt), um Anwendungen für das Internet verfügbar zu machen (z.B. um unterwegs über das Internet Firmenanwendungen wie Reisekostenabrechnungen, Arbeitszeiterfassung, Informationen für Angebotserstellung etc. nutzen zu können). Ebenso werden Anwendungen gezielt für die Nutzung über das Internet entwickelt (z.B. E-Commerce-Applikationen). Denkbar ist auch, Anwendungen auf Basis von Web-Techniken im Intranet zur Verfügung zu stellen, z.B. für Personal ohne festen oder mit häufig wechselndem Arbeitsplatz. Oftmals werden über ein Intranet aber auch eingeschränkte, schnell und leicht zu implementierende, alternative Sichten auf Anwendungen angeboten (z.B. ein einfacher Zeiterfassungs-Client für Personal, das auf Stundenbasis arbeitet, oder Info-Terminals für den schnellen Zugriff auf Anwesenheitslisten, Qualitätsstatistiken im Produktionsbereich, Gleitzeitsalden etc.).

Für die Implementierung eines Web-Clients für Enterprise-JavaBeans-basierte Anwendungen wollen wir zwei Ansätze diskutieren, die sich konzeptuell stark unterscheiden, aber doch sehr eng an die Java-Plattform gebunden sind. Zum einen handelt es sich dabei um einen Applet-basierten Web-Client, zum anderen um einen reinen HTML-Client, der durch die Servlet-Technologie unterstützt wird.

8.6.1 Java-Applets

Ein Client-Applet, das eingebettet in eine HTML-Seite vom Server über das HTTP-Protokoll an den Client geliefert wird, bietet dem Benutzer eine Schnittstelle, wie er sie bereits von proprietären Clients gewohnt ist (vgl. Abbildung 8-15). Das Look-and-Feel sowie die Benutzerführung eines appletbasierten Clients entsprechen dem herkömmlicher Anwendungen. Das Applet kommuniziert, sobald es geladen ist, direkt mit dem EJB-Server (beachtet werden muß dabei, daß der

HTTP-Serverprozeß auf der gleichen Maschine wie der EJB-Serverprozeß läuft, da es sonst zu Problemen mit dem Sandbox-Konzept von Applets kommen kann; ansonsten müßte auf signierte Applets zurückgegriffen werden). Die Implementierung des Applets dürfte sich von der eines proprietären Clients nicht wesentlich unterscheiden. Beim Applet sollte auf die Größe des erzeugten Codes geachtet werden, um die Download-Zeiten gering zu halten. Ein Applet und ein proprietärer Client dürften viele Implementierungen gleichermaßen benutzen können. Im Extremfall kann das Applet und der native Client identisch sein (ein Applet lässt sich relaitv leicht in eine Applikation verwandeln). Problematisch bei diesem Szenario könnte die Verwendung der Java-2-Plattform sein. Die gängigen Browser unterstützen lediglich JDK 1.1, lassen sich aber durch Plug-Ins auf Java 2 aufrüsten

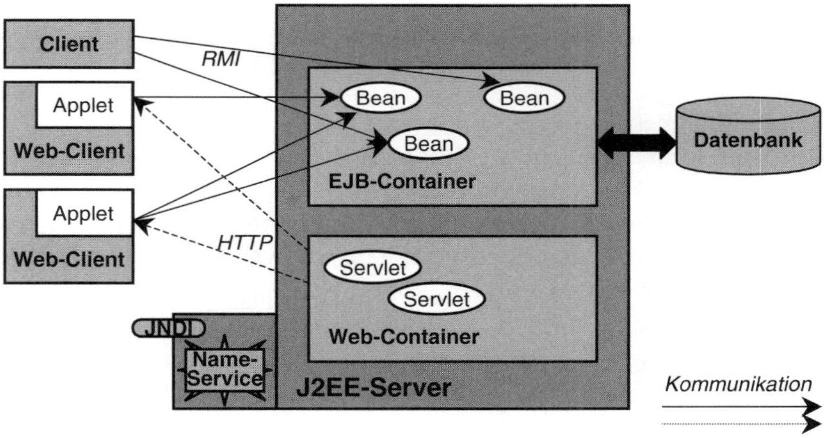

Abbildung 8-15 Internet-Anbindung mit Applets

8.6.2 HTML und Servlets

Als Alternative zu einem Applet kann ein reiner HTML-Client eingesetzt werden (vgl. Abbildung 8-16). Serverseitig dient ein Servlet (siehe [Roßbach et al., 1999]) dazu, entsprechend den Anfragen des Clients Enterprise-Bean-Aufrufe durchzuführen und dynamisch HTML-Seiten für die Darstellung der Ergebnisse bzw. die Entgegennahme von Benutzereingaben zu generieren. Dieser Ansatz hat gegenüber der Applet-Lösung den Vorteil, daß keine langen Download-Zeiten für den Applet-Code anfallen. Der verwendete Browser muß außerdem kein Java unterstützen (was vor allem für die Benutzer älterer Browser-Versionen von Vorteil ist).

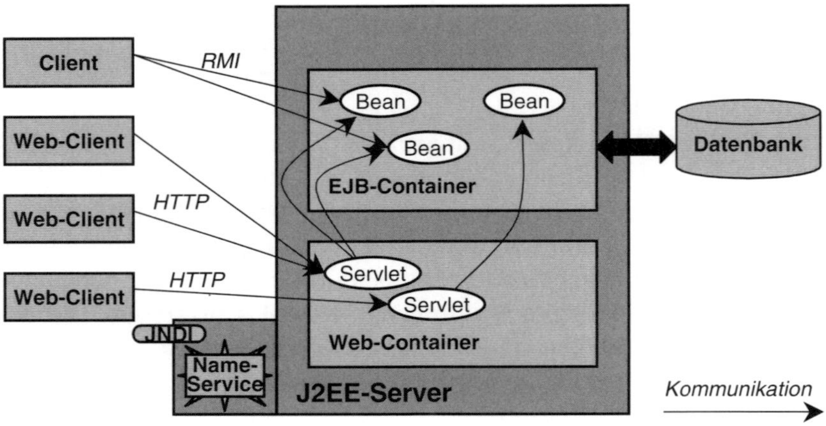

Abbildung 8-16 Internet-Anbindung mit Servlets

HTML-Clients haben nicht das typische Look-and-Feel und die Benutzerführung einer herkömmlichen Anwendung (bedingt durch den HTML-typischen Server-Roundtrip, um nach einer Benutzeraktion die Ansicht entsprechend zu aktualisieren). Durch die Verwendung von Bildern kann das Aussehen sehr individuell gestaltet werden. Ein weiterer wesentlicher Unterschied zwischen beiden Ansätzen liegt in der Verwaltung des Zustands einer Anwendung. Das Applet kann – ebenso wie der native Client – einen Zustand bis zum nächsten Aufruf einer serverseitigen Operation halten (z.B. Eingabedaten des Benutzers sammeln, Undo-Listen verwalten, Referenzen auf Enterprise-Beans speichern etc.) und kommuniziert direkt über RMI mit den Enterprise-Beans. Ein reiner HTML-Client kann keinen Zustand speichern. Er ist auf die Unterstützung des Servlets angewiesen. Die HTML-Seite im Browser enthält nur Darstellungsinformationen und keine Logik (wir wollen von der Verwendung von clientseitigem Javascript an dieser Stelle absehen). Die Logik wird durch das Servlet beliebig vielen Browsern zur Verfügung gestellt. Dem Servlet fällt dabei die Aufgabe zu,

- die Zustände aller Clients, die es benutzen, parallel zu verwalten,
- Anfragen der Browser entgegenzunehmen,
- die Anfrage einer Session (sprich einem bestimmten Anwendungszustand) zuzuordnen,
- der Anfrage entsprechend Enterprise-Bean-Aufrufe durchführen und
- als Antwort für den Browser eine neue HTML-Seite (die die Ergebnisse des Bean-Aufrufes darstellt) zu generieren.

8.6.3 Zusammenfassung

Beide Ansätze unterscheiden sich grundlegend, und sie stellen in gewisser Weise extreme Gegenpole dar. Durch den Einsatz anderer Technologien und deren Kombination (z.B. client- oder serverseitiges JavaScript, proprietäre Browser-Schnittstellen) sind beliebige Abstufungen denkbar. Festzuhalten bleibt an dieser Stelle, daß ein bestehendes, Enterprise-JavaBeans-basiertes System relativ leicht durch webbasierte Clients ergänzt werden kann. Der Implementierungsaufwand für den Webclient ist dann relativ gering, wenn bei der Implementierung des Anwendungssystems auf eine konsequente Umsetzung der Dreischichten-Architektur (Three-Tier-Architecture) geachtet wurde (vgl. Kapitel 2). In diesem Fall steht die gesamte Funktionalität und Applikationslogik in Form von Enterprise-Beans zur Verfügung. Lediglich die Viewing-Szenarien der Thin-Clients sind neu zu entwikkeln. Für Anwendungen, die ausschliesslich für den Internet-Bereich entwickelt werden (E-Commerce-Anwendungen), ist Enterprise JavaBeans ebenfalls eine interessante Plattform. Durch Enterprise JavaBeans können bei Internetanwendungen relativ leicht hohe Qualität, Sicherheit und Wartbarkeit erreicht werden. Zudem können Entwickler eingesetzt werden, die keine Spezialisten im Bereich internetorientierter Technologien sind (diese werden lediglich für die Entwicklung der Client-Szenarien benötigt).

Nicht zu vergessen bleibt abschließend die Tatsache, daß sich durch die Öffnung eines Anwendungsservers in Richtung Internet und Intranet die Anforderungen in puncto Sicherheit wesentlich erhöhen. Die verschlüsselte Übertragung zwischen Web-Client und HTTP-Application-Server, ein Firewallkonzept und diverse andere Sicherheitsmechanismen sind dabei als Ergänzung der in der Enterprise-JavaBeans-Spezifikation beschriebenen Sicherheitsanforderungen in Erwägung zu ziehen.

A Literatur

[Behme et al., 1998] Behme, Henning, Mintert, Stefan, XML in der Praxis. Addison Wesley Longman, 1998.

[Eckel, 1998] Eckel, Bruce, Thinking in Java. Prentice-Hall PTR, 1998.

[EJB Developer Guide, 1999] Enterprise Java Beans Developers Guide, Beta Version, September 1999, Sun Microsystems.

[Gamma et al., 1996] Gamma, Erich, Helm, Richard, Johnson, Ralph, Vlisides John, Design Patterns, Addison Wesley Longman, 1996.

[Griffel, 1998] Griffel, Frank, Componentware – Konzepte und Techniken eines Softwareparadigmas. dpunkt-Verlag, 1998.

[IBM, 1997] International Technical Support Organisation (ITSO), Factoring Java Beans in the Enterprise, Dezember 1997, IBM Corporation.

[IBM, 1999] International Technical Support Organisation (ITSO), Developing Enterprise Java Beans with Visual Age for Java, März 1999, IBM Corporation.

[I-Kinetics, 1997] ComponentWare®: Component Software for the Enterprise, April 1997. *www.i-kinetics.com/wp/cwvision/CWVision.html.*

[JDBC Sun Microsystems, 1997] Sun Microsystems Inc., 1998, JDBC 2.0 API, *http://www.javasoft.com/products/jdbc*

[J2EE, 1999] The Java 2 Platform, Enterprise Edition (J2EE), *http://java.sun.com/j2ee.*

[J2EE-APM, 1999] The J2EE Application Programming Model, Version 1.0, September 1999, Sun Microsystems.

[Kredel et al., 1999] Kredel, Heinz, Yoshida, Akitoshi, Thread- und Netzwerkprogrammierung mit Java. dpunkt-Verlag, 1999.

[Lang 1995] Lang, Lockemann, Datenbankeinsatz. Springer-Verlag 1995.

[Monson-Haefel, 1999] Monson-Haefel, Richard, Enterprise JavaBeans. O'Reilly & Associates, 1999.

[Orfali et al., 1996] Orfali, R., Harkey, D. Client/Server Programming with Java and CORBA. John Wiley & Sons, 1996.

[Roßbach et al., 1999] Roßbach, Peter, Schreiber, Hendrik, Java Server und Servlets. Addison Wesley Longman, 1999.

[Sun Microsystems, JTA, 1999] Sun Microsystems Inc., Java Transaction API (JTA), Sun Microsystems Inc. 1999, Copyright © 1997-1999 by Sun Microsystems, 901 San Antonio Rd., Palo Alto, CA 94303

[Sun Microsystems, JTS, 1999] Sun Microsystems Inc., Java Transaction Service (JTS), Sun Microsystems Inc. 1999, Copyright © 1997-1999 by Sun Microsystems, 901 San Antonio Rd., Palo Alto, CA 94303

[Sun Microsystems, 1997] Java Beans Version 1.01, 1997. *http://www.javasoft.com/beans/spec.html.*

[Sun Microsystems, 1999] Enterprise JavaBeans Version 1.1 Public Release, 1999. http://*www.javasoft.com/ejb/spec.html.*

[Szyperski, 1998] Szyperski, Clemens, Component Software. Addison Wesley Longman, 1998.

[Valesky 1999] Valesky, Enterprise JavaBeans, Addison Wesley Longman, 1999.

Stichwortverzeichnis

P

R

S

PROFESSIONELLE PROGRAMMIERUNG
Peter Roßbach
Hendrik Schreiber
Java Server und Servlets
Portierbare Web-Applikationen effizient entwickeln
Inklusive Framework für den Bau eines webbasierten Java-Applikationsservers
ADDISON-WESLEY